Ute Braun ist Mitarbeiterin einer gemeindepsychiatrischen Initiativgruppe in München.
Evelyn Hergrüter hat in verschiedenen therapeutischen Gemeinschaften in England gearbeitet und promoviert z.Z. über einen Vergleich dieser therapeutischen Gemeinschaften und die Übertragbarkeit dieser Modelle auf die BRD bzw. die Integrierbarkeit dieser Ansätze in ein gemeindepsychiatrisches Versorgungsmodell.

campus

Kritische Sozialwissenschaft
Schwerpunkt: Psychologie, Psychiatrie, Psychoanalyse

Ute Braun, Evelyn Hergrüter

Antipsychiatrie und Gemeindepsychiatrie

Erfahrungen mit therapeutischen Alternativen

Campus Verlag
Frankfurt/New York

Für Batscha und Pete, mit denen wir viel über Chaos, Liebe und Selbständigkeit gelernt haben

CIP-Kurztitelaufnahme der Deutschen Bibliothek

Braun, Ute:
Antipsychiatrie und Gemeindepsychiatrie :
Erfahrungen mit therapeut. Modellen / Ute Braun ;
Evelyn Hergrüter. – Frankfurt/Main, New York :
Campus-Verlag, 1980.
(Campus : Krit. Sozialwiss. : Schwerpunkt
Psychologie, Psychiatrie, Psychoanalyse)
ISBN 3-593-32652-3

NE: Hergrüter, Evelyn:

ISBN 3-593-32652-3

Produktion: Buchteam Frankfurt
Umschlaggestaltung: Eckard Warminski, Frankfurt/Main
Satz: Heinz Breynk, Bullay
Druck und Bindung: Beltz Offsetdruck, Hemsbach
Printed in Germany

INHALTSVERZEICHNIS

EINLEITUNG

Die Entwicklung der Psychiatrie in den verschiedenen Ländern macht deutlich, daß trotz aller gemeinsamen Kritik an der bestehenden Psychiatrie die Definition des Begriffs Sozialpsychiatrie so weit gespannt ist, daß eine einheitliche praxisanleitende Theoriebildung nicht erfolgen konnte. Zwar wird der Einfluß der unmittelbaren sozialen Umwelt allenthalben anerkannt, aber nicht immer "deren Determination durch übergreifende gesellschaftliche Gesetze" (Keupp 1972, S. 34).

Ansätze, die das Problem psychischer Krankheit nicht nur auf der Erscheinungsebene (als Individualstörung) suchen, sondern konsequent in den objektiven gesellschaftlichen Bedingungen, die eben zu diesen Erscheinungsformen führen, entstanden hauptsächlich Mitte der sechziger Jahre. Vor allem Sozialwissenschaftler entwickelten theoretische Vorstellungen, die dann gleichsam von 'außen' an die Psychiatrie herangetragen wurden. Als Folge entstand auf der einen Seite eine immer stärker werdende Kluft zwischen sozialpsychiatrischer Theoriebildung und medizinisch orientierter Praxis; zum anderen wurden psychiatrieinterne Auseinandersetzungen mit dem medizinischen Modell und seinen Auswirkungen in Gang gesetzt.

Der Paradigmenstreit zwischen medizinischer und sozialer Psychiatrie ist noch nicht entschieden. Die gemeindeorientierte Reformierung der psychiatrischen Versorgung in den verschiedenen Ländern zeigt jedoch deutlich sozialpsychiatrische Einflüsse.

Für die sozialwissenschaftlich geprägten psychiatrischen Ansätze, die sich kritisch mit Theorie und Praxis auseinandersetzten, hat sich in der Literatur trotz aller inhaltlicher Unterschiede, der gemeinsame Begriff Antipsychiatrie herausgebildet. Die Antipsychiatrie ist keinesfalls als Benennung einer einheitlichen psychiatrischen Schule zu verstehen, fast alle Autoren, die mit dieser Bezeichnung belegt werden, wehren sich gegen dieses Etikett. Der inflationäre Gebrauch des Begriffs Antipsychiatrie macht es schwer, ja eigentlich unsinnig, eindeutige Zuordnungen vorzunehmen.

Auf die Systematisierung von Kisker (1979) wollen wir kurz eingehen, da er zur Gruppe der führenden deutschen Universitätspsychiater zählt, die in der BRD "seit 1960 die praktische Sozialpsychiatrie eingeführt und maßgebend die Reformvorstellungen der Psychiatrie-Enquête geprägt haben.." (Dörner/Plog 1978, S. 439). Zudem beschäftigt sich Kisker nicht nur mit den theoretischen Positionen, er bezieht - im Gegensatz zu der Mehrzahl anderer Kritiker - die Praxis bzw. was er dafür hält, mit ein.

In einem "Nachruf" des "1975 zu Ende gegangenen (Antipsychiatrie)-Jahrzehnts" unterscheidet Kisker "Annäherungstypen" von Antipsychiatern (Kisker 1979, S. 811 ff.):

- Psychiater mit konsequenter Antipsychiatrie-Praxis, wobei er als einzigen Vertreter Huber vom SPK Heidelberg nennt;
- Psychiater mit marginaler Antipsychiatrie-Praxis und konsequenter Antipsychiatrie-Theorie. In diese Gruppe ordnet er Laing ein;
- Literarische Verwerter mit Antipsychiatrie-Praxis. Vertreter dieser Gruppe weiß er nicht namentlich zu nennen;
- Verfechter der therapeutischen Gemeinschaft mit Beiträgen zur Antipsychiatrie-Theorie. Hierzu wird Cooper gezählt;
- Politische, psychotherapeutische und theologische Reformulierer der Psychiatrie mit Antipsychiatrie-Anstrich. Als solche gelten für ihn z. B. Basaglia und Foudraine;
- Konventional-Psychiater, die Antipsychiatrie schreiben, so z. B. Szasz und
- Antipsychiatrie-Ghostwriter, Kompilatoren und Abschreiber, ein Heer von Schreibtischtätern, wobei Heiner Keupp "mit seinem ... Plädoyer für ein sozialwissenschaftlich orientiertes Alternativmodell der Psychiatrie als einer der gescheitesten Vertreter dieser Gruppe" (S. 814) gilt.

Schon diese Systematisierung läßt vermuten, was sich im Fortgang des Aufsatzes bestätigt: diskussionswürdig für eine Psychiatriereform ist für Kisker - und es ist zu vermuten, nicht nur für ihn - bestenfalls die "alternative Psychiatrie" (wobei er Finzen als Vertreter nennt), die sich um die "Veränderung der großen psychiatrischen Krankenhäuser, in welchen die Inhumanität und Not am größten ist" (S. 817), bemüht. Die Antipsychiatrie und sozialwissenschaftliche Alternativmodelle bleiben "Planierraupen-Ideologie". Neue kritische Richtungen der Sozialpsychiatrie und die daraus entstehende Praxis sind für Kisker "Modellinstituts-Mache".

Kiskers Kritik an den einzelnen antipsychiatrischen Ansätzen ist pauschal und zeugt von Fehlinformationen und Unkenntnis der Praxis. Die Polemik zeigt deutlich seinen eigenen Standpunkt: Sozialpsychiatrie hat soziales Management psychiatrischer Einzelfälle zu bleiben. Abnormes Mensch-sein ist für Kisker angegurtet an "zeitunabhängige, geschichtslose Halterungen, anthropologische Konstanten".

Im Unterschied zu Kiskers Karikatur wollen wir uns in diesem Buch mit der Theorie und den Praxisformen der englischen Antipsychiatrie auseinandersetzen - auch auf die Gefahr hin, von Psychiatern wie Kisker als "Planierraupen-Ideologen" etikettiert zu werden.

Mit englischer Antipsychiatrie meinen wir die Gruppe von Psychiatern und Psychotherapeuten, die sich ursprünglich um Laing und Cooper konstituiert hat. Die Bezeichnung Antipsychiatrie wählen wir, da zumindest Cooper sich selbst als Antipsychiater definiert hat (vgl. Cooper 1971 und 1976, S. 83).

Theorie und Praxis der englischen Antipsychiater sind für eine sozialpsychiatrische Diskussion wichtig, da sie - entgegen den Behauptungen Kiskers - nie die Verbindung zu den Betroffenen verloren haben und konsequent Partei für sie ergreifen. Ihre zentralen theoretischen Arbeiten sind im Kontext konkreter psychiatrischer Arbeit entstanden, die Entwicklung einer neuen Therapieform wiederum stellt die Umsetzung der theoretischen Reflexionen dar. Ihre Diskussionswürdigkeit kann unseres Erachtens nicht dadurch geschmälert werden, daß sie hauptsächlich rezipiert wurden als "Politichiatrie", als Ausdruck der Gefühlsstruktur der "Neuen Linken" oder der psychodelischen Subkultur bzw. der Hippie-Bewegung der sechziger Jahre.

Die englische Antipsychiatrie hat seit der Eröffnung von Kingsley Hall (1965), der ersten außerinstitutionellen therapeutischen Gemeinschaft, in der versucht wurde, englische antipsychiatrische Theorie praktisch umzusetzen, eine differenzierte Entwicklung durchgemacht. Zwei gemeinnützige Gesellschaften sind daraus hervorgegangen, über die wir berichten. Die Wohngemeinschaften sind nicht "zerfallen", wie Kisker meint. Sie sind zahlreicher geworden und bieten einen Erfahrungsschatz, auf den nach unserer Meinung in einer sozialpsychiatrischen Reformdiskussion nicht verzichtet werden sollte.

Auch wir melden Kritik an der englischen Antipsychiatrie an, sehen sie in ihrer Weiterentwicklung nicht als die realisierbare Alternative zum bestehenden psychiatrischen Versorgungssystem an, übersehen aber nicht den Einfluß, den sie auf die Entwicklung der Psychiatrie in England hat. Theorie und Praxis der englischen Antipsychiater riefen in sämtlichen Bereichen psychiatrischer Versorgung in England starke und häufig sehr unterschiedliche Reaktionen hervor. Um den Einfluß Laings und seiner Mitarbeiter auf die englische Psychiatrie und die Herausbildung eines gemeindepsychiatrischen Versorgungsmodells einschätzen zu können, erscheint uns ein Überblick über die Situation der Psychiatrie in England und deren Entwicklung nötig zu sein.

Der 1948 eingeführte National Health Service (NHS) ging von der überkommenen dreiteiligen Struktur des Gesundheitssystems aus: 1.) Öffentlicher Gesundheitsdienst, 2.) Krankenhäuser, 3.) Niedergelassene Ärzte. Diese Dreigliederung war unter anderem eine Folge standespolitischer Interessen, die sich der Vereinheitlichung des NHS entgegenstellten, und war zugleich Ursache vieler zukünftiger Schwierigkeiten der psychosozialen Versorgung. Die Psychiatrie wurde durch die Gesetzgebung des NHS so weitgehend beeinflußt wie keine andere Disziplin. Durch den 1959 verabschiedeten Mental Health Act wurde die Verlagerung der Psychiatrie in die Gemeinde zur erklärten Politik des Gesundheitsministeriums. Dieses Gesetz knüpfte an eine vorher schon feststellbare Tendenz an: von 1954 - 1959 wurde die Bettenzahl in psychiatrischen Krankenhäusern um 8000 reduziert (Tooth, Brooke 1961), zugleich wurden ambulante Dienste und Tageskliniken errichtet bzw. erweitert. Trotz der langsamen Verlagerung psychiatrischer Versorgung in die Gemeinde waren diese Dienste eindeutig medizinisch ausgerichtet, sie waren dem zugehörigen psychiatrischen Krankenhaus unterstellt, Kontakt mit den Gemeindeverwaltungen existierte nur in sehr begrenztem Ausmaß (Bennett, 1978, S. 210).

Auf der jährlichen Konferenz der National Association of Mental Health kündigte Enoch Powell 1961 eine weitere Verringerung der Bettenzahl um die Hälfte, d. h. um 75.000 Betten während der nächsten 15 Jahre an. Er prophezeite, daß während dieser Zeit das psychiatrische Krankenhaus durch die Errichtung psychiatrischer Abteilungen in Allgemeinkrankenhäusern überflüssig würde; ein Optimismus, der sich angesichts der Tatsache, daß selbst 1978 noch 75 % der Einweisungen erwachsener psychiatrischer Patienten in ein psychiatrisches Krankenhaus erfolgten (Bennett, 1978, S. 112), als etwas übereilt erwies. Powells Rede folgte ein Jahr später ein Regierungsbericht "A Hospital Plan for England and Wales", der folgende Prioritäten festlegte: Reduktion der Bettenzahl für psychisch Kranke von 2, 91 Betten pro 1000 Einwohner auf 1, 8 pro 1000 Einwohner bis 1975 (eine realistische Einschätzung, die weitgehend eingehalten wurde); die Errichtung von District General Hospitals mit psychiatrischen Abteilungen; der Krankenhausaufenthalt war lediglich für akut psychotische Patienten gedacht.

Der Plan, psychiatrische Abteilungen in Allgemeinkrankenhäusern zu schaffen, wurde von Psychiatern und psychiatrischem Pflegepersonal freudig begrüßt. Sie erhofften sich dadurch eine Gleichstellung der Psychiatrie mit anderen Disziplinen der Medizin, verbesserte Arbeitsbedingungen und höhere Bezahlung. Folgende Vergleichszahlen zeigen, wie sehr die Psychiatrie selbst 1971 noch unterprivilegiert war (Clare, 1976, S. 381): 1971 belegten psychisch und geistig Behinderte 45 % sämtlicher Krankenhausbetten in England (davon 1/3 geistig Behinderte). Die meisten dieser Patienten waren in alten, häufig verwahrlosten psychiatrischen Kliniken untergebracht. 65 % der psychiatrischen Krankenhäuser wurden vor 1891 gebaut, 40 % waren über 100 Jahre alt. Obwohl die Psychiatrie aufgrund der hohen Bettenzahl und einer ausgedehnten ambulanten Versorgung eine der umfangreichsten Disziplinen in der Medizin ist, sind nur 11 % aller medizinischen "consultants"(1) Psychiater und nur 20 % des gesamten medizinischen Pflegepersonals arbeitet in psychiatrischen Krankenhäusern, bzw. an psychiatrischen Abteilungen.

In nicht-psychiatrischen Kliniken hat ein "consultant" 30 Patienten stationär zu behandeln, ein Psychiater jedoch 154 psychisch Gestörte oder 400 geistig Behinderte. In psychiatrischen Krankenhäusern versorgen 36 Krankenschwestern 100 Patienten, in Allgemeinkrankenhäusern kommen 121 Schwestern auf 100 Patienten. Die Ungleichheit zwischen Psychiatrie und Allgemeinmedizin drückt sich auch in den Pflegesätzen aus: der wöchentliche Pflegesatz pro Patient in einem Allgemeinkrankenhaus betrug 1971 Ł 90, - für einen psychisch Kranken Ł 30. 34. - und Ł 28. - für einen geistig Behinderten. 1973 betrug die wöchentliche Essensausgabe für einen Patienten eines Allgemeinkrankenhauses Ł 8.18, für einen geistig Behinderten dagegen nur Ł 3.58. Die Zahlen sprechen für sich selbst.

Hinter der angestrebten Verbindung von Psychiatrie und Allgemeinmedizin stand das durchaus verständliche Interesse, gleiche Arbeitsbedingungen und Bezahlung in der Psychiatrie durchzusetzen. Dies geschah unter Berufung auf die viel zitierten Interessen der Patienten, abgeleitet aus dem medizinischen Modell. Psychologische Behandlungsmethoden wurden entweder als ineffektiv oder als gefährlich dargestellt, empfohlen wurden "die gesunden Behandlungsmethoden für Geisteskranke, die den Behandlungsmethoden körperlich Kranker ähnlich waren" (Jones, 1972, S. 333). Ein Psychiater meinte 1961 auf der Konferenz der National Association of Mental Health: "Die meisten Patienten, die in psychiatrische Kliniken eingewiesen werden, können in Allgemeinkrankenhäusern hervorragend behandelt werden, sofern nur genügend Einrichtungen und Betten zur Verfügung gestellt werden. Wir nehmen sogar eine beträchtliche Anzahl von Leukotomien pro Jahr vor und das Aufkommen neuer Psychopharmaka befähigt uns, eine wesentlich größere Anzahl akut schizophrener Patienten zu behandeln". (Sargent, zit. nach Jones 1972, S. 333f.) Die Ausbildung von Psychiatern und psychiatrischem Pflegepersonal näherte sich zunehmend der Ausbildung der in der Allgemeinmedizin tätigen Berufsgruppen an, ein weiteres Beispiel für die geglückte Verbindung von Psychiatrie und Medizin. Für Jones (1972, S. 334) verlor die Psychiatrie zum zweiten Mal in ihrer Geschichte die soziale Komponente.

Die Anbindung psychiatrischer Dienste an Allgemeinkrankenhäuser wurde als einer der größten Fortschritte in der psychiatrischen Versorgung begrüßt; sie ging einher mit der rechtlichen Gleichstellung physisch und psychisch Kranker, verhinderte deren Verbannung weitab ihrer ursprünglichen sozialen Umgebung, führte andererseits zu einer stärkeren Verankerung des medizinischen Modells in der Psychiatrie. (2)

Die Reaktion blieb nicht aus: die zunehmende Verflechtung von Psychiatrie und Medizin in den 60iger Jahren rief eine wachsende Kritik am medizinischen Modell und der psychiatrischen Institution hervor. 1962 erschien Goffmans "Asylums" und Szasz "The Myth of Mental Illness", in England wurden Laings, Coopers und Berkes Bücher veröffentlicht, zugleich eine Reihe empirischer Untersuchungen psychiatrischer Institutionen - R. Bartons "Institutional Neurosis", P. Morris "Put Away" - um nur einige zu nennen. Zwischen 1968 und 1970 fanden sich nahezu wöchentlich Presseberichte über Mißstände in psychiatrischen Anstalten (Jones, 1972, S. 331). Kritik an der herkömmlichen Psychiatrie wurde nicht nur in fachinternen Zirkeln, sondern auch in der Öffentlichkeit geübt.

Die englische Antipsychiatrie beeinflußte die Diskussion um das medizinische Modell, die Infragestellung der "Allmacht des Psychiaters" und die Kritik an der psychiatrischen Institution ganz wesentlich. Laing und seine Mitarbeiter blieben nicht bei der Kritik stehen, sondern versuchten, eine zur herkömmlichen Psychiatrie alternative Praxis zu entwickeln: "Villa 21", Kingsley Hall, die Gründung der Philadelphia Association und der Arbours Association; eine Praxis, die einen konkreten Bezugspunkt für die Auseinandersetzung mit möglichen Alternativen bietet.

Die englische Antipsychiatrie wirkte sich nicht unmittelbar auf die Veränderung der psychiatrischen Versorgung in England aus. Ihr mittelbarer Einfluß ist jedoch nicht zu unterschätzen. Sie wurde in Lehrveranstaltungen der Sozialwissenschaften aufgenommen. Sie schärfte den in der Ausbildung befindlichen Sozialarbeitern, Psychologen und Gemeinwesenarbeitern (die als Hilfskräfte der Psychiater betrachtet wurden) den Blick dafür, daß Psychiater nicht alleinige Kompetenz für die Behandlung psychischer Störungen besitzen; eine Erkenntnis, die sich positiv auf das professionelle Selbstverständnis dieser Berufsgruppen auswirkte. Im Kontext der oben erwähnten empirischen Untersuchungen, die teilweise durch die englische Antipsychiatrie angeregt wurden, und den Presseberichten über Mißstände in der psychiatrischen Versorgung hatte die englische Antipsychiatrie Einfluß auf die öffentliche Meinung, die sich wiederum in Gesetzesvorlagen niederschlug.

Exemplarisch dafür ist der 1971 verabschiedete und von der Seebohm-Kommission vorbereitete "Social Services Act". 1965 wurde vom Innenministerium, dem Wohnungsbau- und dem Gesundheitsministerium, dem Ministerium für Erziehung und Wissenschaft eine Kommission unter dem Vorsitz von Frederic Seebohm eingesetzt, die die Organisation und Zuständigkeit der kommunalen sozialen Dienste kritisch überprüfen und Vorschläge ausarbeiten sollte, welche Veränderungen einen "effektiven familienbezogenen Sozialdienst" gewährleisten können.

1968 legte die Seebohm-Kommission ihre Empfehlungen vor, deren wichtigste und am meisten umstrittene die Einführung der Social Services Departments und die Ernennung von "Directors of Social Services" war. Dieser Vorschlag stieß vor allem bei der Gruppe der "medical officer of health" - den Amtsärzten - auf starken Widerstand. Der Zuständigkeitsbereich des "medical officer of health", d. h. des Leiters des Gesundheitsamtes, sollte drastisch eingeschränkt werden zu Gunsten der neuen Social Services Departments. Dies bedeutete unter anderem, daß die Verantwortung für psychisch und geistig Behinderte vom "Gesundheitsamt" an das "Sozialamt" überging und die bisher im "Gesundheitsamt" tätigen Sozialarbeiter dem "Sozialamt" unterstellt wurden. Die Kommission begründete dies folgendermaßen: Da psychische und geistige Behinderung eine Vielzahl von Problemen in den betroffenen Familien auslöst, sollen Sozialarbeiter in der Lage sein, Verantwortung für die gesamte Familie zu übernehmen. Sozialarbeiter im Social Services Department können eine weitere Segregation der Betroffenen verhindern und eine schrittweise Integration in die Gemeinde fördern.

Das neue Social Services Department sollte nicht nur Funktionen des "Gesundheitsamtes" übernehmen, sondern auch zur zentralen Koordinationsstelle verschiedener Dienste werden: 1.) Jugendamt, 2.) Schulpsychologischer Dienst und Erziehungsberatungsstellen, 3.) Dienste für Alte und Behinderte, 4.) psychiatrische Sozialarbeit, Werkstätten für geistig Behinderte, Kindertagesstätten und die sozialen Dienste, die bisher vom Gesundheitsamt organisiert wurden, 5.) Sozialarbeit, soweit sie durch das Wohnungsamt geleistet wurde.

Im Februar 1970 wurden die meisten der von der Seebohm-Kommission erarbeiteten Vorschläge verabschiedet und traten ab 1. April 1971 gesetzlich in Kraft. "Die englischen Palamentarier erkannten die in diesen Argumenten transportierte Machtfrage und entschieden sie politisch: gegen die Profession der Mediziner und für die sozialen Dienste. Wahrscheinlich werden erst die nächsten Jahre zeigen, daß das englische Parlament hiermit ein Jahrhundertgesetz verabschiedete, sicherlich vergleichbar dem Mental Health Act von 1959, ein Schritt auf dem

Wege zu einer Entklinifizierung sozialer Probleme, ein Schritt auf dem Weg zur Professionalisierung sozialer Arbeit, weg von dem Unterstellungsverhältnis des Sozialarbeiters unter die Mediziner ..." (Bauer, 1973, S. 36f).

Die Entklinifizierung sozialer Probleme ging einher mit einer Veränderung der Ausbildung. Die bisher existierenden Spezialisierungen - wie etwa die Ausbildung zum psychiatrischen Sozialarbeiter - wurden abgeschafft zugunsten einer Vereinheitlichung der Ausbildung ("generic approach") für die verschiedenen Bereiche der Sozialarbeit. Die Prioritäten verschoben sich in Ausbildung und Berufspraxis von symptomorientierten bzw. individuenzentrierten Ansätzen auf eine Perspektive, die auf das soziale Netzwerk ausgerichtet war. Diese Veränderung war zumindest im Bereich der Ausbildung schon vorbereitet worden durch die in den 60iger Jahren stattfindende Diskussion, die durch Grundannahmen der Antipsychiatrie weitgehend geprägt wurde.

Obwohl sich die 60iger Jahre durch theoretische Alternativen auszeichneten - die im Fall der englischen Antipsychiatrie auch in die Praxis umgesetzt wurden - und diese Ansätze im universitären Bereich auf beträchtliches Interesse stießen, waren sie für sich genommen noch nicht ausreichend, die Berufspraxis im psychiatrischen Bereich zu verändern. Die Kritik an der konventionellen Psychiatrie konnte erst dann zu einer veränderten Praxis führen, als die Sozialarbeit durch die Errichtung des Social Services Departments aus der Oberhohheit der Medizin herausgelöst und genügend Berufsmöglichkeiten für Sozialarbeiter geschaffen wurden, die die Realisierung dieser Ideen erlaubten. Obwohl die Verlagerung der Psychiatrie in die Gemeinde schon seit 1959 (Mental Health Act) angestrebt wurde, wurde sie bis zur Verabschiedung des Social Services Act 1971 hauptsächlich von psychiatrischen Krankenhäusern aus betrieben, die Gemeinde diente lediglich dem Management psychiatrischer Einzelfälle.

Die Herausbildung einer gemeindepsychologischen Orientierung in Theorie und Praxis verzeichnet eine parallele Entwicklung. Die gemeindepsychologische Ausrichtung - von einer eigenständigen Disziplin kann nicht gesprochen werden - kristallisierte sich heraus in der Kritik an der bisher gelehrten und praktizierten Psychologie: der Beschränkung des Tätigkeitsfeldes des Psychologen auf die Anwendung psychologischer Tests und auf die Durchführung von Einzeltherapie unter der Verantwortung eines Mediziners; dem Ausklammern der sozialen Ursachen aus der Analyse und Behandlung psychischer Krankheit. Die Folge war eine Hinwendung zu interpersonalen Theorien (Bender 1976, S. 22), zur Familientherapie (S. 23), dem Labeling-Ansatz

(S. 33) und der Befürwortung eines bedürfnisorientierten Ansatzes (S. 32). Die vorgetragene Kritik und die daraus gezogenen Konsequenzen erinnern stark an die Positionen der englischen Antipsychiatrie. Wie im Bereich der Sozialarbeit gelang die Umsetzung der gemeindepsychologischen Grundannahmen in die Praxis erst, als die dazu nötigen Stellen vorhanden waren. Bender (1976, S. 29) legt den Beginn der Gemeindepsychologie auf Anfang bis Mitte der 70iger Jahre fest, einer Zeit, zu der zunehmend mehr Psychologen von Gemeindeverwaltungen angestellt wurden.

Der von den englischen Antipsychiatern vehement geführte Angriff auf die Psychiatrie und deren Vertreter rief bei diesen eine ebenso vehemente Reaktion hervor. Die englischen Antipsychiater werden als Gegner verstanden, auf deren Gefährlichkeit vielmals verwiesen wird, die jedoch einer ernsthaften Auseinandersetzung für Wert befunden werden. Natürlich darf dabei die den englischen Diskussionsstil auszeichnende Polemik nicht fehlen. Im Unterschied zur Diskussion der englischen Antipsychiatrie innerhalb der deutschen Psychiatrie vollzieht sich die Kritik aber nicht in Form pauschaler Ablehnung oder unsachli cher Disqualifikation, sondern als Auseinandersetzung auf inhaltlicher Ebene. Eine häufig vorgebrachte Kritik gilt dem methodologischen Vorgehen in "Wahnsinn und Familie" (Laing/Esterson 1975). Für Wing (1978, S. 160) sind die in diesen Untersuchungen angegebenen Daten unstandardisiert, sie wurden auf unsystematische Weise erhoben, die Anzahl der untersuchten Familien ist zu klein, das Datenmaterial wurde nochmals einer persönlichen Selektion unterzogen. Die von Clare - einem Repräsentanten des Maudsley Hospitals - vorgebrachte Kritik bezieht sich auf Laings Ablehnung psychiatrischer Diagnoseverfahren (Clare, 1976, S. 120 u. 127) - wobei Clare zwar die Ungenauigkeit der Verfahren zugesteht, nicht jedoch deren Unbrauchbarkeit, auf sein Familienmodell (S. 189), die methodologischen Schwächen seiner empirischen Untersuchung (S. 111f).

Laings Angriffe auf die Psychiater, die sich seiner Meinung nach als Inkarnation gesellschaftlicher Normalität begreifen, sein Infragestellen gesellschaftlicher Normalität, die er als den "normalen" Zustand unserer Entfremdung versteht, mußten für die Vertreter der Psychiatrie eine Herausforderung darstellen; eine Herausforderung, die sich jedoch befruchtend auf den Diskussionsprozeß innerhalb der englischen Psychiatrie auswirkte (vgl. Bennett 1978, S. 209).

Trotz unterschiedlicher Rezeption der englischen Antipsychiatrie wird ihre Bedeutung überall anerkannt. Jones (1972, S. 350) erstellt eine Klassifikation der Modelle, die verschiedenen Bereichen psychiatrischer Versorgung bzw. dem Handeln verschiedener Berufsgruppen zugrunde liegen. Von den fünf genannten Modellen sind drei wesentlich durch die Positionen der englischen Antipsychiatrie gekennzeichnet:

1. Das WHO-Modell geht von einer Vielfalt psychiatrischer und psychosozialer Einrichtungen aus, die auf gleichberechtigter Ebene zusammenarbeiten.
2. Das medizinische Modell geht nach Jones von der Vorstellung der klinikzentrierten Dienste aus. Psychiatrie wird als Disziplin der Medizin verstanden, Sozialarbeit erfüllt lediglich eine Hilfsfunktion.
3. Das Seebohm-Modell begreift psychische und geistige Behinderung als soziale Probleme. Es wird mit Szasz von der Auffassung ausgegangen, daß "Geisteskrankheit" ein Mythos sei und der Verschleierung sozialer Probleme diene (eine Aussage, die auch in der englischen Antipsychiatrie zentral ist; Anm. d. Verf.). Jones (ebd., S. 351) hält es angesichts der zunehmenden Etablierung der Sozialarbeit als selbständige Profession nicht für ausgeschlossen, daß dieses Modell in Zukunft das dominierende sein wird. In diesem Fall wäre die medizinische Psychiatrie eine Hilfsdisziplin der Sozialarbeit, sie wäre für die Bereitstellung von Betten für diejenigen Personen verantwortlich, bei denen sich ein kurzfristiger Aufenthalt in der Abteilung eines Allgemeinkrankenhauses nicht vermeiden läßt.
4. Das Verschwörermodell: Psychische Krankheit wird als Produkt gesellschaftlicher Etikettierungsprozesse verstanden. Als Vertreter dieser labeling-theoretischen Aussagen werden von Jones (S. 351) Goffman und Townsend genannt (sie sind jedoch auch in der Theorie der englischen Antipsychiatrie grundlegend; Anm. d. Verf.).
5. Das "no-model"-Modell, als dessen wichtigster Vertreter Laing zitiert wird, das sich jedoch ansatzweise auch bei Goffman und Townsend findet. Schizophrenie existiert in dieser Theorie nicht mehr, sämtliche Probleme einer Person werden als ausschließlich durch andere verursacht angesehen. Jones (ebd., S. 352) bezeichnet dieses Modell als gefährlich, es führe zu einer Vernachlässigung jener Personen, die dringender Hilfe bedürfen.

Jones (ebd.) vermutete das zukünftige Modell psychiatrischer Versorgung in einer Mischung aus medizinischem Modell und Seebohm-Modell, wobei möglicherweise der Kampf um die Vormachtsstellung unentschieden bleiben würde. Sie behielt recht: auch heute noch bestimmt die Konkurrenz zwischen dem medizinischen und einem sozial orientierten Modell die Situation der Psychiatrie in England. Die Polarisation der Standpunkte wird vor allem in der Diskussion um die Gemeindepsychiatrie offensichtlich, die sich häufig auf eine simple "dafür/dagegen"-Formel reduzieren läßt. Bennett, der zwar den verstärkten Ausbau kommunaler sozialer Dienste unterstützt, warnt davor, in der gemeindepsychiatrischen Debatte von unhinterfragten Grundannahmen auszugehen, wie "die Gemeinde ist an sich schon therapeutisch und sorgt für ihre Mitglieder" (Bennett, 1978, S. 212).

Diesem Glaubensbekenntnis steht die weniger erfreuliche Realität psychosozialer Einrichtungen gegenüber. Die seit über 20 Jahren betriebene Reduktion der Bettenzahl in psychiatrischen Krankenhäusern wurde nicht begleitet von einem adäquaten Ausbau kommunaler Einrichtungen. Die Verhinderung von Klinikeinweisungen wurde oft schon gleichgesetzt mit "community care". Clare zeigt einen direkten Zusammenhang zwischen diesem Trend einerseits und dem enormen Anstieg der Zahl der Obdachlosen und dem Anwachsen der Gefängnispopulation: zwischen 1950 und 1970 verdoppelte sich die Zahl der Häftlinge; die Zahl der Männer die sich aufgrund eines medizinischen Gutachtens in Untersuchungshaft befinden stieg von 5000 im Jahr 1960 auf 12.500 im Jahr 1970 an (Clare 1976, S. 411). Viele psychisch Kranke werden aus psychiatrischen Krankenhäusern in eine Gemeinde entlassen, in der nicht genügend Nachsorgeeinrichtungen vorhanden sind. Aufgrund ihrer sozialen Situation geraten sie mit dem Gesetz in Konflikt; die häufigsten Delikte sind Diebstahl, Einbruch, Herumlungern, Trunkenheit. In Gerichtsverhandlungen wird bei ehemaligen psychiatrischen Patienten häufig eine psychiatrische Behandlung empfohlen, es wird versucht, Gefängnisstrafen zu vermeiden, was angesichts der zu geringen Zahl psychiatrischer Einrichtungen nicht immer realisierbar ist (vgl. Clare 1976, S. 413).

Gefordert wird nicht nur der quantitative Ausbau psychosozialer Einrichtungen, sondern eine effektivere Kooperation zwischen psychiatrischen Abteilungen an District General Hospitals, den kommunalen sozialen Diensten und den Allgemeinärzten. Der Allgemeinarzt nimmt eine Schlüsselstellung im englischen National Health Service ein, er ist meistens die erste Kontaktstelle und entscheidet darüber, ob ein Patient psychiatrischer Behandlung bedarf und an welche Einrichtung er überwiesen wird. Eine Untersuchung (Shepherd et al, 1966) zeigte, daß der Allgemeinarzt von 20 Patienten, die er als psychiatrisch gestört ansieht, nur einen an einen Psychiater überweist.

Obwohl die Bildung psychiatrischer Teams schon 1971 ("Hospital Services for the Mentally Ill") angestrebt wurde, nimmt ihre Zahl erst in den letzten Jahren zu. "Psychiatric teams" bestehen aus einem Psychiater, einem Allgemeinarzt und einem Sozialarbeiter der Local Authority. Sie arbeiten in einem 24-stündigen Bereitschaftsdienst und sind an ein psychiatrisches Krankenhaus oder die psychiatrische Abteilung eines District General Hospitals angegliedert. Ein Beispiel für die hervorragende Arbeit eines "psychiatric teams" ist der Kriseninterventionsdienst des Napsbury Hospitals in London. Auch den Mitarbeitern dieses Teams geht es darum, Klinikeinweisungen zu verhindern; die Begründung dafür liegt jedoch nicht in dem abstrakten Ziel, Klinikeinweisungen um jeden Preis zu vermeiden, sondern in einer konsequent durchgeführten antipsychiatrischen Auffassung von psychischer Krankheit: "Belastende und schmerzliche Ereignisse haben sich in der Familie womöglich so sehr zugespitzt, daß sie untragbar geworden sind. Es wird 'zugemacht', was als menschliche Beziehung hätte verlaufen können, wird als Krankheit definiert. Manchmal fanden wir, daß die Auflehnung eines Mitglieds gegen grundlegende Werte der Familie als erste Anzeichen einer Krankheit gesehen werden. Von Experten wird dann die offizielle Bestätigung erwartet, daß die schmerzlichen Ereignisse, die sich in der Beziehung abspielten und vielleicht zur Krankheit beitrugen, Teil der Krankheit sind. Der Experte kann beim ersten Kontakt mit der Familie unwissentlich in eine Situation verwickelt werden, in der er Teil eines langfristigen Zerstörungsprozesses wird." (Scott, Seecombe, 1976, S. 5)

In der BRD sind die Weichen für eine Psychiatriereform von der Enquête-Kommission (1975) gestellt worden. Kruckenberg (in: v. Nussbaum 1977, S. 320 f.) weist in einer Einschätzung des Enquête-Berichts nach, daß hier gleichermaßen Elemente des medizinischen Modells und damit unvereinbare sozialpsychiatrische Vorstellungen Eingang gefunden haben. Begrenzungen für sozialwissenschaftlich begründete Reformen müssen nicht zuletzt in den Widerständen gesehen werden, die aus der bestehenden Psychiatrie in der BRD kommen, da hier im wesentlichen Vertreter des medizinischen Modells das Heft fest in der Hand haben.

Das mögliche Ausmaß psychiatrischer Reformen wird in der Stellungnahme der Bundesregierung zum Enquêtebericht (1979) deutlich. Sozialpsychiatrische Reformkonzepte gewinnen tatsächlich nur an Gewicht, wenn sie sich als effektiver und kostensparender gegenüber den traditionellen Formen erweisen. Die implizite Widersprüchlichkeit im Enquêtebericht scheint uns Begrenzungen, aber auch zugleich Chancen für die Realisierung alternativer sozialpsychiatrischer Versorgungsmodelle zu bieten. Auch die starke Gewichtung des extramuralen Bereichs durch die Bundesregierung, läßt prinzipiell die Verwirklichung gemeindepsychiatrischer Konzepte zu.

In diesem Buch beschäftigen wir uns im ersten Teil mit der Theorie und der Praxis der englischen Antipsychiatrie, um sie im zweiten Teil einer Kritik aus kritisch sozialpsychiatrischer Sicht zu unterziehen. Im dritten Teil entwickeln wir gemeindepsychiatrische Vorstellungen, die sich aus der Diskussion um eine sozialwissenschaftlich orientierte Psychiatriereform ergeben haben. Im vierten Teil wird die Arbeit einer Initiativgruppe, der wir beide zugehören, dargestellt. Diese Gruppe versucht, einige dieser Vorstellungen im Münchener Stadtteil Haidhausen zu verwirklichen. Im letzten Teil werden englische Antipsychiatrie und Gemeindepsychiatrie unter dem Blickwinkel kritischer Sozialpsychiatrie gemeinsam diskutiert.

Wir verstehen unser Buch als praxisrelevanten Beitrag zur kritisch-sozialpsychiatrischen Diskussion in der BRD, in der es darum geht, ein psychosoziales Versorgungssystem zu entwikkeln, das nicht hauptsächlich den Erfordernissen administrativer Rationalität genügt, sondern sich tatsächlich an den Bedürfnissen der Betroffenen orientiert. Wir hoffen, daß wir zur Verhinderung einer Entwicklung beitragen können, die Sozialpsychiatrie auf das Management von Einzelfällen reduziert oder bestenfalls zu sozio-dynamisch orientierter Sozialpsychiatrie in den Gemeinden führt (vgl. zur Entwicklung der verschiedenen sozialpsychiatrischen Richtungen Rebell 1976, S. 13f.).

I. THEORIE UND PRAXIS DER ENGLISCHEN ANTIPSYCHIATRIE

1. Der theoretische Anspruch: von Mikrostrukturen über Vermittlungsinstanzen zu Makrostrukturen

Laings Versuch, sich im "undurchdringlichen Dunkel sozialer Vorgänge" zurechtzufinden, fing nach seiner Beschreibung damit an, daß er als Psychiater Menschen zu untersuchen hatte, die in psychiatrischen Heilanstalten als psychotisch oder neurotisch galten. Laing begann zu begreifen, daß er es "nicht bloß mit der Untersuchung von Individuen zu tun hatte, sondern mit der von Situationen" (Laing 1969b, S. 14, Hervorhebung im Original). Diese Erfahrung mußte Laing zur Auseinandersetzung mit dem klassich-psychiatrischen Krankheitsparadigma führen. Durch die Annahme, daß das Verhalten eines Patienten Ausdruck eines innerpsychischen Krankheitsprozesses sei, wird die sozial-kontextuelle Bedingtheit der Herstellung von Situationen verleugnet. Das bedeutet, daß sich jeder Interaktionspartner des Patienten seiner eigenen Verantwortlichkeit für die Herstellung der Situation ruhigen Gewissens entziehen kann.

Ein Beispiel aus meiner (U. Braun) Tätigkeit als Krankenschwester in einer psychiatrischen Klinik, die mir dieselbe Erfahrung verschaffte, soll das oben Gemeinte verdeutlichen: Ein Patient der geschlossenen Station, dem nach längerfristigem Aufenthalt Ausgang zugebilligt worden war, bat das beim Kaffeetrinken sitzende Personal höflich, ihm die Tür aufzuschließen. Eine Schwester versprach ihm, sofort zu kommen, was sie nicht tat. Nach einigen Minuten erschien der Patient wieder in der Tür und sprach die Schwester direkt an, sie solle doch ihr Versprechen einlösen. Sie fragte ihn, wieso gerade sie, sie wolle jetzt erst in Ruhe ihren Kaffee austrinken. Der Patient verteidigte, immer noch einigermaßen ruhig, sein Recht auf Ausgang. Ein hinzugekommener Arzt erkundigte sich, was los sei, worauf ein Pfleger meinte, Herr M. (der Patient) rege sich unnötig auf. Der Arzt räsonnierte sofort, ob dies öfters in den letzten Tagen vorgekommen sei, es könne ja an der Herabsetzung der Medikamentendosis liegen. Der Patient fing daraufhin an, uns alle fürchterlich zu beschimpfen. Der Arzt erklärte ihm, daß er leider die Ausgangserlaubnis zurücknehmen müsse, solange solche Erregungszustände noch vorhanden seien. Der entsetzte Gesichtsausdruck des Patienten wird mir unvergeßlich bleiben; wortlos (übrigens für etwa zwei Tage) entfernte er sich. In der Folgezeit produzierte er wieder vermehrt seine Verfolgungsideen mit der Bereicherung, daß das Pflegepersonal mit inbegriffen war. Der Umgang mit dem Patienten wurde dadurch schwieriger, was ihm allerdings als Verschlechterung seines Krankheitszustandes ausgelegt wurde.

Situationen dieser Art, oft mit geringeren Folgen für den Patienten, aber in der Struktur gleich, werden in psychiatrischen Anstalten permanent hergestellt. Sicher nicht, weil die Betreuer allesamt unmenschliche oder unfähige Interaktionspartner sind, sondern weil Patienten auf der Basis des medizinischen Modells nur als Symptomträger gesehen werden können, nicht als Personen. Um mit Laing zu sprechen: "Eine Person existiert nicht ohne sozialen Kontext. Man kann eine Person nicht aus ihrem sozialen Kontext reißen und sie weiterhin als Person ansehen oder als Person behandeln". (Laing 1969b, S. 15)

Um den Wahnsinn verstehen zu können, versucht Laing daher eine neue Wissenschaft zu entwickeln, "eine Studie menschlicher Wesen, die ausgeht von der Beziehung zum anderen als Person und zu einer Darstellung des anderen, immer noch als Person, gelangt" (Laing 1974a, S. 24).

Da die traditionelle Psychiatrie diesem Anspruch nicht genügt, wird sie von den englischen Antipsychiatern als "System der Gewalt und Gegengewalt" erkannt, die dann ihr Ziel erreicht hat, "wenn der frühere Mensch zum gehorsamen Roboter geworden ist, der sich entweder in den chronischen Abteilungen der psychiatrischen Institutionen herumtreibt - oder, mit ähnlich viel menschlichem Gefühl in der Gesellschaft draußen - wie alle anderen Nicht-Leute, die menschenähnlich scheinen und doch die Fähigkeit, die langvergessene Welt von Träumen, Vorstellungen und spontaner Aktion zu erinnern, längst verloren" haben (Cooper 1976, S. 84-85).

Hier wird deutlich, daß nach Auffassung der englischen Antipsychiater nicht nur die "verrückten" Individuen zu Nicht-Leuten geworden sind, sondern jeder in der Gesellschaft davon bedroht ist. Der psychiatrische Patient zeigt in extenso, was wir alle in uns tragen.

Das Erkenntnisinteresse der englischen Antipsychiater, "den Wahnsinn und den Prozeß des Wahnsinnigwerdens verständlich zu machen" (Laing 1974a, S. 9), kann dann nur realisiert werden, wenn das soziale System zum Untersuchungsobjekt wird und nicht nur das daraus entfernte Individuum.

Laing (1969b, S. 17) schlägt folgenden Weg vor: "Der Kontext des Individuums wird zunächst sichtbar als seine unmittelbaren Verhältnisse, und die Kontexte dieser Verhältnisse tauchen als größere soziale Strukturen auf, die noch keineswegs ausreichend erkundet sind. Allerdings können wir die Grenzen unserer empirischen Forschung theoretisch überwinden ... Wir können also davon ausgehen, daß unaufhörlich Kontext auf Kontext folgt, bis schließlich eine Totalität des globalen Sozialsystems erreicht ist, das eine Hierarchie umfaßt von Kontexten, Metakontexten, Metametakontexten, verflochtenen Strukturen von Herrschaft ... und deren einzelne Teile unverständlich bleiben, solange man sie außerhalb des Ganzen sieht, deren Teile sie sind."

Die englisch-antipsychiatrische Theorie des Wahnsinns müßte dann umfassen:

a) Eine Wissenschaft von den Personen, die in der Lage ist, die individuell-lebensgeschichtliche Verarbeitung kontextueller Bedingungen verstehbar zu machen.
b) Geht man davon aus, daß der Wahnsinn eine bestimmte Form des Individuums darstellt, Wirklichkeit zu erfahren und zu konstituieren, müssen die grundlegenden Strukturen familialer Interaktion bestimmt werden, da die Familie im allgemeinen der unmittelbarste Kontext des Individuums ist, in dem Wirklichkeit erfahren und gelernt wird zu konstituieren.
c) Ein wesentlicher Kontext des psychiatrischen Patienten sind die Institutionen psychosozialer Versorgung. So unterschiedlich die Interaktionschancen für den Betroffenen in den verschiedenen Institutionen auch erscheinen mögen (z. B. in Arztpraxis und Anstalt), so haben die Interaktionsbedingungen doch alle die Strukturierung durch das medizinische Modell gemeinsam. Untersuchungsgegenstand wird dann zum einen das Verhältnis zwischen Helfer und Patient und zum anderen die Lebensbedingungen in den psychiatrischen Anstalten.
d) Nach Laing bleiben diese Kontexte unverständlich, solange sie nicht in das Ganze integriert werden, dessen Teile sie sind. Es entsteht somit die Notwendigkeit, diesen Totalitätsanspruch in einer Theorie des Sozialsystems einzulösen.

Zusammenfassend kann gesagt werden: Die isolierte Bearbeitung der einzelnen Teilsysteme bliebe Stückwerk. Laing expliziert hierzu: "Unser theoretisches und praktisches Problem ist, die Vermittlung zu finden zwischen den verschiedenen Ebenen von Kontexten ... Die Vermittlungssysteme ... müssen nicht nur an sich, sondern vor allem als konditionierende und konditionierte Medien zwischen den Einzelteilen und dem Ganzen untersucht werden." (1969b, S. 14) Eine mit ihrem eigenen Maß gemessene englisch-antipsychiatrische Theorie des Wahnsinns ist also nur dann akzeptabel, wenn sie außer der Beschreibung der Ebenen diese auch zu verbinden vermag.

2. Der Wahnsinn und der Prozeß des Wahnsinnigwerdens auf der Ebene des Subjekts

Nach Spoerri handelt es sich bei der Schizophrenie um eine Persönlichkeitstörung, bei der die "Werkzeuge" des Gedächtnisses, der Intelligenz und das Bewußtsein nicht primär gestört sind. Von dieser Psychoseform wird angenommen, daß sie plötzlich oder schleichend zu einem Kontaktverlust mit der bisher vertrauten normalen Welt und zum "Einbruch" einer fremdartigen psychotischen Welt mit völlig neuen Erlebnissen führt. "Das Selbstverständliche unserer Konventionen ist nicht mehr selbstverständlich; das Natürliche wird problematisch" (Spoerri 1969, S. 50). In Störungen der Affektivität, Denkstörungen und Störungen der Person (Primärsymptome genannt) zeigt sich die Spaltung der Persönlichkeit. Als Reaktion auf die Primärsymptome können sich die sogenannten Sekundärsymptome entwickeln wie katatone Erscheinungen, Halluzinationen oder Wahnideen. Schizophrenie zählt hier zum Formenkreis der sogenannten endogenen Psychosen, d. h. "auf ererbter Grundlage entstehende seelische Störungen, deren Ursache ungeklärt ist" (ebd., S. 51). Schizophrene Vorstellungen und Handlungen gelten dabei als uneinfühlbar für andere, als Symptome für den zugrundeliegenden Krankheitsprozeß.

Wie schon erwähnt, läßt sich unter diese Definition etwa 1 % der Bevölkerung der BRD subsummieren. Nach Bleuler haben Heilungschancen nur etwa ein Viertel der Patienten, die Hälfte davon bleibt "defekt schizophren", ein Viertel der Patienten verfällt der Demenz. Dreiviertel der Schizophrenen verbringen ihr Leben nach dem "Ausbruch" der Krankheit, meist mit nur kurzen Unterbrechungen, in Nervenheilanstalten. Bis zu Zweidrittel der Anstaltsinsassen fallen unter diese Diagnose.

Schizophrene sind somit in der klinisch-stationären Arbeit die häufigsten Interaktionspartner der Psychiater. Aus diesem Grund ist es nicht verwunderlich, daß die Auseinandersetzung der englischen Antipsychiater mit dem Problem des Wahnsinns sich an diesem Krankheitsbild entzündete.

2.1. Formale Psychopathologie und traditionelle Psychoanalyse versus existentielle Phänomenologie

Laing setzt in seiner ersten Publikation, "Das geteilte Selbst", der formalen klinischen Psychopathologie, der die oben zitierte

Definition entstammt, den Ansatz einer "existentiell-phänomenologischen Wissenschaft von den Personen" entgegen.

Laing hatte das Problem, daß seine Erfahrungen mit Psychotikern nicht den Beschreibungen entsprachen, die in den traditionellen psychiatrischen Lehrbüchern zu finden sind. Als wesentlichstes Fundament der Darstellungen über Schizophrene sieht Laing Bleulers Bemerkung (und Bleuler muß nach wie vor als repräsentativ für die psychiatrische Schulmeinung angesehen werden), "daß, wenn auch alles gesagt und getan sei, Schizophrene fremder seien als die Vögel in seinem Garten" (Laing 1974a, S. 33).

Diese postulierte Uneinfühlbarkeit erkannte Laing als konsequente Folge des medizinischen Modells. Indem der Patient auf einen Symptomträger reduziert wird, wird per se verhindert, daß seine Verrücktheit als spezifische Welterfahrung und Weltkonstruktion, die aus seiner Biographie verstehbar ist, angesehen wird. Die Beschreibungskategorien des psychopathologischen Fachvokabulars, ebenso einige Grundkategorien der Psychoanalyse können die Reduktion des Patienten auf einen Symptomträger gar nicht verhindern, die Person muß auf dieser Grundlage zersplittert werden.

Wenn Psychose als intrapsychischer Prozeß verstanden wird, kann sich das Fachvokabular nur auf das isolierte Individuum, losgelöst von seinen Beziehungen zu anderen, beschränken. Das psychopathologische Fachvokabular zeigt deutlich, daß innerhalb des medizinischen Modells das Individuum nicht nur als isolierte Entität begriffen wird, sondern durch begriffliche Abstraktionen eine weitere Trennung in substantialisierte Aspekte erfolgt wie z. B. Geist-Körper oder Psyche-Soma. Diese werden dann wieder in Verbindung gebracht durch die Konstruktion von Begriffen wie psycho-physisch, psycho-somatisch, psycho-pathologisch, psycho-sozial usw. Da Laing davon ausgeht, daß jeder nur er selbst sein kann in und durch seine Welt, reproduziert für ihn das begriffliche Puzzlespiel der psychopathologischen Terminologie die verzweifelten Bemühungen des Schizophrenen, sein desintegriertes Selbst und seine desintegrierte Welt wieder zusammenzusetzen. Die sich daraus ergebende grundsätzliche Ausgangsperspektive determiniert dann den weiteren Umgang mit dem Patienten.

Die Reduktion des Patienten auf einen bloßen Symptomträger läßt ihn als Person irrelevant werden. Jedes Verhalten wird nur noch in Beziehung zu seiner Krankheit gesetzt. Diese typische Sicht veranlaßt zu dem in der traditionellen Psychiatrie üblichen Gang der diagnostischen Untersuchung. Nach Spoerri (1969, S. XV) vollzieht sich diese in folgenden Etappen:
a) Zuerst werden die Phänomene festgestellt,

b) dann aus diesen das Symptom ausgegliedert, als Anzeichen für etwas, durch das das Symptom bewirkt wird,
c) dann muß der Psychiater eine "gesetzmäßige Verbindung von Anzeichen als Symptomenkomplex oder Syndrom" erkennen, um daraus
d) das gesamte Zustandsbild erschließen zu können, um mit der Beurteilung des Verlaufs die Diagnose der Krankheit oder Abnormität festlegen zu können.

Hiermit sollte deutlich geworden sein, daß der Psychiater gezwungen ist, sich selbst aus der Darstellung eines Verhaltensfeldes zu eliminieren, das er mit dem Patienten gemeinsam hat. Die Frage nach dem aktuellen Datum ist z. B. eine beliebte diagnostische Frage, um den Grad der "Orientiertheit" eines Patienten festzustellen. Gestellt wird sie sowohl bei der Aufnahmeuntersuchung als auch im späteren Verlauf der Behandlung. Weiß der Patient das Datum nicht, wird dies zumindest als Anzeichen für eine mögliche zeitliche Desorientiertheit gewertet. Man stelle sich aber die Situation vor, in der diese Frage gestellt wird: entweder haben sich die gewohnten Lebensumstände des Patienten durch die Aufnahme in eine Klinik schlagartig geändert oder er lebt seit längerer Zeit, organisiert und versorgt, auf der Station. Man muß wohl nicht verrückt sein, um in diesen Situationen das aktuelle Datum nicht zu wissen. Ich (Ute Braun) habe einen Psychiater diese Frage stellen hören, der sich hinterher durch einen Blick in die Tageszeitung, die dem Patienten nicht zur Verfügung stand, der Richtigkeit der Antwort versicherte.

Dies Beispiel scheint uns deutlich darauf hinzuweisen, wie durch die Grundannahmen des medizinischen Modells, vermittelt über das psychopathologische Fachvokabular und das Diagnoseverfahren eine Interaktionsstruktur hergestellt wird, bei der alle sonst fraglos angewandten Interaktionsregeln außer Kraft gesetzt werden: der Schizophrene muß zum Schluß fremder als die Vögel im Garten bleiben.

Laing wirft der Psychoanalyse vor, sie habe "keine Begriffe für soziale Erfahrungskollektive", sie habe "keine Kategorie des 'Du' " (1969a, S. 42). Somit habe sie keine Möglichkeit, die Wirkung von Personen aufeinander zu erfassen. Die Aufsplitterung der Person in die Instanzen des psychischen Apparats, Es - Ich - Über-Ich, verbegrifflichen nur verschiedene Aspekte des Menschen und dies führt für Laing nur dazu, daß der andere "entweder zu einem inneren oder äußeren Objekt oder zu einer Verschmelzung beider" (1974a, S. 22) wird. Auch die Konstrukte Projektion und Introjektion vermögen die Trennung nicht aufzuheben.

Die Interpretationstechnik der Psychoanalyse zwinge dem Patienten die Weltsicht des Analytikers auf, da die Aufsplitterung ein Sich-Versetzen in das "In-der-Welt-Sein" des Patienten verhindere. Außerdem könne dadurch die Vergangenheit des Patienten nicht aus den Begriffen seiner Gegenwart verstanden werden, Psychoanalyse gehe den umgekehrten Weg.

Laing sieht selbst, daß die Mehrzahl der heutigen Psychoanalytiker das Bewußte und das Unbewußte nicht mehr als von der Totalität der Person isolierte Systeme sehen. Psychoanalytische Theorien müssen, da nach Laing Personen durch ihre Erfahrung und ihr Verhalten aufeinander bezogen sind, danach beurteilt werden, "wieviel Wert sie auf Erfahrung und auf Verhalten legen und inwieweit sie die Beziehung zwischen Erfahrung und Verhalten artikulieren können" (1969a, S. 43, Hervorhebung im Original).

Die englischen Antipsychiater bedienen sich häufig des psychoanalytischen Vokabulars, verwenden die Begriffe teils in gleicher, teils in unterschiedlicher Bedeutung, häufig verbunden mit existentiell-phänomenologischen Termini.

Im Verlauf der vorliegenden Arbeit auftauchende psychoanalytische Begriffe werden an betreffender Stelle geklärt, sofern sie von der Psychoanalyse abweichende Bedeutung haben. Hier sollte nur der grundlegende Vorwurf Laings, auch die Psychoanalyse könne Menschen nicht als Personen behandeln, klargelegt werden.

2.2. Laings existentiell-phänomenologische Wissenschaft von den Personen

Wenn sich zwei gesunde Personen treffen, sind sie nach Laing darauf angewiesen, ihre Identitäten wechselseitig und reziprok zu erkennen. Innerhalb eines Diskrepanzspielraums muß jeder Interagierende sich sicher sein, daß er den anderen als die Person erkennt, für die dieser sich selbst hält, und der andere ihn als die Person erkennt, für die er sich selbst hält. "Wenn jedoch besonders fundamentale Diskrepanzen übrigbleiben, nachdem alle Versuche, sie zu beheben, fehlgeschlagen sind, dann gibt es keine andere Alternative, als die, daß einer ... geisteskrank sein muß." (Laing 1974a, S. 43)

Kriterium für die Entscheidung, ob jemand verrückt ist oder nicht, kann dann nur die nicht behebbare Inkongruenz zwischen den beiden Personen sein. Laing schlägt darum vor, geistige Gesundheit oder Psychose an dem Grad der Konvergenz oder Divergenz zweier Personen zu messen, "von denen die eine nach allgemeinem Konsensus als geistig gesund gilt" (ebd., S. 44).

Auf die Fragwürdigkeit des common-sense als Beurteilungsgrundlage für geistige Gesundheit gehen die englischen Antipsychiater an verschiedenen Stellen ausführlich ein. Entsprechend ihrer jeweiligen Interpretation von common-sense entwickelten sie verschiedene Definitionen von psychischer Krankheit. Die an dieser Stelle vorgenommene Definition weist darauf hin, daß selbst eine eingeschränkt positive Bestimmung mit dem Instrumentarium der klassischen Psychiatrie nicht möglich ist.

"Wir brauchen endlich eine Phänomenologie der Erfahrung unter Einschluß der sogenannten unbewußten Erfahrung, der Erfahrung in Beziehung zum Verhalten, der Person in Beziehung zur Person - ohne Isolierung, Verleugnung, Entpersonalisierung und Reifikation als fruchtlosen Versuchen, das Ganze am Teil zu erklären" (Laing 1969a, S. 45). Nach Laing hat die Denktradition des Existentialismus versucht, dieser Totalität zu entsprechen mit der Betrachtung der Existenz (3) des Menschen, seines "In-der-Welt-Seins". Ohne Betrachtung des existentiellen Kontextes müssen "verrückte" Worte und Handlungen unverständlich bleiben.

Laing will mit seiner existentiell-phänomenologischen Wissenschaft von den Personen zeigen, daß es einen verstehbaren Übergang von der gesunden zur psychotischen Form des "In-der-Welt-Seins" gibt. Die Totalität der Erfahrung ist beim Schizophrenen zweifach gespalten. Zum einen stellt sie einen "Riß in der Beziehung zu seiner Welt" dar, zum anderen einen "Bruch in der Beziehung zu sich selbst" (Laing 1974a, S. 15). Das aufgrund dieser Spaltung entstehende Verhalten ist der Ausdruck einer bestimmten Form des "In-der-Welt-Seins". Verstehbar wird dieses Verhalten für Laing erst, wenn die Aktionen des Individuums zu seiner Weise, die Situation zu erfahren, in der er mit anderen ist, in Beziehung gesetzt werden. Will ein Therapeut seinen Patienten verstehen, muß er also in der Lage sein, sich in dessen (gestörte) Sicht der Welt zu versetzen, muß erkennen, wie der Patient sich selbst und die Welt erfährt, ohne sich selbst auszuklammern.

Mit "Verstehen" meint Laing keinen rein intellektuellen Prozeß: "Für Verstehen könnte man Liebe sagen" (ebd., S. 41). Man kann aber kein Konglomerat von schizophrenen Symptomen lieben. Verstehen impliziert somit den Wunsch, die Person kennenlernen zu wollen. Sowohl Haß als auch Liebe des Therapeuten bestimmen die Aktionen des Patienten mit. Bei Laings antizipierter therapeutischer Situation kann es sich dann nur um die Begegnung zweier Personen handeln.

In seiner Arbeit "Das geteilte Selbst" versucht Laing in der Terminologie einer "existentiellen Phänomenologie" die Existenz des Schizophrenen zu beschreiben. Dies soll im folgenden nachgezeichnet werden. Mit Laing sind wir der Meinung, daß diese "besondere Form der menschlichen Tragödie" nie deutlich genug dargestellt wurde und daß darum "die rein deskriptive Aufgabe allen anderen Erwägungen vorzuziehen sei" (ebd., S. 20).

2.3. Die Spaltung des Selbst

Existentielle Geburt

Zunächst ist die Geburt eines Säuglings ein definitiver Akt, eine neue biologische Entität kommt auf die Welt. Der Erwachsene erfährt den Säugling schon von diesem Augenblick an als lebendig, nicht nur als biologisch lebensfähige Entität. Das ist möglich, weil er sich selbst als ganze Person, real und lebendig erfährt und so anderen Menschen dasselbe unterstellt. Zu diesen selbstbestätigenden Daten der Erfahrung, wie Laing sich ausdrückt, kommt der Säugling durch seine existentielle Geburt: "Unter gewöhnlichen Umständen leitet die physische Geburt eines neuen lebendigen Organismus schnell aufeinanderfolgende Prozesse ein, durch die innerhalb erstaunlich kurzer Zeit der Säugling sich real und lebendig fühlt und ein Gefühl hat, eine Entität zu sein mit Kontinuität in Zeit und einer Lokalisation im Raum." (Laing 1974a, S. 50, Hvg. im Original) Das Individuum fühlt sich selbst in Unterscheidung von anderen.

Ontologische Sicherheit

Die Erfahrung des eigenen Seins, sich als Kontinuum in Zeit, als konsistente Substantialität, Wahrheit und Wert habend, sich als räumlich gleich mit dem Körper zu fühlen, ist nach Laing eine Grundbedingung dafür, daß leben keine fortwährende Bedrohung der eigenen Existenz darstellt. Diese grundlegende Erfahrung bezeichnet er als "ontologische Sicherheit".

Ontologische Unsicherheit

Bleibt die Sicherheit schaffende Erfahrung als Existenzgrundlage aus, wird sich das Individuum "eher irreal als real fühlen; buchstäblich eher tot als lebend" (ebd., S. 50), ontologisch unsicher. Die Folge ist, daß die Welt bedrohlich wird, prinzipiell verschieden von der Welt der ontologisch sicheren Menschen. Die ontologisch unsichere Person muß dann beständig Wege finden, um sich irgendwie ihr Realsein zu erhalten, um ihr Selbst nicht völlig zu verlieren.

Beschreitet ein Individuum hierbei Wege, die in unserer Erfahrungswelt sinnlos erscheinen, konstatieren wir ihm Realitätsverlust, wir sagen, "er lebt in seiner eigenen Welt", wir halten ihn für "verrückt".

Die beständige Bedrohung des eigenen Seins ist angsterzeugend. Nach Laing sind drei Formen der Angst charakteristisch für die ontologisch unsichere Person:

a) Angst vor dem Verschlungenwerden
Die Unsicherheit über die Stabilität der eigenen Autonomie läßt jede Beziehungsaufnahme zu Menschen, Dingen oder gar zu sich selbst zur Bedrohung eben der Autonomie werden. Verstandenwerden, Geliebtwerden oder einfach nur Gesehenwerden stellt ein Risiko dar. Die Vermeidung dieser Form der Angst wird in der Isolation gesucht.

b) Angst vor Implosion (Auflösung)
Vergleichbar ist diese Form mit der Angst, die uns bei hohem Fieber begegnet. Die Welt wird erfahren als etwas, "das jeden Moment einstürzen kann und jede Identität vernichtet wie Gas, das in ein Vakuum einströmt. Das Individuum fühlt, daß es leer ist wie das Vakuum. Aber diese Leere ist es selbst. Obwohl es andererseits erscheint, daß diese Leere gefüllt werde, fürchtet es die Möglichkeit, daß dies passieren könnte, weil es zu fühlen begonnen hat, daß alles, was je sein kann, dieses fürchterliche Nichts, eben dieses Vakuum ist" (ebd. S. 55). Von dieser Postion aus muß jeder Kontakt mit der Realität notwendig implosiv erfahren werden. Realität wird so zum prinzipiellen Verfolger.

c) Angst vor Petrifikation (Versteinerung)
Gemeint ist mit Petrifikation zum einen die Furcht eines Individuums von einer lebenden Person in ein totes Ding, einen Stein (Roboter, Automat) verwandelt zu werden, "in ein Es ohne Subjektivität", zum anderen "der 'magische' Akt" (ebd., S. 56), einen anderen in Stein zu verwandeln, die Subjektivität des anderen zu negieren. Behandelt man einen Menschen nicht mehr als Person, geht die Petrifikation über in Depersonalisation.

Depersonalisation

Teilweise Depersonalisation anderer ist nach Laing Bestandteil alltäglicher Lebenspraxis "normaler" Menschen. Diese Tendenz zeige sich darin, daß man den anderen im Prinzip als "einen androiden Roboter, der seine Rolle spielt innerhalb einer großen Maschine, in der man vielleicht auch agiert, jedoch in einer anderen Rolle" (ebd., S. 57) behandelt.

Das Risiko, das besonders hoch ist für die ontologisch unsichere Person, besteht darin, daß der andere tatsächlich die Möglichkeit hat, dem Individuum das Gefühl der eigenen Subjektivität zu rauben, indem er es zum bloßen Objekt seiner Erfahrung macht. Beziehungen zu anderen müssen dann notwendig als selbstmörderisch empfunden werden.

Depersonalisation wird von der ontologisch unsicheren Person außerdem als subjektive Abwehr eingesetzt: die Person macht sich unbetroffen, entpersönlicht sich selbst, um die

Kränkungen durch andere nicht erleiden zu müssen.

Autonomie

Der ontologisch unsicheren Person gelingt es nicht, sich selbst als lebendig und autonom zu erfahren. Das bedeutet, die fehlende Sicherheit, daß der andere nicht Ich ist und Ich nicht Er, was immer auch passieren mag, den Menschen ständig dazu zwingt, sich sein eigenes Sein auf irgendeine Art zu beweisen. Die Crux dabei ist folgende: je mehr zur Sicherung der eigenen Autonomie und Identität die spezifische Individualität des anderen geleugnet wird, desto mehr ist die Person gezwungen, damit fortzufahren, "da mit jeder Leugnung des ontologischen Status der anderen Person die eigene ontologische Sicherheit verringert wird. Die Bedrohung, die der andere für das Selbst ist, wird potenziert und muß daher umso verzweifelter negiert werden" (ebd., S. 63).

Bei fehlender Autonomie haben Getrenntheit von anderen und Bezogenheit auf andere entweder das Gefühl totaler Isolation oder das des vollständigen Verschmelzens mit der anderen Person zur Folge. Zwischen diesen beiden Polen, die sich beide nicht realisieren lassen, pendelt das Individuum ad infinitum.

Die ontologische Unsicherheit wird von Laing als eine besondere Art existentieller Situation bezeichnet. Zur Diskussion steht nun, welche Beziehung die ontologisch unsichere Person zu sich selbst aus dieser Situation heraus entwickeln kann.

Beziehung zu sich selbst

Das Fehlen eines fundamentalen Gefühls der Einheit führt nach Laing die ontologisch unsichere Person dazu, sich als gespalten in einen Körper und einen Geist zu erfahren, wobei sie sich gewöhnlich mit dem Geist am engsten identifiziert.

Diese Spaltung ist als Versuch des Individuums zu verstehen, mit der ontologischen Unsicherheit fertig zu werden: "In einigen Fällen ist sie vielleicht ein Mittel um effektiv mit dieser Unsicherheit leben zu können oder gar ein Versuch, diese zu transzendieren, aber sie ist auch in Gefahr, diese Ängste zu perpetuieren ... und sie ermöglicht vielleicht die Ausgangsposition für den Verlauf einer Entwicklung, die in Psychose endet" (ebd., S. 79).

Die Gefahr psychotisch zu werden, ist dann am größten, wenn sich das Individuum mit dem von sich als unverkörpert erlebten Teil ausschließlich identifiziert.

Das verkörperte und das unverkörperte Selbst

Die verkörperte Person erfährt sich als substantiell, als Subjekt, dessen Körper Gefahren ausgesetzt ist, kennt körperliche

Begierden, Gratifikationen und Frustrationen. Sie kann von der Erfahrung ihres Körpers ausgehen und auf dieser Grundlage Person mit anderen menschlichen Wesen sein.

Die unverkörperte Person erfährt ihren Körper "mehr als ein Objekt unter anderen Objekten in der Welt denn als Kern des eigenen Seins" (ebd., S. 84). Der Körper bildet den Kern eines falschen Selbst, betrachtet von einem losgelösten Selbst, das als "wahres" ("wirkliches", "inneres") empfunden wird.

Als Folge dieser Trennung wird der unverkörperte Teil von allen sinnlich erfahrbaren Aspekten des Lebens ausgeschlossen. Die Funktionen des unverkörperten Selbst sind Beobachtung, Kontrolle und Kritik der Erfahrungen des Körpers. "Das unverkörperte Selbst wird hyperbewußt. Es versucht, sich seine eigene Imago zu postulieren." (Ebd., S. 84)

Verkörpert sein bietet durch die damit verbundenen Gefahren keinen ausreichenden Schutz gegen ontologische Zweifel und Unsicherheiten. Über den Körper hinaus muß nach Laing die Person "immer noch wissen, wer sie ist". Das Körper-Selbst kann dann nicht in sich als ausreichender Schutz gegen Psychose angesehen werden. Umgekehrt ist die Erfahrung des eigenen Seins als gespalten in verkörperte und unverkörperte Teile "nicht mehr Index einer latenten Psychose als die totale Verkörperung irgendeine Garantie der Gesundheit ist" (ebd., S. 83).

2.4. Entwicklung der schizoiden Organisation des Selbst

Durch die Trennung in ein verkörpertes und ein unverkörpertes Selbst erreicht das Individuum, daß sein "wahres" Selbst der Beobachtung durch andere entzogen ist. Gleichzeitig werden Aktionen des Körpers als vom "falschen" Selbst ausgehend erlebt. Das wahre Selbst fühlt sich daher dafür auch nicht verantwortlich. Diese Maske nennt Laing das falsche Selbst-System. System deshalb, weil die Maske aus "einem Amalgam verschiedener Teilselbste besteht, von denen keines genügend entwickelt ist, um eine umfassende eigene 'Persönlichkeit' zu haben" (Laing 1974a, S. 90).

Das falsche Selbst wird vom Individuum als Fremdes empfunden; da das wahre Selbst beständig das falsche Selbst beobachtet und kontrolliert, entsteht das Gefühl, unter Beobachtung eines anderen zu stehen. Die Beziehung des Individuums zu sich selbst wird dann zu einer pseudointerpersonalen. Das Individuum entwickelt einen inneren Mikrokosmos, eine autistische, private, intraindividuelle Welt, ohne auf Personen und Dinge der mit anderen geteilten Welt zu rekurrieren.

Zum einen produziert dieser Mikrokosmos Omnipotenzgefühle, da alle möglichen kreativen Beziehungen durch Phantasien ins eigene Sein eingeschlossen werden, zum anderen, da das Projekt in letzter Konsequenz unrealisierbar ist, führt er zu immer wiederkehrender Verzweiflung. Außerdem muß sich das Gefühl der inneren Leere immer mehr verstärken, da die innere Welt nicht durch äußere Erfahrung bereichert werden kann.

Die der ontologischen Unsicherheit impliziten Ängste (Angst vor dem Verschlungenwerden, vor Implosion und vor Petrifikation) werden durch die Entwicklung der schizoiden Organisation potenziert, indem das Individuum die anderen nicht nur depersonalisiert oder sich selbst depersonalisiert fühlt, sondern Gleichgültigkeit vortäuscht. Diese Gleichgültigkeit läßt die Person andere oder Dinge mit Gefühllosigkeit behandeln, schließlich so, als ob sie gar nicht existierten. Es entsteht so die prekäre existentielle Situation, beständig in Furcht vor der eigenen Auflösung in Nicht-Sein zu leben.

Um sein eigenes Sein zu verteidigen, kann das Individuum alles außer seinem als wirklich erlebten Selbst verleugnen (z. B. Gleichgültigkeit gegen körperliche Verletzungen), sich nur noch in Beziehung zu seinen eigenen Phantasien setzen. Das Selbst schließt sich von jeder direkten Beziehung zu realen Menschen und Dingen aus.

Die Folgen, die sich für die Welt des Individuums ergeben, wenn das Wechselspiel zwischen Phantasie und Realität aufgegeben wird, beschreibt Sartre: "Wir müssen verstehen, was eine Bevorzugung des Imaginären bedeutet. Es geht keineswegs nur darum, einige Objekte anderen vorzuziehen ..., das Imaginäre vorzuziehen, heißt nicht nur den Reichtum, die Schönheit, den imaginären Luxus trotz ihrer unwirklichen Natur der existierenden Mittelmäßigkeit vorzuziehen. Es bedeutet auch, 'imaginäre' Gefühle und Verhaltensweisen anzunehmen wegen ihrer imaginären Beschaffenheit. Es ist nicht nur diese oder jene Vorstellung, die gewählt wird, sondern es ist der imaginäre Zustand mit allem was er impliziert; man flieht nicht nur vor dem Inhalt des Realen (Armut, frustrierte Liebe, Fehlschlag von Unternehmungen usw.), sondern vor der Form des Realen selbst, seinem Charakter der Präsenz, vor der Art der Reaktion, die es uns abverlangt, der Abhängigkeit unseres Verhaltens von dem Objekt, der Unerschöpflichkeit der Perzeptionen, ihrer Unabhängigkeit, vor der Art eben wie sich unsere Gefühle entwickeln." (Sartre zitiert aus Laing 1976a, S. 104) Die für uns sichtbare Zerstörung und Auflösung eines Menschen in der schizophrenen Psychose muß dann verstanden werden als Produkt der Verwüstung, die durch eigene innere defensive Manöver verursacht wurde.

Temporäre Zustände der Dissoziation des Selbst vom Körper können in extremen Belastungssituationen zu einem Lösungsversuch werden, der vielen Menschen zur Verfügung steht, ja sogar zur Überlebensnotwendigkeit werden kann. Man denke an die psychischen Rückzugsversuche, die Gefangene in Konzentrationslagern oder bei Folterungen unternehmen, um physische Schmerzen oder Demütigungen zu überstehen. Das Individuum versucht, sein Selbst zu retten, indem es Gefühle der Entfremdung und Entrealisierung produziert. Der Unterschied zur schizoiden Organisation besteht allerdings darin, daß die oben beschriebene Spaltung eine reversible Reaktion auf außergewöhnliche Gefahrensituationen ist, während sie aber beim Schizoiden zur existentiellen Grundposition wird. Der Übergang zur Psychose scheint dann gegeben zu sein, wenn das Individuum "die 'existentielle' (Wahrheit über sich ('mein Körper und meine Handlungen sind nicht ich', Anm. der Verfasser.) ... mit der gleichen Selbstverständlichkeit ausdrückt, wie wir über konsensusgedeckte Fakten reden" (ebd., S. 107).

Das falsche Selbst-System

Viele Aktionen "normaler" Menschen können nahezu mechanisch ablaufen. Diese Mechanik verhindert im allgemeinen nicht die Möglichkeit spontaner Handlung in der Situation. Auch wenn wir dem Willen anderer nachgeben, sind wir in der Lage, Distanz zu unseren Handlungen zu empfinden. Laing zieht daraus den Schluß, daß "normales" Leben den Individuen verschiedene Maskierungen abverlangt, um bestimmte Ziele erreichen zu können. Das falsche Selbst der schizoiden Person jedoch kann dieses Mittel nicht für die Wunscherfüllung des wahren Selbst einsetzen, da es als fremd, ihr nicht zugehörig erlebt wird. "Die Unwirklichkeit, die Bedeutungslosigkeit, Hoffnungslosigkeit, die ihre Perzeptionen, Gedanken, Gefühle und Aktionen durchdringen, und ihre allgemeine Erstarrung sind nicht einfach ein Produkt sekundärer Abwehr, sondern direkte Konsequenzen der grundlegenden dynamischen Struktur des Seins des Individuums." (Ebd., S. 119)

Da sich das falsche Selbst-System aus verschiedenen Teilselbsten zusammensetzt (als Produkt der verschiedenen Lösungsversuche, mit ontologischer Unsicherheit fertig zu werden), wird es in sich widersprüchlich. Die Realisierungsversuche der beiden unvereinbaren Ziele, des Wunsches nach Isolation und nach Verschmelzung mit anderen, zwingen den Schizoiden, den Erwartungen anderer oder was dafür gehalten wird, in totaler Weise zu entsprechen, diese Konformität aber gleichzeitig zu hassen, da sie die eigene Autonomie bedroht.

So verläuft für Laing die fundamentale Spaltung der schizoiden Person "entlang der Trennungslinie zwischen ihrer äußeren Konformität und ihrer inneren Verweigerung dieser Konformität" (ebd., S. 122). Die Person beginnt sich den Erwartungen anderer zu unterwerfen, indem sie deren Verhaltensweisen übernimmt, Teilselbste personifiziert. (4)

Das entstehende Verhalten kann zunächst perfekt normal erscheinen; die Maske wird jedoch zunehmend stereotyper, das Verhalten nimmt bizarre oder karikaturistische Züge an. Die extremsten beobachtbaren Verhaltensweisen, die sich auf dieser Grundlage entwickeln, sind die, die in der Sprache der Psychopathologie als "automatischer Gehorsam", "Echopraxie", "Flexibilitas Cerea" des Katatonen bezeichnet werden. So kann z. B. der Verzicht des Katatonen auf jegliche Aktionen als Versuch verstanden werden, sich seines gesamten Verhaltens zu entledigen.

Nach Laing übernehmen wir alle durch Identifikation Verhaltensfragmente anderer. Beim schizoiden Individuum setzt sich das Verhalten aber nur daraus zusammen und nimmt extremere Formen als die perfekt erscheinender Normalität an. Als Ergebnis wird die Person von anderen für verrückt gehalten.

Selbst-Bewußtheit

Selbst-Bewußtheit impliziert nach Laing zweierlei:

a) man muß sich seiner selbst bewußt sein und
b) man muß sich seiner als Beobachtungsobjekt des anderen bewußt sein.

Beide Aspekte hängen eng zusammen und werden vom schizoiden Individuum in intensivster Form erlebt. Das Gefühl, immer potentiell sichtbar zu sein für andere, kann auf den Körper bezogen werden, "aber die Beschäftigung mit dem Gedanken, sichtbar zu sein, kann durch den Gedanken verdichtet werden, das geistige Selbst sei durchdringbar und verwundbar" (Laing 1974a, S. 131). Häufig drücken schizophrene Patienten dieses Erleben als "Fensterscheibengefühle" aus.

Als Folge fühlen sich derart selbst-bewußte Personen in erhöhtem Maß als Gegenstand des Interesses anderer, mehr als dies tatsächlich der Fall ist. Ein weiteres Merkmal scheint zu sein, daß sich der Schizoide die "Blicke" der anderen immer kritisch und bemängelnd vorstellt.

Betrachten wir diese Selbst-Bewußtheit als Lösungsversuch des Individuums, mit ontologischer Unsicherheit fertig zu werden, zeigt sich die doppelte Funktion:

a) die Existenzversicherung (der eigenen und der anderen)
b) der Nachweis der Gefahr, ein sichtbares Objekt zu sein.

Für andere sichtbar zu sein bestätigt zwar die eigene Existenz, ist aber gleichzeitig bedrohlich. Eine Person, die sich fürchtet, durch Verschmelzung mit anderen ihr Selbst zu verlieren, benutzt die Bewußtheit von ihrem Selbst als ein Mittel, unabhängig und neutral zu bleiben. Um die dafür notwendige Selbstkontrolle zu ermöglichen, wird sie ihre Selbst-Bewußtheit immer mehr intensivieren. "Das grelle Licht seiner (des Individuums, Anm. der Verfasser) Bewußtheit tötet seine Spontaneität, seine Frische; es zerstört alle Freude, unter diesem Licht verdörrt alles." (Ebd., S. 139) Dennoch kann diese Strategie nicht aufgegeben werden, denn die fundamentale Spaltung zwingt zu zwei entgegengesetzten Vorhaben: sich einerseits als Subjekt zu bestätigen, sich andererseits aber dem Einfluß anderer zu entziehen.

Existentielle Schuld

"Eine ganze Menge an Schizophrenie ist einfach Nonsens, Ablenkungsversuch, Obstruktionspolitik, um gefährliche Leute von der Fährte zu locken ..., der Schizophrene ... spielt verrückt, um um jeden Preis die Möglichkeit zu verhindern, verantwortlich gemacht zu werden für auch nur eine einzige kohärente Idee oder Intention." (Ebd., S. 202) Diese Aussage Laings zeigt deutlich, daß er das psychotische Individuum nicht aus der Eigenverantwortlichkeit für seine psychotische Entwicklung entläßt. Das Individuum entschließt sich zur Psychose. Es nutzt seine Freiheit, um nicht "wahr, gemäß seiner wahren Natur" zu leben.

Auf der Suche nach sich selbst setzt der Schizophrene alles daran, nicht er selbst zu sein. Statt sich auf die mögliche Schuld einzulassen, die aus realen Bedürfnissen und Handlungen einer realen Person entstehen können, flüchtet das Individuum in eine imaginäre Welt. Indem es ein Abwehrsystem entwickelt, "ein intentionales Projekt der Selbstzerstörung" (ebd., S. 160), gerät es in existentielle Schuld. Die Person verhindert selbst die Realisierung ihres Lebensentwurfs.

2.5. Übergang von schizoider Persönlichkeitsorganisation zu schizophrener Psychose

Identitätskonstitution und -erhaltung setzen für Laing die Existenz anderer Menschen voraus. Nur wenn man "gekannt" wird, kann man sein eigenes Selbst erkennen. Wenn das Individuum sich aber als vollständig getrennt von den anderen und von dem Teil seines Selbst, der Verbindung zu anderen hat, erfährt und versucht, eine autistische Identität zu entwickeln, kann es nach Laing nicht mehr uneingeschränkt geistig gesund weiterleben.

Der Rückzug des Individuums in seine innere Welt birgt die Gefahr der Nicht-Verstehbarkeit für andere in sich und damit den Anfang einer psychotischen Entwicklung. Der totale Verzicht auf Realitätskontrolle der Gedanken und Imagos scheint uns dann eine feststellbare Grenzlinie zwischen den Ausdrucksformen schizoider Persönlichkeitsorganisation und schizophrener Psychose zu sein.

Therapie, verstanden als Begegnung zweier Personen, wäre jedoch nicht mehr denkbar. Wohl aus diesem Grund formuliert Laing, daß man auch beim sogenannten "zerfallensten Hebephrenen" nicht von einer vollständigen Zerstörung des Selbst sprechen kann. Die Grenzlinie zwischen schizoider Organisation des Selbst und Psychose verschwimmt. Ihre Festlegung hängt letztlich von der Interaktion zwischen Patient und Definitionsmächtigem ab, von der Fähigkeit und/oder Bereitschaft des Psychiaters, sich in die Weltsicht des Patienten einzufühlen.

Obwohl Laing sich um die genannte Markierung bemüht, tritt eine andere Definition in den Vordergrund, die auf dem Entschluß des Individuums zur Psychose beruht: "Wenn das Selbst, so in Phantasien verflüchtigt, nun den Wunsch verspürt ..., aufrichtig zu sein..., kann man Zeuge des Ausbruchs einer akuten Psychose werden." (Laing 1974a, S. 182) Psychose wird dann allerdings zur Anstrengung des Individuums, in eine mit anderen teilbare Welt zurückzukehren und ist nicht mehr das Produkt gescheiterter Versuche, mit ontologischer Unsicherheit fertig zu werden.

2.6. Geschichte des Selbst versus Fallgeschichte

Eine Anamnese, die nach den Regeln der in der klassischen Psychiatrie üblichen Untersuchungsverfahren erhoben wird, stellt notwendig die Geschichte des falschen Selbst-Systems eines Patienten dar, da sie sich nur auf äußerlich beobachtbare Verhaltensweisen bezieht. Die Erfahrungen des wahren Selbst bleiben unzugänglich und damit bei der Erklärung der Psychose unberücksichtigt.

Aus dem bisher Ausgeführten sollte deutlich geworden sein, daß Psychose nur verstehbar wird, wenn die gesamte Entwicklung des Selbst einer Person nachvollzogen wird. Für Laing liegt der Schlüssel zum Verstehen der Psychose in den Erfahrungen des Patienten. Wie aber sind diese Erfahrungen für andere zugänglich? Laing geht davon aus, daß Erfahrungen für andere prinzipiell unsichtbar sind. Der einzige Zugang zu den Erfahrungen des anderen besteht für ihn im Versuch zu verstehen. (5) "Das Bemühen um die Erfahrung anderer beruht auf Schlußfolgerungen, die ich ziehe - aus meiner Erfahrung von dir mich erfahrend, wie du dich erfahrend mich erfahrend ... bist." (Laing 1969a, S. 13)

Erfahrung ist nach Laing "Erfahrungszentrum und Aktionsquelle" zugleich, Verhalten eine Funktion der Erfahrung. So wird die Erfahrung des einen vom anderen durch das Verhalten des anderen vermittelt.

Überträgt man diesen Gedankengang auf die Arzt-Patient-Interaktion, so hängt der Zugang zu den Erfahrungen des Patienten prinzipiell vom Verhalten des Psychiaters ab. Hierbei ergeben sich zwei Möglichkeiten:

a) Der Arzt reagiert nur auf die äußerlich beobachtbaren Verhaltensweisen des Patienten, d. h. auf dessen falsches Selbst-System. Er geht damit aber nur auf den Teil des Selbst des Patienten ein, den dieser für sich schon zum Objekt gemacht hat. Solche Interaktion ermöglicht es dem Patienten nicht, sich als Subjekt zu erfahren, "existentiell geboren" zu werden. Die Chance, eine Grundbedingung für die Reorganisation des Selbst zu schaffen, wird damit verspielt.
b) Will der Arzt den Patienten verstehen, muß er sich bewußt sein, daß das aktuelle "In-Beziehung-Sein" des Patienten zu ihm den einzig möglichen Zugang zu dessen Erfahrung bietet. Er muß die Andersartigkeit des Verhaltens als Ausdruck andersartiger Erfahrungen anerkennen, die in einem besonderen existentiellen Kontext entstanden sind. Der Arzt muß "sich selbst als Person in des anderen Schema der Dinge orientieren können" (Laing 1974a, S. 31), darf den anderen nicht nur als Objekt innerhalb des eigenen Bezugssystems sehen. Nur dann gewinnt er die Möglichkeit, vom Patienten selbst die Geschichte seines wahren Selbst zu erfahren.

Bisher haben wir versucht, Laings Darstellung des Prozesses des Wahnsinnigwerdens eines Menschen auf der Basis ontologischer Unsicherheit nachzuzeichnen. Es sollte deutlich werden, daß Schizophrenie durchaus kein uneinfühlbares Geschehen ist, wie es von Vertretern des medizinischen Modells angenommen wird, daß schizophrene Symptome vielmehr interpretierbar sind, eine bestimmte Art des "In-der-Welt-Seins" eines Individuums ausdrücken. Nun möchten wir uns der Frage zuwenden, welche kontextuellen Bedingungen einen Menschen zwingen können, in ontologischer Unsicherheit leben zu müssen.

3. Die Person im sozialen Kontext der Familie

Einer der wesentlichsten theoretischen und methodologischen Fortschritte gegenüber der herkömmlichen Psychiatrie scheint uns die Erkenntnis zu sein, daß das soziale Umfeld des psychisch Kranken Berücksichtigung finden muß. Erst dadurch wird es möglich, die Reduktion des Patienten auf einen bloßen Symptomträger zu verhindern.

Verrückte Aktionen eines Menschen sind nur verstehbar im Zusammenhang der Erfahrungen und Interpretationen seiner Welt. Die Besonderheit der Erfahrungen des Individuums entsteht aus Interaktionen mit anderen Menschen. "Die Erfahrung und das Verhalten jedes Menschen, ob er nun für normal oder verrückt gehalten wird, sind zumindest zum Teil verständlich als Reaktion auf früheres oder gegenwärtiges Verhalten anderer Personen ihm gegenüber oder in seiner Umgebung." (Schatzmann 1973, S. 110). Diese Grundannahme veranlaßt die englischen Antipsychiater, die Entwicklung des Selbst eines Menschen im Zusammenhang seiner gegenwärtigen und vergangenen Beziehungen zu anderen zu sehen. Um aktuelle Erfahrungs- und Verhaltensmuster eines Menschen verstehen zu können, "muß man wissen, wie sein ursprünglicher Eindruck von seinem Platz in der Welt war, mit dem er aufgewachsen ist" (Laing 1969c, S. 145). Um über die Grundposition ontologischer Unsicherheit etwas erfahren zu können, werden wir von den englischen Antipsychiatern auf den Primärkontext des Individuums, auf die Familie verwiesen.

Aus der oben genannten Grundannahme ergibt sich die zentrale Stellung, die die theoretische und empirische Untersuchung von Familienstrukturen in der Arbeit der englischen Antipsychiater einnimmt.

Als erste Sozialisationsinstanz bestimmt die Familie die existentielle Ausgangsposition eines Menschen und damit die Grundmuster individueller Erfahrungs- und Handlungschancen. Gleichzeitig ist für die englischen Antipsychiater die Wichtigkeit der Familie in ihrer Funktion zu sehen, "für jede gesellschaftliche Institution eine äußerst kontrollierbare paradigmatische Form" (Cooper 1972, S. 7) zu liefern.

Die historisch vorfindbare Form der Familie wird von allen Autoren hart kritisiert, sie könne bestenfalls sozial unauffällig funktionierende Menschen hervorbringen, keinesfalls die Bedingungen für authentisches Leben schaffen.

Obwohl diese Erkenntnisse aus der Untersuchung und Reflexion über Familien von Schizophrenen gewonnen werden, treffen sie nach Meinung der Autoren prinzipiell für jede Familie in derzeit bestehenden hochentwickelten Gesellschaften zu. Die entstehende Frage, warum dann nicht jede Familie mindestens ein verrücktes Mitglied hat, soll anschließend diskutiert werden.

3.1. Die Familie als nexikalische Gruppe

Um Laing's Auffassung von Schizophrenie als Folge pathogener Bedingungen in der Familie verstehen zu können, muß auf seine existentialistische Betrachtungsweise des Systems Familie zurückgegangen werden. Die Familie wird in Anlehnung an den Sartre' schen Begriff als Nexus bezeichnet.

Die Notwendigkeit zur Bildung nexikalischer Gruppen wird mit Sartre' s Theorie von der "Knappheit der Ressourcen" begründet. Die grundlegende Situation für den Menschen ist Knappheit materieller Güter. Sie bestimmt alle Arten zwischenmenschlicher Beziehungen. "Der Mangel ist die Grundlage zum Verständnis unserer Geschichte." (Cooper/Laing, S. 105) Unter der Herrschaft des Mangels ist jeder Mensch für den anderen eine ständige Bedrohung seiner Existenz. "Jeder ist einer zuviel." (Ebd., S. 105) Um sich vor der gegenseitigen Ausrottung zu bewahren, schließen sich die isolierten Individuen zur Gruppe zusammen. Verschwindet die unmittelbare materielle Gefahr, droht der Gruppe die Auflösung, da die Gefahr in so weiter Ferne scheint. Der Zerstreuung der Gruppe wird entgegengewirkt durch die Erfindung des Eides. Im Eid wird anstelle der realen Furcht eine von der Gruppe erfundene Furcht gesetzt. Folge der erzeugten Furcht sind Gewalt und Terror. "Die Furcht als freies Produkt und als Aktion der Gruppe gegen die serielle Auflösung ist der durch die G e w a l t der gemeinsamen Freiheit verursachte T e r r o r . Terror ist die Herrschaft absoluter Gewalt über die Mitglieder einer Gruppe." (Ebd., S. 120; Hervorhebung im Original)

Im Eid liegt gleichzeitig Freiwilligkeit und Zwang. Der Einzelne liefert im Eid der Gruppe die Garantie, sich nicht von der Gruppe zu lösen und gibt ihr das Recht, ihn bei Verletzung des Eides zu vernichten. In diesem Sinn sind Gewalt und Terror die Basis jeder zwischenmenschlichen Beziehung. Wahre Reziprozität und Unmittelbarkeit der Beziehung werden dadurch auf immer ausgeschlossen. Dies macht die Entfremdung der Menschen voneinander aus. "Geben wir uns, was die gemeinsame Natur anbetrifft, keiner Mystifikation hin ... Unsere Brüderlichkeit ist unsere gemeinsame Erfindung ... die praktische Verbindungskraft der Brüderlichkeit ist nichts anderes als das Recht und die Verpflichtung eines jeden und aller zu Gewalt und Terror." (Ebd., S. 121)

Diese Aussagen gelten ohne Einschränkung für die Familie als eine Form der nexikalischen Gruppe. Gibt es keine äußere Gefahr, die den in der Familie ausgeübten Zwang begründen könnte, wird - analog der Funktion des Eides bei Sartre - eine gemeinsame "raison d'être" (Laing, 1967, S. 78) entwickelt. Manche Familien projezieren aus diesem Grund eine externe Verfolgerwelt, um ihre Abschirmungsmaßnahmen und den innerhalb der Gruppe erzeugten Druck legitimieren zu können.

Oberstes Ziel des Familien-Nexus ist es, sich vor der Auflösung zu bewahren. Der Nexus kann nur fortbestehen, wenn er von jedem seiner Mitglieder inkarniert wird. Es verleiht jedem einzelnen Sicherheit, wenn er sich die Integrität der Familienstruktur "in" jedem anderen vorstellt. Er darf es auf keinen Fall zulassen, daß eine Person aus diesem System wechselseitiger Verflochtenheit aussteigt; er muß die anderen zwingen, die Verinnerlichung der Gruppe aufrechtzuerhalten, um seine eigene Identität als Teil des Nexus zu sichern. Von daher kann es nicht als private Angelegenheit eines einzelnen Mitglieds akzeptiert werden, wenn es versucht, sich aus dem symbiotischen Zusammenhang zu lösen. "Die Nexus-Familie ist dann die 'Entität', die in jedem bewahrt und die von jedem aufgewartet werden muß, für die man lebt und stirbt, die Leben für Loyalität und Tod für Desertion bietet. Jeder Ausbruch aus dem Nexus (Verrat, Treuebruch, Häresie usw.) ist nach Nexus-Moral strafbar. Die schlimmste Strafe für Gruppenmenschen ist Verbannung und Exkommunikation: der Gruppentod." (Laing 1973c, S. 79) Erwacht jemand aus dem von der Familie konstruierten kollektiven Phantasiesystem, bedeutet dies eine so tiefgreifende Erschütterung für die übrige Familie, daß diese ihn nur als verrückt oder böse ausschließen kann, um ihr in Frage gestelltes Gleichgewicht zu retten.

Wird ein Individuum in die vereidigte Gruppe hineingeboren, muß es veranlaßt werden, den Gruppeneid - ohne ihn selbst geleistet zu haben - zu akzeptieren. Um dies zu erreichen, entwickelt jede Gruppe bestimmte Strukturen, indem sie Regeln aufstellt, eine gemeinsame "raison d'être" entwickelt. Diese Strukturen können nur wirksam bleiben, wenn sie von jedem Gruppenmitglied verinnerlicht werden. Sie bilden die Grundlagen und die Grenzen der individuellen Praxis in der Gruppe und beherrschen sie.

Die verinnerlichte Familie

Ein Kind wird in eine Familie hineingeboren, in einen Kontext, der durch andere, die vor ihm da waren, strukturiert wurde. Der Gruppeneid wurde früher sozusagen stellvertretend für alle Nachkommen geleistet. Jedes Mitglied bedingt jedoch einen neuen Akt der Gruppensynthese, d. h. "damit 'wir' zu einer Gruppe werden, ist es nicht nur nötig, daß ich ... dich und ihn und mich als 'wir' betrachte, sondern auch daß wir bei dir und ihm als 'wir' gelten" (Laing 1969a, S. 76). Die Familie muß erreichen, daß das 'wir' nicht eine private Illusion einzelner Mitglieder bleibt, sondern unter allen ubiquitär ist. Das gemeinschaftliche 'wir' wird hergestellt, indem das Kind seine Erfahrungen durch Verinnerlichung in eine Phantasie verwandelt und dann zurück auf seine Beziehungen zur Welt abbildet.

Verinnerlichung heißt, das "veräußerte Innerliche" auf das "verinnerlichte Äußere" abzubilden. Das Kind überträgt die erlebten Beziehungsmuster von der Erfahrungsmodalität der Wahrnehmung auf die Erfahrungsmodalität der Vorstellung, der Erinnerung und der Träume. (6)

Laing bezeichnet die Familie als System (7) und führt aus, daß nicht die einzelnen Elemente (Personen, Dinge) isoliert verinnerlicht werden, sondern die Beziehungen zwischen den Elementen. "Die 'Familie' (gemeint ist das Phantasiebild, Anm. der Verfasser) ist kein introjiziertes Objekt, sondern ein introjiziertes Set von Beziehungen" (Laing 1974b, S. 16). Z. B. werden Eltern als Einheit oder als getrennt, als einander und sich selbst liebend oder als sich bekämpfend erfahren. Was vom Kind als Nähe oder Ferne, zusammen oder geschieden usw. verinnerlicht wird, prägt sein Phantasiebild der Familie.

Zum einen wird dadurch die Familie als gemeinschaftliches "wir" im Gegensatz zu "ihnen" außerhalb der Familie erlebt, zum anderen konditioniert dieses inkarnierte Gruppenbild wesentlich die Beziehung einer Person zu sich selbst, stellt ihre spezifische existentielle Ausgangsposition dar.

Der Zusammenhang von realen Familienstrukturen, dem verinnerlichten Bild und den Auswirkungen auf die Erfahrungsmöglichkeiten in neuen Situationen soll an einem (vereinfachten) Beispiel deutlich werden: eine große Schwierigkeit bei der Auseinandersetzung über Meinungsverschiedenheiten mit anderen kann die Unfähigkeit einer Person sein, eine für andere aktzeptable Äußerungsform zu finden. Beschäftigt man sich mit der Familienstruktur der Person, so zeigt sich, daß in der Familie häufig nur derjenige seine Interessen durchsetzen kann, der die anderen durch sein Verhalten in irgendeiner Art unter Druck setzt. Jedes Familienmitglied entwickelt hierzu seine spezifische Form. Um die anderen zur Aufmerksamkeit zu zwingen, um überhaupt das Gefühl zu haben, angehört zu werden, kann gelernt werden, die eigene Meinung sehr lautstark zu vertreten. Außerhalb der Familie führt diese Strategie zwar selten zum gewünschten Erfolg, trotzdem kann die Person, wie oben angedeutet, größte Schwierigkeiten haben, ihr verinnerlichtes Bild von kritischen Situationen in Beziehungen zu revidieren.

Sicher kann mit den Methoden der Psychoanalyse die Art der aktuellen Erfahrungen eines Menschen mit den Erfahrungen seiner Kindheit in der Familie erklärend in Zusammenhang gebracht werden. Die Reduktion auf einzelne Objektbeziehungen (zur Mutter, zur Schwester usw.) reicht für Laing jedoch nicht aus, um die Umwandlungen ursprünglicher familialer Beziehungssets in die verinnerlichte Familie und die Abbildung auf neue Situationen zu verstehen. Er fordert daher "Untersuchungen von Familien in Verbindung mit Untersuchungen von 'Familien' (gemeint ist das Phantasiesystem, Anm. der Verfasser)" (Laing 1974b, S. 21).

Die Konsequenz aus dieser Erkenntnis war für die englischen Antipsychiater die intensive Beschäftigung mit den Familien von Patienten, da außerhalb von der Familie nicht verstehbares Verhalten der Patienten in der Familie durchaus sinnvoll zu sein schien.

Techniken, die die Auflösung des Familien-Nexus verhindern

Das gemeinsame "wir" der Familie ist nur garantiert, wenn jedes Familienmitglied das Phantasiesystem beibehält. Definitionen der Einzelnen können nur soweit zugelassen werden, als sie den Zusammenhalt der Familie nicht ernsthaft gefährden. Im Interesse der Gruppe als Nexus, damit jeder seine Position hält, entwickelt die Familie Techniken, die die Herstellung für den Nexus ungefährlicher Definitionen erzwingen sollen.

Laing versucht mit dem Begriff der Mystifizierung die Aktionen der Familie zu fassen, die verhindern sollen, daß ein Familienmitglied das kollektive Phantasiesystem durchschaut und zu verlassen versucht, und damit das Fortbestehen des Nexus ernsthaft gefährdet.

Einbezug familienpsychiatrischer Theorien

Bei der Entwicklung des Mystifizierungskonzepts bezieht sich Laing, teilweise in kritischer Auseinandersetzung, auf vorhandene Theorieansätze aus psychoanalytischer, interaktions- und kommunikationstheoretischer Richtung (vgl. zu den einzelnen Ansätzen Picard 1977, S. 172 ff..).

Gemeinsam ist diesen Ansätzen, daß die Familie als biosoziale Einheit verstanden wird, die danach strebt, einen bestimmten Gleichgewichtszustand zu erhalten. Jackson (1957) prägte hierzu den Begriff der "Familienhomöostase": Veränderung bei einem Familienmitglied bewirkt Veränderungen bei den anderen Familienmitgliedern.

Aus der Auffassung von der Familie als Funktionseinheit leitet sich eine weitere grundlegende Annahme ab: der Patient ist ein Symptom der allgemeineren Familienpathologie. Er wird dem Überdruck des Systems Familie ausgesetzt, um den Gleichgewichtszustand zu erhalten.

Daß Schizophrenie nicht mehr Eigenschaft eines Individuums ist, zeigt sich auch an der Austauschbarkeit der Patientenrolle. Der Patient hat ja im Familienganzen nur eine bestimmte Funktion zu erfüllen, nämlich als Focus für die ungelösten Konflikte der anderen Familienmitglieder zu dienen und die starr strukturierte Vorstellung der Familie von sich selbst um jeden Preis aufrechtzuerhalten. Diese Funktion ist - obwohl natürlich bestimmte Familienmitglieder dafür besser geeignet erscheinen als andere - prinzipiell auf jedes Mitglied übertragbar.

Obwohl im Mittelpunkt der familiendynamischen Analyse die Familie als Funktionseinheit steht, bedeutet dies nicht, daß der subjektive Niederschlag dieser Prozesse im Individuum ignoriert würde. Schizophrenie macht sich trotzdem an einer Person fest und ist mit einem subjektiven Leidenszustand verbunden.

3.2. Laings Auseinandersetzung mit familienpsychiatrischen Ansätzen

Laing bezieht sich explizit auf Arbeiten von Searles, Lidz et al., Wynne et al. und Bateson et al., die bei der Untersuchung der in Familien mit Psychotikern vorherrschenden Strukturen spezifische Techniken entdeckten, die offenbar ein Mitglied in den Wahnsinn treiben.

Searles - Sechs Techniken, einen anderen verrückt zu machen

Laing greift die von Searles entwickelten Arten, einen anderen verrückt zu machen, auf. Searles betont, daß die "Absicht", den anderen verrückt zu machen, auf überwiegend unbewußter Ebene liege, sie stelle nur eine Komponente einer von den Beteiligten nicht kontrollierbaren pathologischen Beziehung dar. Er geht davon aus, "daß die Auflösung jeglicher Art von zwischenmenschlicher Interaktion, die darauf ausgerichtet ist, im anderen emotionale Konflikte zu begünstigen - verschiedene Bereiche seiner Persönlichkeit in Widerspruch zueinander zu bringen - die Tendenz hat, ihn verrückt (d. h. schizophren) zu machen" (Searles in: Bateson et al. 1974, S. 130).

Laing modifiziert die sechs Techniken mit der Begründung, daß man nicht davon ausgehen könne, daß jede Interaktion die emotionale Konflikte erzeuge, zwangsläufig eine Person in den Wahnsinn treibe. "Wenn man andeutet, die Förderung des Konflikts allein könne schon dazu führen, die dem Konflikt ausgesetzte Person aufzuspalten, so scheint man den Konflikt der das Sein einer Person schärfen kann, mit einem Konflikt zu verwechseln, der das Selbst sabotieren und zerstören kann." (Laing 1969c, S. 150)

Er bringt Searles sechs Arten der Schizogenese in folgende Form:

"1) P macht A wiederholt auf Bereiche der Persönlichkeit von A aufmerksam, die A nur schwach bewußt sind und die ganz im Widerspruch zu der Art von Person stehen, als die A sich selbst betrachtet.
2) P reizt A sexuell in einer Situation, in der es für A einer Katastrophe gleichkäme, sexuelle Befriedigung zu suchen.
3) P setzt A einer gleichzeitigen Stimulation und Frustration bzw. einem raschen Wechsel von Stimulation und Frustration aus.

4) P wendet sich an A auf mehreren Ebenen zugleich, die keine Beziehung zueinander haben (z. B. sexuell und intellektuell).
5) P schaltet von einer emotionalen Wellenlänge auf die andere um, während das Gesprächsthema gleich bleibt (indem er dieselbe Sache erst "ernst" und dann "im Spaß" behandelt).
6) P wechselt das Thema, ohne die emotionale Wellenlänge zu wechseln (d. h. eine Sache von lebenswichtiger Bedeutung wird in derselben Weise erörtert wie das banalste Ereignis)." (Laing in: Bateson et al. 1974, S. 287)

Jede dieser Techniken zielt darauf ab, das Vertrauen in die eigenen Wahrnehmungen und Interpretationen von A zu unterminieren. Jeder einzelne Modus muß A in Verwirrung stürzen, ihm eindeutige Beziehungsdefinitionen unmöglich machen.

Laing sieht als schizophrenogen bei diesen Strategien nicht so sehr die Aktivierung verschiedener Persönlichkeitsbereiche gegeneinander, als vielmehr die erzeugte Konfusion, die meist nicht als solche erkannt werden kann. Diesen Aspekt vermag Laings Mystifizierungskonzept zu erfassen.

Lidz et al. - Ehespaltung und Strukturverschiebung

Lidz et al. sehen die Familie als System, in dem die eheliche Koalition der Eltern wesentlicher Bestimmungsfaktor für die Entwicklung der Kinder darstellt. 'Ehespaltung' und 'Strukturverschiebung' sind bestimmte Formen ehelicher Koalition, die das Kind daran hindern, eine normale psychische Entwicklung zu durchlaufen. Es zieht sich auf einer bestimmten Stufe regressiv zurück, da es nicht genügend Ich-Stärke entwickeln kann.

a) Ehespaltung

Die eheliche Beziehung der Eltern zeichnet sich durch fehlende Reziprozität aus. Als Folge entsteht ein permanenter Konflikt zwischen ihnen, der sich in gegenseitigem Mißtrauen und Verachtung, begleitet von Trennungsdrohungen und offenem Streit manifestieren kann. Für die Kinder entstehen daraus zwei wesentliche Konsequenzen, die zu Störungen in ihrer psychosozialen Entwicklung führen. Zum einen erschwert bzw. verunmöglicht die konfliktgeladene Atmosphäre notwendig zu vollziehende Bindungen an die einzelnen Elternteile, zum anderen kommt es zu starken Schuldgefühlen bei den Kindern, wenn sie aufgrund der unbefriedigenden Partnerbeziehungen von einem Elternteil als Gattensubstitut behandelt werden. (8)

b) Strukturverschiebung

Die Beziehung der Eltern ist zwar harmonisch, muß aber als pathologisch bezeichnet werden, da ein unselbständiger oder masochistischer Partner einen Gatten, der als beschützende

Elternfigur fungiert, gewählt hat und dieser Gatte eine abnorme Wirklichkeit mit Duldung oder Billigung des anderen Partners für die gesamte Familie aufbaut. Es entsteht eine unwirkliche Atmosphäre, in der alles, was gesagt oder anerkannt wird, von dem verschieden ist, was tatsächlich gemeint oder getan wird. Für das Kind folgt daraus ein unlösbarer Konflikt, seine Kommunikationsfähigkeit wird gestört. Diese manifestiert sich in paralogischen Ideenbildungen und kann zu einem Rückzug aus allgemein verständlicher Sprache führen, wodurch der Betroffene sich dann eine psychiatrische Diagnose einhandelt (vgl. Lidz et al. in Bateson et al. 1974, S. 108ff.; Lidz 1971).

Laing übernimmt die Thesen von Lidz et al. in seinem Konzept. Indem die Eltern um die Erhaltung ihrer eigenen Integration kämpfen, werden die Kinder zu bloßen Funktionsträgern für diese Konflikte. Emotionale Bedürfnisse der Kinder, die dysfunktional für die Integration der Eltern sind, werden von diesen negiert. Die Eltern "maskieren oder verschleiern Störungssituationen in der Familie so, als würden sie gar nicht existieren" (Laing in: Bateson et al. 1974, S. 286). Hier treffen und überschneiden sich die von Lidz entwickelten Begriffe mit Laings Begriff der Mystifizierung.

Wynne et al. - Pseudogemeinschaft

Wynne et al. entwickeln aus der Verbindung von Psychoanalyse, dem Identitätskonzept von Erikson und rollentheoretischen Aspekten die Theorie der Pseudogemeinschaft als schizophrenogenes Milieu in der Familie.

Ausgehend von den Postulaten, daß
a) Interaktion menschliches Bedürfnis,
b) der Mensch objektbezogen sei und
c) nach dem Gefühl der eigenen Identität strebe (9),
ergeben sich drei mögliche Arten von Beziehungen: Gemeinschaft, Nichtgemeinschaft (z. B. Kaufakt) und Pseudogemeinschaft.

Die Gemeinschaft ist nur möglich, wenn "gemeinsame" Komplementarität der Rollen vorliegt, was die gegenseitige Bedürfniswahrnehmung und Anerkennung der je eigenen Identitäten voraussetzt.

Bei der Pseudogemeinschaft ist nur scheinbare Rollenkomplementarität vorhanden, hinter der sich meist starke Feindseligkeit verbirgt. Sie besteht nur, weil die Beteiligten sich das Gefühl einer Beziehung erhalten wollen. Kennzeichen der Pseudogemeinschaft sind:
a) starre Rollenstruktur in der Familie, die sich auch nicht ändert, wenn sich die Lebensumstände (z. B. durch Älterwerden der Kinder) ändern.

b) Festhalten an der Erwünschtheit und Zweckmäßigkeit dieser Rollenstruktur und
c) beständige Angst vor möglicher Abweichung von der Rollenstruktur.

Da als Hauptgrund für das Bestehen der Pseudogemeinschaft die Angst vor Isolation angesehen wird, diese aber allgemein verbreitet ist, kann die Pseudogemeinschaft in der oben beschriebenen Form nicht spezifisch schizophrenogen sein. Nach Meinung der Autoren muß hierfür die Pseudogemeinschaft

a) besonders intensiv und beständig sein,
b) die auftretende Nichtkomplementarität als besonders starke Bedrohung empfunden werden (d. h. entscheidend ist Quantität) und
c) Mechanismen entwickeln, die den einzelnen am Verlassen der Pseudogemeinschaft hindern.

An dieser Stelle greift Laings Mystifizierungskonzept. Durch Mystifizierungstechniken bleibt die starre Rollenstruktur erhalten, die Differenzierung der Einzelidentitäten wird aufgegeben zugunsten der Aufrechterhaltung der Pseudogemeinschaft.

Bateson et al. - Double-bind-Theorie

Dieser Ansatz konzentriert sich wesentlich auf die formalen Aspekte familialer Kommunikation. Die Autoren beschreiben familiale Kommunikationsstrukturen, bei denen sich ein Beteiligter im Gewirr paradoxer Botschaften verstrickt. Kennzeichnend für diese Familien ist die immer wiederkehrende Herstellung von sogenannten double-bind-Situationen. Diese Situationen haben folgende Merkmale:

a) Beteiligung von zwei oder mehr Personen
b) es handelt sich um immer wiederkehrende Situationen, keine einmalige traumatische Erfahrung
c) primäres negatives Verbot ("tu das nicht, sonst bestrafe ich dich" oder "wenn du das nicht tust, bestrafe ich dich")
d) sekundäres Verbot, das mit dem primären unvereinbar ist und auf verschiedenen Kommunikationsebenen liegt (verbales und averbales Verhalten stehen im Widerspruch)
e) Unmöglichkeit für das "Opfer", die Situation zu verlassen
f) das "Opfer" hat gelernt, sein Universum in der Schablone des double-bind wahrzunehmen.

Mit der double-bind-Theorie werden einige in der klassischen Psychiatrie als typisch schizophren angesehene Verhaltensweisen verstehbar: das Festhalten an ausschließlich einer Kommunikationsebene (auffallend bei "Hebephrenen", die sich lachend über metakommunikative Signale wegsetzen), das mißtrauische Suchen nach versteckten Bedeutungen (bei "Paranoiden"), das Wörtlichnehmen gebräuchlicher Metaphern (macht einen Teil der

Unverständlichkeit schizophrener Sprache aus) und der Rückzug aus jeglicher Kommunikation ("Mutismus", "Autismus").

Laing erkennt den Erklärungsgehalt der double-bind-Theorie an, gibt aber zu bedenken, daß es zweifelhaft erscheint, "die Theorie von den logischen Grundsymbolen, (10) die im Verlauf der Konstruktion eines Behauptungskalküls entsteht, direkt auf Kommunikation anzuwenden" (Laing 1969c, S. 159).

Wie Bateson et al. ist Laing der Meinung, daß double-bind-Situationen auch in normalen Familien hergestellt werden. Schizophrenogen werden diese Situationen nach Laing erst dadurch, daß die Widersprüchlichkeit der Botschaften auf metakommunikativer Ebene liegt, deren Thematisierung verboten wird. (11) Den Aspekt der Nicht-Thematisierbarkeit und die sich für das betroffene Individuum daraus ergebenden Folgen finden in Laings Begriff der Mystifizierung ihren Ausdruck.

3.3. Laings Konzept der Mystifizierung

Mit dem Begriff der Mystifizierung kennzeichnet Laing sowohl einen Akt wie einen Zustand. Im aktiven Sinn bedeutet mystifizieren einen Vorgang verschleiern, vertuschen, maskieren. Im passiven Sinn ist damit der Zustand der Konfusion gemeint, der durch den Akt der Mystifizierung bei einer Person provoziert wird, wobei die Person selbst meistens nicht das Gefühl hat, verwirrt zu werden. Wesentliches Merkmal ist also die Undurchschaubarkeit sowohl des Aktes als auch des Zustands für die Beteiligten.

Die entstehende Verwirrung macht es den Familienmitgliedern unmöglich, die tatsächlich vorhandenen Konflikte zu erkennen. "Die Folge ist, daß richtige Auffassungen hinsichtlich dessen, was erlebt oder getan wird (Praxis), bzw. vor sich geht (Prozeß), durch falsche Auffassungen ersetzt und Scheinfragen als die tatsächlichen Streitobjekte ausgegeben werden." (Laing in: Bateson et al. 1974, S. 275)

Mystifikation kann also Konflikte nicht verhindern, die mystifizierte Person wird jedoch unfähig, den "authentischen" Konflikt zu erkennen, erlebt aber intrapsychische oder zwischenmenschliche Konflikte "nicht-authentischer" Art.

Der mystifizierende Effekt wird verstärkt, wenn die Tatsache der Mystifizierung, wird sie von einer Person doch erkannt, in Abrede gestellt wird, indem die Wahrnehmung der Mystifizierung zum Streitgegenstand gemacht wird, der sich dann darum dreht, "ob es nicht schlecht oder verrückt sei, so etwas wahrzunehmen" (Laing in: Bateson et al. 1974, S. 276).

Durchschaut eine Person den Akt der Mystifizierung und äußert den wahren Konflikt, droht dadurch das gemeinsame Phantasiesystem zu verlassen, so läuft sie Gefahr, von der Familie als verrückt ausgegrenzt zu werden, denn wie gesagt ist jeder Ausbruch aus dem Nexus strafbar.

Einzelne mystifizierende Situationen (12), die wir alle aus unserem Alltagsleben kennen, erschüttern sicher nur vorübergehend das Vertrauen in die eigene Wahrnehmung. Solange wir noch nach einem gemeinsamen Kriterium suchen, an dem die Widersprüchlichkeit diskutiert werden kann, machen sie uns nicht dauerhaft konfus. Folgenreich ist Mystifizierung dann, wenn Erleben, Definitionen und Handlungen eines Menschen grundsätzlich ohne Berücksichtigung seines eigenen Standpunktes interpretiert werden. Seine Selbstwahrnehmung wird bedeutungslos, ebenso seine Situationsdefinitionen. Er wird nicht mehr als Person behandelt, wird zum Objekt reduziert. Als Folge verzerrt sich die Wahrnehmung des Mystifizierten von sich selbst und ebenso die Wahrnehmung der anderen, wie sie ihn erleben und ihm gegenüber handeln. Die extremste Konsequenz daraus ist die Auflösung des Selbst der mystifizierten Person, an deren Ende der schizophrene Zusammenbruch steht. (13)

3.4. Operationen an der eigenen Erfahrung

Um die Interaktionsregeln der Familie einhalten zu können, um die eigene Position im Phantasiesystem halten zu können, müssen die einzelnen bestimmte Operationen an ihrer Erfahrung vornehmen.

Laing nimmt an, daß Kinder das "Gegebene" in einer Art und Weise konstruieren, die die Erwachsenen längst vergessen haben. Für ihn gibt es also eine Art ursprünglicher Weltkonstruktion, natürliche Gesetze, die unsere Erfahrung regeln. Durch Sozialisation werden uns soziale Gesetze "einprogrammiert", wir lernen Regeln, vermittels derer wir unsere Unterscheidungen treffen, um damit das "Gegebene" in bestimmter (für das Phantasiesystem dienlicher) Weise zu konstruieren. Wir müssen demnach lernen, unsere Unterscheidungen auf eine bestimmte Art zu treffen.

Nach Laing ist die Unterscheidung innerhalb-außerhalb eine grundsätzliche, die auf fast alle Aspekte der Erfahrung angewendet wird. "Es ist mir kaum möglich, diese Unterscheidung <u>nicht</u> zu machen." (Laing 1974b, S. 126) Nur in ekstatischen Augenblicken geht diese Unterscheidung verloren (z. B. beim Liebesakt, großem Hunger oder hohem Fieber).

Die innen-außen-Unterscheidung scheint wesentlich dazu notwendig zu sein, "daß wir einen Sinn dafür vermittelt bekommen, daß unsere Erfahrung einen Sinn hat. Sie gehört in den Bereich der Familien- und Sozialordnung, nicht der natürlichen Ordnung" (Laing 1974b, S. 127).

Erinnern wir uns an die existentialistische Bestimmung der Familie als Nexus, die zur Verhinderung der eigenen Auflösung ein von jedem Mitglied verinnerlichtes kollektives Phantasiesystem entwickelt; verbinden wir dies mit den Thesen, die Laing aus familienpsychiatrischen Theorieansätzen übernommen hat und mit dem Konzept der Mystifizierung, so zeigt sich die Notwendigkeit der innen-außen-Unterscheidung: die Familie schottet sich nach außen ab ("wir" innerhalb, "sie" außerhalb), um ihr eigenes Phantasiesystem aufrecht erhalten zu können; der einzelne verinnerlicht diese Unterscheidung und bildet sie auf seine Beziehungen zur Welt ab. "Sie mögen irreal und nicht existent, real und existent ... scheinen. Sie existieren, um vernichtet zu werden, und werden vernichtet, um neu erfunden zu werden. Wir brauchen uns keine Sorgen zu machen, daß die Vernichtungsquote zwischen den Anderen und Uns zu hoch werden könnte. Die Anderen werden uns nie ausgehen. Es werden immer wieder welche auftauchen, aus unserem Inneren." (Laing 1974b, S. 130, Hvg. im Original)

Die verinnerlichte Familie kann jeder in sich nur erhalten, wenn er seine Erfahrungen beständig auf die für das Phantasiesystem notwendigen Unterscheidungen hin "normalisiert". Diese Normalisierungsstrategien, von denen einige in der Psychoanalyse als "Abwehrmechanismen" bezeichnet werden, nennt Laing "Operationen an der eigenen Erfahrung". Als wesentlich charakterisiert er folgende:

Verleugnung	- eine Tatsache wird negiert (z. B. "ich bin eifersüchtig" wird umgemünzt in "ich bin nicht eifersüchtig")
Spaltung	- Trennung einer Einheit in Teile, wobei bei vollkommener Spaltung keine Beziehung zwischen den Teilen mehr zugelassen wird (z. B. Entwicklung von "wahrem" und "falschem" Selbst)
Substitution	- Ersetzen eines Zielobjekts/subjekts durch ein anderes (z. B. die Wut auf die Mutter wird an der Puppe ausgelassen)
Skotomatisation	- Selektion der Wahrnehmung (ich sehe nicht, was ich nicht sehen will)
Ersatz	- Ersetzen einer Wahrnehmung durch eine andere (ich sehe stattdessen etwas anderes)
Projektion	- Abbilden des "Innen" auf das "Außen"

Introjektion	- Abbilden des "Außen" auf das "Innen" (wobei Projektion und Introjektion als Übertragung von einer Erfahrungsmodalität in eine andere zu verstehen sind)
Rationalisierung	- nachträgliches Erklären eines Tatbestands zum Zweck der eigenen Absicherung
Verdrängung	- ein Sachverhalt wird vergessen und dann wird vergessen, daß er vergessen wurde
Regression	- Rückkehr in die Vergangenheit
Identifizierung	- Getrenntes wird für eins gehalten
Mystifizierung	- siehe S. 50 dieser Arbeit
Reversion	- Umdefinition eines Gefühls (z. B. "ich hasse dich" wird umdefiniert in "du haßt mich").

Für alle diese Operationen ist kennzeichnend, daß sie im allgemeinen vom Individuum selbst nicht erfahren werden. (14)

Die Hauptfunktionen der beschriebenen Operationen sieht Laing darin, beim einzelnen eine bestimmte Art der Erfahrung zu produzieren und zu erhalten, wobei jeder sie an sich selbst durchführt. Sie wären unnötig, "wenn die Regeln der Familie sie nicht erforderlich machten, und untauglich, wenn andere nicht kooperierten" (Laing 1974b, S. 136).

3.5. Warum wird der eine verrückt und der andere nicht?

Bei allen hier beschriebenen familienpsychiatrischen Ansätzen zeigt sich die Schwierigkeit, spezifisch schizophrenogene Faktoren im Interaktionsnetz der Familie angeben zu können.

Die existentialistische Bestimmung der Familie zwingt jede Familie zur Entwicklung der beschriebenen Techniken (in unterschiedlicher Intensität) und zwingt jedes Familienmitglied zu Operationen an seiner Erfahrung; d. h. auch die "normale" Familie ist durch ihre Bestimmung als Nexus verrücktmachend.

Dem Problem, warum der eine verrückt wird und der andere nicht, obwohl die Familienstruktur prinzipiell gleich ist, entgehen die englischen Antipsychiater, indem sie ihre Definition von Schizophrenie und ihr Forschungsinteresse ändern. In "Das geteilte Selbst" wird den Interaktionspartnern eines Schizophrenen noch die Berechtigung zugesprochen, diesen für verrückt zu halten (vgl. S. 29 dieser Arbeit). Bei der Entwicklung des Mystifizierungskonzepts weist Laing auf ein Forschungsvorhaben hin, bei dem die Art der Mystifizierungen in normalen Familien untersucht werden sollte, eine Arbeit, die gegenstandslos wird durch die Änderung der Schizophreniedefinition. Im Vorwort zu "Wahnsinn und Familie" (eine Veröffentlichung über Untersuchungen von Familien mit Schizophrenen) erklären die Autoren Laing und Esterson: "Wir nehmen nicht einmal an, daß sie (die Schizophrenie, Anm. der Verfasser) existiert." (Laing/ Esterson 1975, S. 9) An anderer Stelle wird die Abkehr von der Suche nach der Ätiologie deutlich, indem Laing sagt, "daß ein Forschen nach den Ursprüngen der Schizophrenie etwas Ähnliches ist wie die Jagd nach einem Hasen, dessen Spuren nur in der Vorstellung seiner Jäger existieren" (Laing 1974b, S. 68). Schizophrenie wird zur bloßen Etikettierung.

Das Forschungsinteresse konzentriert sich dann einmal auf die Untersuchung der Funktion dieser Zuschreibungsprozesse, zum anderen auf den Nachweis, daß schizophrene Erfahrungen und Verhaltensweisen in dem sozialen Kontext, in dem sie entstanden sind, durchaus sinnvoll erscheinen.

Zur Beantwortung dieser beiden Fragestellungen können die theoretischen und empirischen Arbeiten der englischen Antipsychiater entscheidend beitragen. Durch die Ausgrenzung eines Mitglieds versucht die Familie, ihr kollektives Phantasiesystem aufrecht zu erhalten, auch wenn eine Person nicht mehr mitspielt, die Familie versucht durch Ausschluß ihre "Homöostase" zu bewahren.

Die elf Fallbeschreibungen in "Wahnsinn und Familie" stellen den Versuch dar,

a) jede Person in der Familie,
b) die Beziehungen zwischen den Personen in der Familie und
c) die Familie als Interaktionssystem

zu erfassen, um die Verstehbarkeit schizophrenen Verhaltens aus der Weltsicht der Nexusmitglieder aufzuzeigen.

Eine direkte Antwort auf die Frage, warum in einer Familie jemand verrückt wird und in einer anderen Familie keiner, dürfen wir von den englischen Antipsychiatern nicht erwarten. Ihre Ausführungen lassen aber die Vermutung zu, daß kein qualitativer Unterschied zwischen den Strukturen in "normalen" und in schizophrenogenen Familien besteht, daß es vielmehr eine Frage der Intensität der angewandten Techniken ist.

3.6. Die soziale Mittlerfunktion der Familie

Cooper postuliert, daß die Macht der Familie in ihrer sozialen Mittlerfunktion liege. Ihre Form sei in den Sozialstrukturen aller gesellschaftlichen Institutionen wiederzufinden. Das verinnerlichte Bild von Beziehungen, das familiäre Phantasiesystem zwinge uns, die eigenen Familienerfahrungen auf jede andere Beziehung abzubilden. Er meint, daß wir überall in der Gesellschaft geliebte oder gehaßte Mütter, Väter usw. finden und suchen (vgl. Cooper 1972, S. 7f.).

Die englischen Antipsychiater betonen immer wieder, daß die Familie als Sozialisationsinstanz gesellschaftliche Normen und Werte zu tradieren hat. Aus ihrem Anspruch ist eine doppelte Funktion der Familie ableitbar:

a) sie wird einmal als Primärkontext des Individuums gesehen, in dem es seine Erfahrungs- und Verhaltensmuster erwirbt. Gelerntes dient unter diesem Aspekt den funktionalen Erfordernissen der Familie und ist nicht bezogen auf gesellschaftliche Anforderungen;
b) aus der Annahme, kein System sei isoliert zu betrachten, sondern nur in der Erweiterung zu Metakontexten verstehbar, ergibt sich die Funktion der Familie als durch gesellschaftliche Erfordernisse bestimmte.

Diese Annahme (b) muß jedoch leere Versicherung bleiben, da aus der Definition der Familie als Nexus, mit dem Ziel der Aufrechterhaltung der Homöostase, letztlich keine gesellschaftliche Bestimmung in das Konzept der Familie eingehen kann. Wie wir später zeigen werden, ergibt sich aus der Logik der englischen Antipsychiatrie vielmehr die Bestimmung von Gesellschaft als Beziehungsnetz, das sich aus den spezifisch nexikalischen Strukturen der Familie ableitet. Der Gruppenmodus der Nexus-Familie wird, da wir ihn immer übertragen, zum bestimmenden Modus unserer Gesellschaftlichkeit überhaupt. Auch die Wirksamkeit institutioneller Macht wird allein zurückgeführt auf die Wirksamkeit des verinnerlichten Familienbildes eines jeden einzelnen.

4. Psychiatrie als Institution

4.1. Sartres Theorie der Entstehung von Institutionen

Die englischen Antipsychiater sehen in der institutionalisierten Psychiatrie ein "System der Gewalt", das bestimmte gesellschaftliche Funktionen erfüllt. Ihre Auffassung wird verständlich auf dem Hintergrund von Sartres Vergesellschaftungstheorie, die teilweise bei der Bestimmung der Familie schon angedeutet wurde. Nach Sartre vollzieht sich die Organisierung von Gesellschaft in folgenden Schritten: Serie - Gruppe - Organisation - Institution.

Serialität

Wenn zwei Individuen sich in ihren Erfahrungen und Handlungen wechselseitig aufeinander beziehen, entsteht nach Sartre zwischen ihnen ein Verhältnis der "Interiorität". Da sie aber immer getrennte, einander äußerliche Objekte bleiben, ergibt sich gleichzeitig ein Verhältnis der "Exteriorität" zwischen ihnen. "Die ersten Schritte, um die Bildung menschlicher Gruppen zu verstehen, müssen darin bestehen, die einfachsten Möglichkeiten zu verfolgen, die eine Wahl zwischen Wechselseitigkeit als Interioritätsverhältnis und Isoliertheit als Exterioritätsverhältnis sichtbar machen." (Laing 1973, S. 110) Eine solche Wahl bildet die Grundlage eines Verhältnisses zwischen Menschen, die "Serialität" genannt wird.

Die Umwandlung einer Anzahl von Menschen in eine Serie soll an einem Beispiel deutlich werden: "Stellen wir uns eine Ansammlung von Personen vor, die auf einen Bus warten. Ihre Verbundenheit kann von außen im Sinne von Isoliertheit, Wechselseitigkeit, Vereinigung erkannt werden. Sie sind eine Vielzahl von isolierten Einzelnen. Die Isoliertheit jedes Einzelnen wird im Plan eines jeden als seine negative Struktur erfahren: Ich habe mit dir nichts zu tun ... Sie alle erleben ihre gegenwärtige Beziehung zueinander als Glieder der Schlange negativ, d. h. sie nehmen keine Beziehung miteinander auf außer als Nummer in einer quantitativen Serie." (Laing 1973, S. 110)

Durch ihr Verhalten realisieren die einzelnen ihre Isoliertheit, die Wechselseitigkeit wird negiert. In ihrer Isoliertheit sind die Menschen in der Warteschlange identisch, austauschbar. Das materielle Objekt (im Beispiel der Bus) bedingt, daß jeder in der Schlange einer zuviel ist, denn es ist möglich, daß nicht alle Platz im Bus finden können. Konkurrenz um das Objekt bestimmt das Verhältnis zwischen den Wartenden. Anhand der Qualitäten der einzelnen ließe sich nicht entscheiden, wer überzählig ist. D. h. konstituierend für die Serie ist ein gemeinsames Objekt, das gleichzeitig Voraussetzung für die Einheit der Serie und der Index für die Isolierung der Serienglieder ist. Ist kein gemeinsamer Gegenstand mehr vorhanden, löst sich die Serie auf.

Von der Serie zur Gruppe

Die Serie liefert die Grundvoraussetzung für Gruppenbildung. Um die Bedingungen für die Umwandlung der Serie in die Gruppe angeben zu können, muß von der Dyade als Grundvorstellung von Beziehungen abgegangen und der Begriff des "dritten" Menschen eingeführt werden. Das In-der-Gruppe-Sein jedes einzelnen wird vermittelt durch die Praxis eines regulativen dritten und jeder ist einzelner und auch dritter.

Der Zusammenschluß einer Gruppe entsteht durch individuelle Praxis, die sich in kollektive Praxis verwandelt. "Die Praxis der Gruppe ist dialektisch. Doch die Gruppe ist nicht einfach eine Erweiterung der individuellen Praxis. Obwohl dialektisch, ist die Gruppenpraxis nicht dieselbe Art Praxis wie die eines Individuums ... Sartre spricht von zwei Dialektiken: der konstituierten Dialektik der Gruppenpraxis und der konstituierenden Dialektik der individuellen Praxis" (Laing 1973, S. 118). Durch die Möglichkeit der individuellen Praxis ist die Gruppe beständig von Auflösung bedroht.

Durch den Eid bringt die Praxis der Gruppe eine Struktur hervor, die in einem doppelten Verhältnis vermittelter Wechselseitigkeit zwischen den Gruppenmitgliedern besteht: "Jeder macht sich durch den anderen vermittels aller zum anorganischen Werkzeug, durch das die Aktion sich verwirklicht; jeder konstituiert die Aktion als Freiheit selbst in Form eines Terror-Imperativs." (Sartre 1967, S. 634) Diese Freiheit ist gemeinsame, nicht die praktische Freiheit des einzelnen Handelnden. Vermittels der Gemeinschaft kommt "jeder zu jedem als Träger der gleichen Wesentlichkeit" (Sartre 1967, S. 635, Hvg. im Original), wechselseitige Anerkennung ist implizit, ebenso die gleichmäßige Beherrschung eines jeden durch jeden.

Der Übergang von der Gruppe zur Organisation

Die Gruppe wird zur Organisation, indem die gemeinsame Praxis eine Differenzierung einzelner Funktionen hervorbringt. Die vom einzelnen übernommene Funktion wird dann zur Bestimmung seiner individuellen Praxis, Freiheit und Begrenzung zugleich. "Die Funktion ist negativ und positiv: Das Verbot (nicht etwas anderes tun) wird in der praktischen Bewegung als positive Bestimmung, als schöpferischer Imperativ aufgefaßt, genau dies zu tun." (Sartre 1967, S. 477f., Hvg. im Original)

Auf der Basis des Eides spezifiziert die Funktion die Bestimmung der Macht, sie besteht in eines jeden Recht, seine besondere Pflicht zu verwirklichen.

Bei der Bildung einer Fußballmannschaft z. B. sind die Funktionen (Torwart, Stürmer usw.) vorherbestimmt. Je nach verschiedenen Eigenschaften wird der einzelne Spieler eine bestimmte Funktion übernehmen. In freier Praxis wird der Spieler zum Funktionsträger, erlebt die Funktion aber gleichzeitig als Macht (als Forderung eines Trainings beispielsweise). Die Organisation ist verpflichtet, ihm die Möglichkeiten zur Funktionserfüllung zu geben.

Kurz: in der organisierten Gruppe kommt das Individuum durch seine Praxis "der Forderung der Funktion in Freiheit nach" (Sartre 1967, S. 478). Die freie Individualität wird zum einzig möglichen Mittel und zum einzig möglichen Hindernis für die Bildung von organisierten Gruppen.

Das Verhältnis der doppelt vermittelten Wechselseitigkeit bleibt durch die regulative Aktion des "dritten" bestehen, denn diese ist gleichzeitig Interzession und Sezession.

Der Übergang von der Organisation zur Institution

Um den Übergang von der Organisation zur Institution vollziehen zu können, muß die Gruppe zwei grundlegende Transformationen vornehmen:

a) die Transformation der doppelt vermittelten Wechselseitigkeiten in eine neue Form "institutioneller Serialität" und
b) die Ansiedelung der Macht, deren bei dieser Form das Individuum verlustig geht, an einem "institutionalisierten Ort".

Bei der Institutionalisierung einer Gruppe tritt eine Bestimmung der Serialität wieder in Erscheinung: die Negation der direkten Wechselseitigkeit durch Realisierung der Isoliertheit. Durch Zentralisierung der Macht wird die Möglichkeit einfacher Wechselseitigkeit der Individuen (jeder herrscht gleichermaßen über jeden) negiert. Dies bedeutet eine weitere Entfremdung der Individuen von der doppelt vermittelten Wechselseitigkeit, die in der Organisation zwischen ihnen besteht. Wenn ich einem Befehl gehorche, zerstöre ich "frei meine Freiheit" und nehme ihr die Transparenz, um die Freiheit des anderen zu realisieren.

Durch den Eid stellt sich in der Gruppe ein Machtgleichgewicht her durch die Praxis der "freien Ausübung der gemeinsamen Aufgabe mit gemeinsamen Mitteln" (Sartre 1967, S. 635). In der Institution gewinnt durch die Leugnung der individuellen Freiheit die Funktion Priorität gegenüber den Individuen, die Wechselseitigkeiten der organisierten Gruppe werden zu seriellen Verbindungen von "dritten", da diese nicht mehr interzedieren. "Indem sich die Funktion für sich setzt und die Individuen hervorbringt, die sie aufrechterhalten sollen, wird sie Institution." (Sartre 1967, S. 635, Hvg. im Original) Die Wirksamkeit der jeweiligen Strukturen wird garantiert durch die individuelle Verinnerlichung dieser Strukturen.

Konkurrenz um ein knappes Objekt (Serie), durch die Gewalt gemeinsamer Freiheit bestimmt (vereidigte Gruppe), freie Aufgabe der Freiheit, in gleichem Maß über den anderen zu herrschen, wie er über einen selbst (Institution), das sind prinzipiell die einzig möglichen Grundmodalitäten menschlicher Vergesellschaftung.

Serie, vereidigte Gruppe und Institution stellen isoliert betrachtet bloße Abstraktionen dar. Zwischen ihnen besteht nach Sartre eine fundamentale Wechselseitigkeit.

Auf dieser Grundlage wird verständlich, warum die englischen Antipsychiater gesellschaftlichen Institutionen Gruppencharakter und Gruppen (z. B. der Familie) seriellen oder institutionellen Charakter zusprechen.

4.2. Die Funktion der Psychiatrie

Die englischen Antipsychiater sind der Meinung, daß die Psychiatrie "Teil des staatlichen Systems zur Herstellung von Konformismus und Reduzierung der einzelnen" (Cooper 1976, S. 84) sei. Konformismus der Individuen stelle eine Notwendigkeit für das Fortbestehen der "bürgerlichen Gesellschaftsordnung" dar. (15)

Wie alle Sozialisationsagenturen habe die Psychiatrie die Aufgabe, die soziale Funktionsfähigkeit der einzelnen her- bzw. wiederherzustellen und zwar im Sinne der Erfordernisse des gesellschaftlichen Systems, auf Kosten der individuellen Freiheit des einzelnen.

Laing (1969) stellt die Verbindung her zwischen der Funktion der Psychiatrie und der Jagd nach Sündenböcken: unser System braucht eine bestimmte Anzahl von Menschen, die sich als Patienten auswählen und behandeln lassen. Er vermutet, daß für jede Gruppe von zwanzig oder dreißig Menschen eine Art menschlicher Blitzableiter nötig ist, damit sich die aus dem ungelebten Leben resultierenden Spannungen entladen können. In jeder Gruppe wird ein einzelner zum Träger einer konzentrierten Gewalt gemacht, in der die Gewalt der Gruppe ihre Rechtfertigung findet.

4.3. Das medizinische Modell als Ideologie und als Ort der Macht

Als ein Definitionsmerkmal von Institutionen gilt nach Sartre die Machtkonzentration an einem "instituionalisierten Ort". Worin besteht nun die Macht der Psychiatrie? Unter dem Deckmantel der medizinischen Wissenschaft, die als relativ "wertneutral" gilt, verschafft sich die Psychiatrie Definitionsmacht über das soziale Verhalten von Individuen.

Analog den naturwissenschaftlich orientierten Krankheitsbestimmungen der Allgemeinmedizin wird Geisteskrankheit als nosologische Einheit, als intrapsychische Funktionsstörung verstanden, für deren Ätiologie soziale Faktoren nicht herangezogen werden. Die Analogie zur körperlichen Krankheit weitergeführt, müßte es möglich sein eine Norm anzugeben, die bestimmt, was als "gesund" und was als "psychisch krank" zu gelten hat. Aber Definitionen hierüber gibt es so viele wie Autoren, die sich damit befaßt haben. Allen gemeinsam ist die Verwendung sozialer Kategorien. Menninger, den wir als typischen Vertreter der traditionellen psychiatrischen Auffassung zitieren möchten, expliziert: "In der Psychiatrie machen wir weniger Gebrauch von Begriffen wie 'gesund' und sprechen lieber von qualitativen Begriffen ..., wir halten auch Ausschau nach Dingen wie:

- Unbefangenheit im Umgang mit Menschen
- Fähigkeit, realistische Ziele zu verfolgen
- Erfüllung biologischer Bedürfnisse, wie z. B. Kinder gebären und aufziehen
- befriedigendes Gefühl menschlicher Nähe: Verständnis für die Bedürfnisse anderer
- Gefühl der Vollwertigkeit in sozialen Rollen (besonders sexuellen)
- Optimales Gleichgewicht zwischen Unabhängigkeits-, Abhängigkeits-, Festigkeits- und Elastizitätsbedürfnissen
- Fähigkeit schöpferische Anlagen zu nutzen
- Fähigkeit, Entbehrungen und individuelle Unterschiede zu akzeptieren
- zurückhaltende Umgangsweise bei Feindseligkeit und Aggressionen
- Identifizierung mit ethischen (moralischen) Werten
- Fähigkeit zur Anpassung an Stress (...)
- gesunde Bejahung des eigenen Selbst (...)." (Menninger 1968, S. 327)

Das Zitat weist deutlich darauf hin, daß gesellschaftliche Bedingungen für gegebene Fakten gehalten werden, mit denen sich das Individuum auseinanderzusetzen hat. Wird es von einer psychischen Krankheit befallen, kann es diese Auseinandersetzung nicht mehr adäquat führen. Ziel der Therapie ist dann, dem Patienten seine verlorengegangene Fähigkeit zurückzugeben. Was z. B. der Inhalt der "ethischen Werte" ist oder an welchen "Stress" sich das Individuum anzupassen hat, bestimmen die Vorstellungen des jeweiligen Psychiaters. Psychische Gesundheit oder Krankheit erweist sich somit als keine wertneutrale Festlegung, sondern als sozial-evaluativer Prozeß, der vor allem zum Ausdruck bringt, welche Verhaltensweisen in einer bestimmten Gesellschaft als erwünscht bzw. unerwünscht gelten.

Ich erinnere mich (Ute Braun) z. B. an einen Pflegebericht über eine junge Patientin, die als "verwahrlost" bezeichnet wurde (ein Kriterium bei der Erhebung des psychischen Befundes), weil sie bei der Aufnahme in die psychiatrische Klinik barfuß ging (im Juli), abgeschnittene Bluejeans und keinen Büstenhalter trug. Auch habe ich während meiner psychiatrischen Tätigkeit nie erlebt, daß ein Patient, der konsequent jede Arbeitstätigkeit verweigerte, als "vollständig geheilt" entlassen wurde.

In der Entwicklung ihrer basalen Therapieformen kann sich die herkömmliche Psychiatrie zurecht auf deren medizinisch beobachtbare Wirkungsweise beziehen. Medikamente, Elektroschocks und neurochirurgische Eingriffe rufen tatsächlich organische Veränderungen hervor.

In der durch das medizinische Modell bedingten Entpersönlichung liegt die Gewalt und die Unmenschlichkeit der Psychiatrie begründet. Für Laing wirkt sich die "medizinische Metapher folgendermaßen auf das Bewußtsein der Betroffenen aus: die Psychiater entwickeln eine Ideologie der Humanität als Reaktion auf die in der Psychiatrie real ablaufende Unmenschlichkeit. Damit das Strategem reibungslos funktioniert, dürfen diejenigen, die es verwenden, nicht wissen, daß es ein Strategem ist. Sie sollen nicht zynisch oder grausam sein, sondern aufrichtig und interessiert. Und tatsächlich: je mehr die 'Behandlung' eskaliert wird - durch Verhandeln (Psychotherapie), Befriedigung (Beruhigungsmittel), körperlicher Krampf (kalte Packungen und Zwangsjacken), durch zugleich immer humaner und wirksamer werdende Formen der Zerstörung (Elektroschocks und Insulinkomas) bis hin zur Endlösung, das menschliche Gehirn mittels Gehirnchirurgie in zwei oder mehr Scheiben zu schneiden-, desto stärker neigen die Menschen, die anderen Menschen das antun, zu einem Gefühl des aufrichtigen Interesses, der Hingabe, des Mitleids ..." (Laing, 1969, S. 97).

Auf Seiten der Patienten bildet sich eine Haltung der Resignation. Nachdem sie "geheilt" sind, sind sie dankbar dafür, daß sie keinen Verstand mehr haben, um gegen die Verfolgung zu protestieren. (Laing, 1969, S. 98).

Man kann Szasz (Szasz in: Keupp 1972, S. 44ff.), auf den sich die englischen Antipsychiater beziehen, nur zustimmen: für ihn ist der Begriff der seelischen Krankheit ein Mythos, der die wirklichen Konflikte menschlichen Zusammenlebens verschleiern soll. Der Mythos von der seelischen Krankheit als intrapsychischer Prozeß verhindert die Entdeckung der sozialen Ätiologie bestimmter menschlicher Erlebens- und Verhaltensweisen und entlastet die Gesellschaft von der Auseinandersetzung mit bestimmten Formen sozial abweichenden Verhaltens, indem er eine Isolierung der betroffenen Individuen in "Heil"-Anstalten legitimiert.

4.4. Die psychiatrische "Heil"-Anstalt

Die englischen Antipsychiater vertreten die Meinung, daß sich die Gesellschaft mit den psychiatrischen Krankenhäusern eine Struktur geschaffen hat, "die in vieler Hinsicht die gleichen verrücktmachenden Absonderlichkeiten wie die Familie des Patienten aufweist" (Cooper 1971, S. 34). Die Anstalten sind demnach "eine institutionalisierte Erweiterung des familiären Wohnzimmers oder ... Schlafzimmers ..., mit einem Personal, das die Stelle der Eltern einnimmt und über ein weitaus verifizierteres und mächtigeres Waffenarsenal verfügt" (Berke 1973, S. 83).

Die psychiatrische Heilanstalt vereinigt also Nexus- und Institutionsstrukturen. Ihre Hauptfunktionen sind zu sehen einmal in der Legitimierung des von der Familie geforderten Ausschlußverfahrens (durch Diagnose) und zum zweiten im Versuch, den Patienten wieder zum nexusadäquaten, was bei den englischen Antipsychiatern gleichbedeutend ist mit normalem, Erleben und Verhalten zu bringen (durch Therapie).

Für die englischen Antipsychiater beruht die Macht der psychiatrischen Institution auf den ungleich verteilten Chancen, Situationsdefinitionen durchzusetzen. Das Definitionsmonopol des Psychiaters leitet sich aus zwei Rollen ab: er fungiert als Repräsentant institutioneller Macht und als Repräsentant des gesellschaftlichen Werte- und Normensystems. "Die Rolle des Psychiaters jedoch wird geradezu als Prüfstein für unsere auf den 'gesunden Menschenverstand' beruhende Ansicht von Normalität betrachtet." (Laing 1969a, S. 98). Die Positionen sind damit von vornherein klargestellt: er ist gesund, der Patient ist krank; er ist rational, der Patient ist irrational.

Der als Patient etikettierte "wird von seinem existentiellen und legalen Vollstatus als verantwortlich handelnder Mensch degradiert. Er kann sich nicht länger selbst definieren, darf seinen Besitz nicht behalten und hat seine Entscheidungsfreiheit darüber abzugeben, wen er trifft und was er tut. Seine Zeit gehört nicht mehr ihm, und der Raum, den er einnimmt, ist nicht mehr der seiner Wahl. Nachdem er einem Degradierungszeremoniell unterworfen ist (bekannt als psychiatrische Untersuchung), wird er seiner bürgerlichen Freiheiten dadurch beraubt, daß man ihn in einer totalen Institution (bekannt als 'Heilanstalt') einsperrt, Vollständiger und radikaler als sonstwem in unserer Gesellschaft wird ihm das Menschsein aberkannt. In der Heilanstalt muß er bleiben, bis das Etikett ab ist oder modifiziert wird durch Zusätze wie 'gebessert' oder 'wiederangepaßt'." (Laing 1969a, S. 110f.)

4.5. Definitionskontinuum von Familie und Psychiatrie

Nach Laing wird durch die Struktur der Familie die wechselseitige Beeinflussung der Mitglieder in der Weise gestaltet, daß eine authentische Beziehung bei allen Mitgliedern verhindert wird. Versucht nun eines der Mitglieder das kollektive Phantasiesystem, das auf der Ebene des Bewußtseins angesiedelt ist, in Frage zu stellen, wird es von der übrigen Familie für verrückt erklärt. In diesem familialen Beziehungsnetz bilden sich unter bestimmten Umständen Phantasien heraus, die bei einigen Mitgliedern "Zeichen" und "Symptome" hervorrufen, die von Psychiatern als schizophrene Symptome bewertet werden, in Wahrheit aber adäquate Kommunikationsmuster für diesen Gruppenkontext darstellen.

Die Zusammenarbeit zwischen Familie und psychiatrischer Institution kann als Definitionskontinuum angesehen werden. Ein Beispiel soll die Koalition von Familie und Psychiatrie verdeutlichen: ein niedergelassener Arzt versucht die Aufnahme eines Jugendlichen zur stationären Behandlung zu erreichen. Bei dem "Patienten" handelte es sich um einen Schüler, der ausgezeichnete Leistungen in der Schule erbrachte, dort nach Aussagen der Mutter keine Verhaltensauffälligkeiten zeigte, zu Hause aber seit einigen Wochen jegliche Kommunikation mit der Mutter verweigerte und sie mehrmals tätlich angegriffen hatte. Nachdem die Mutter vergeblich versucht hatte, ihren Sohn von seinem "bösen" Verhalten abzubringen, zog sie einen Arzt hinzu. Der Jugendliche war nicht zu einem Gespräch mit dem Arzt zu bewegen, worauf sich Mutter und Arzt einig wurden, ihn einer stationären psychiatrischen Behandlung zuzuführen. Es sollte eine Einrichtung gefunden werden, die es dem Jungen ermöglichen sollte, weiterhin die Schule zu besuchen, denn die Behandlung sollte nicht verhindern, daß aus ihm nach Heilung der Krankheit "noch was werden könne". Der angesprochene Anstaltspsychiater versuchte zwar die Anwaltschaft für die Mutter zu verweigern, indem er Alternativvorschläge zur Anstaltsunterbringung vorbrachte, wurde aber vom einweisungswilligen Arzt darauf aufmerksam gemacht, daß bei dem Jungen der Tatbestand der "Fremdgefährdung" erfüllt sei, was sogar seine Zwangseinweisung rechtfertigen würde. Der "Patient" wurde aufgenommen.

Die Wahl eines Familienmitgliedes zum Symptomträger der familiären Spannungen erhält durch die Diagnose des Psychiaters einen offiziellen Status. Psychiater und Sozialarbeiter werden nach Laing immer zu Situationen hinzugezogen, die schon definiert sind. Die Schilderungen der Betroffenen über die Situation sind als Teil der Situation anzusehen. Selbst wenn die Darstellungen in Bezug auf einzelne "Fakten" differieren, weisen sie eine wesentliche Gemeinsamkeit auf: die Situation wird als eine Situation definiert, in der mit e i n e r Person "etwas nicht stimmt". Es wird angedeutet, wenn diese eine Person in Ordnung wäre, wäre auch die Situation wieder in Ordnung. Die soziale Krise wurde also schon als medizinische Notlage definiert.

Dies impliziert zugleich eine bestimmte Handlungsanweisung: es ist eine unmißverständliche Aufforderung, die Person durch Behandlung wieder herzustellen oder falls dies nicht möglich ist, den anderen Mitgliedern dabei zu helfen, mit der "Krankheit" des Patienten leben zu lernen. Die Definition des Problems als "medizinische Notlage" wird dadurch verfestigt, daß sich die Betroffenen an Personen wenden, deren Wahrnehmung und Handeln durch den Hintergrund des medizinischen Modells geprägt werden. Nach Laing ist auch die Theorie der Sozialarbeit nachhaltig davon beeinflußt.

Die Tendenz des medizinischen Modells, das Problem im einzelnen Individuum zu lokalisieren, wird durch die Arbeitsteilung in den Institutionen nochmals perpetuiert. Laing (1974b) beschreibt im Fall "Die Clarks" die Situation folgendermaßen: der Psychiater sprach mit dem "Patienten", er kannte aber die übrigen Familienmitglieder nicht; die Mutter hatte eine Unterredung mit dem Sozialarbeiter, der wiederum den Jungen nicht kannte. Diese institutionell bedingte Arbeitsteilung führt notwendigerweise zu einer Isolierung der einzelnen Aspekte des gesamten sozialen Kontext.

4.6. Therapie als Mittel der Gewaltanwendung in der Psychiatrie

Ziel jeder psychiatrischen Therapie ist die Wiederherstellung der 'psychischen Gesundheit' des Patienten. Wie oben gezeigt wurde, gibt es keine eindeutige Definition dieses Begriffs. Als Kriterien für die Entlassung eines Patienten gelten u. a. seine Arbeitsfähigkeit und bestimmte Formen sozialen Verhaltens, von denen angenommen wird, daß sie ihm ermöglichen, außerhalb der Anstaltsmauern lebensfähig zu sein.

"Gewalt ist das Einwirken von Freiheit auf Freiheit mit materiellen Mitteln." (Laing 1973, S. 140) Indem in der Psychiatrie mit Medikamenten, Elektroschocks und sogar neurochirurgischen Eingriffen dem intrapsychischen Prozeß zu Leibe gerückt wird, wird direkte Gewalt mit materiellen Mitteln angewendet. Indem durch Beschäftigungs- und Arbeitstherapie und durch verschiedene verhaltenstherapeutische Techniken versucht wird, die sozialen Fähigkeiten der Patienten wiederzuentwickeln, greift die psychiatrisch-therapeutische Praxis zu indirekter Gewalt, denn aus der Sicht der englischen Antipsychiater sind diese Behandlungsmethoden allesamt nur dazu geeignet, den in der Familie begonnenen Prozeß der Zerstörung des Selbst einer Person zu vervollständigen. Wenn soziale Angepaßtheit zum Kriterium für psychische Gesundheit gemacht werde, könne durch

Therapie nur das 'falsche Selbst-System' des Patienten stabilisiert werden. Die 'Krankheitseinsicht' (Kriterium für die Wirksamkeit der Therapie) des Patienten stellt dann eine bestimmte Form der Resignation dar, der Patient gibt den Wunsch nach authentischer Lebensweise zugunsten des von ihm geforderten Sozialverhaltens auf. Der Wunsch nach Anpassungsfähigkeit ist nach unseren Erfahrungen mit sog. Psychotikern häufig sehr stark. Einer unserer Klienten erzählte, daß er sich nie in seinem Leben so wohl gefühlt habe wie nach den ersten sechs Elektroschocks, die er bekommen habe, denn sein Gehirn sei so schön leicht gewesen, er habe "keine Gedanken mehr gehabt". Uns scheint, es handelte sich um eine wirklich gelungene Therapie.

Im allgemeinen können die traditionellen psychiatrischen Therapieformen sich wiederholende stationäre Aufenthalte des Patienten nicht verhindern, ein Phänomen, das der Begriff der 'Drehtürpsychiatrie' treffend beschreibt. Ein Grund liegt sicher in der Unmöglichkeit, mit den beschriebenen Therapieformen die Lebensschwierigkeiten des Patienten lösen zu können, ein zweiter Grund liegt in der spezifischen Organisation totaler Institutionen.

Die englischen Antipsychiater vergleichen die Struktur der psychiatrischen Krankenstation mit der Familienstruktur. Alle von der Familie angewendeten Techniken sind zwischen Personal und Patienten, häufig auch unter Mitpatienten wirksam. Legitimiert durch das medizinische Modell, verschärfen sich diese Techniken, indem von vornherein die Interessen und die Weltsicht des Personals bestimmend sind. Hinzukommt ein vollkommen durchorganisierter Tagesablauf, der sich v.a. nach den technisch-rationalen Erfordernissen der Anstalt richtet. Die dadurch erzwungene Unselbständigkeit des Patienten läßt ihn ein Sozialverhalten entwickeln, das unter der Bezeichnung 'Anstaltsartefakte' bekannt geworden ist und ihn unfähig werden läßt, außerhalb der Anstaltsmauern zu leben.

Zusammenfassen möchten wir die "Jagd-Strukturen" (Cooper) der Psychiatrie, wie sie von den englischen Antipsychiatern gesehen werden, mit einem Zitat: "Eine sorgfältig nicht-sorgende Art, die die Heiltradition der Medizin verläßt und Teil des staatlichen Systems zur Herstellung von Konformismus und Reduzierung der Einzelnen wird. Eine naturwissenschaftliche Tradition, die sich durch Erfahrung, Diagnose, Prognose und Behandlung bewegt, wird zur mikro-politischen Operation des Etikettierens und danach zur systematischen Zerstörung durch das psychiatrische 'Heilverfahren'." (Cooper 1976, S. 84)

5. Theorie des Wahnsinns als Gesellschaftstheorie

Auch die Vertreter der englischen Antipsychiatrie verwenden die klassische psychopathologische Terminologie. Sie wird zwar für die Beschreibung des Erlebens und Verhaltens der psychisch Kranken abgelehnt, wird aber entweder auf die 'normalen' Mitglieder der Gesellschaft bzw. auf deren Interaktionsstrukturen angewendet oder die Autoren sprechen einfach von der 'verrückten' Gesellschaft bzw. vom 'verrückten' Staat. Der als 'geisteskrank' Diagnostizierte lebt in einer 'verrückten' Gesellschaft, er ist der eigentlich 'Gesunde', die 'Normalen' sind die eigentlich 'Verrückten'. Im Folgenden soll die Frage diskutiert werden, wie diese Verkehrung, diese "Maßlosigkeit der Kriterien" (Japp 1972, S. 20 ff.) entstehen konnte.

Ausgehend von den verschiedenen Formen des Wahnsinns, die durch die Arbeiten, der englischen Antipsychiater sichtbar werden, möchten wir versuchen, die zugrundeliegenden Theorieansätze anzugeben. Das eklektizistische Vorgehen der Autoren und ihre teils unterschiedliche Bezugnahme auf einzelne Ansätze scheint uns auf der Ebene der Gesellschaftstheorie besonders deutlich zu werden. Trotz ihres formulierten Anspruchs, das Phänomen der psychischen Krankheit sei letztlich erst aus gesamtgesellschaftlichen Bedingungen erklärbar, beschränken sich die empirischen und theoretischen Arbeiten einiger Autoren auf die Untersuchung familiärer Interaktionsstrukturen. Die 'Verrücktheit' der Gesellschaft erscheint hierbei als unzweifelhafter Tatbestand, der offensichtlich keiner weiteren Begründung bedarf.

Wenn auch durch unterschiedliche oder fehlende Begründungen, so wird Gesellschaft letztendlich von allen englischen Antipsychiatern als soziales Beziehungsnetz verstanden, dessen Struktur sich auf zwischenmenschliche Interaktion und Erfahrung zurückführen läßt.

5.1. Drei Konzepte des Wahnsinns

Durch die Arbeiten der englischen Antipsychiater werden drei Konzepte des Wahnsinns sichtbar:

- der Wahnsinn des Individuums als Ergebnis eines Sozialisationsprozesses
- die 'Verrücktheit' der gesellschaftlichen Stigmatisierung
- die 'innere Reise' als freiwilliger Entschluß des Individuums und die 'Verrücktheit der Normalen'

Der Wahnsinn des Individuums als Ergebnis eines Sozialisationsprozesses

In "Das geteilte Selbst" schlägt Laing vor, geistige Gesundheit oder Psychose an dem Grad der Konvergenz bzw. Divergenz zwischen den Interpretationen zweier Personen zu messen, wobei eine der beiden Personen dem common-sense nach als geistig gesund gilt (vgl. S. 29 dieser Arbeit). Vorausgehen muß dem Urteil ein Prozeß des gegenseitigen Aushandelns der Standpunkte, ein reziprokes Anerkennen der je eigenen Identität der Partner.

Zugrunde liegt die interaktionstheoretische Auffassung, die Wilson unter dem Begriff des 'interpretativen Paradigmas' zusammengefaßt hat. Interaktion wird hierbei als interpretativer Prozeß verstanden: "Es gibt keine voneinander isolierten Handlungen; vielmehr sind Handlungen aufeinander bezogen, insofern der eine Handelnde auf den anderen 'antwortet' und zugleich die Handlungen des anderen antizipiert, und dies gilt auch, wenn in situativer Einsamkeit gehandelt wird. So ist jede einzelne und besondere Handlung ein Teil eines Prozesses der Interaktion, in den verschiedene Handelnde einbezogen sind, die jeweils auf die Handlungen der anderen antworten." (Wilson, in: Arbeitsgruppe Bielefelder Soziologen 1973, S. 55)

Um die Struktur der Gesellschaft erklären zu können, müssen dann die konkret vorfindbaren Interaktionsprozesse zwischen den Menschen ins Zentrum des soziologischen Interesses rücken.

Bei Laing erhält dieser Ansatz eine besondere Variante. Innerhalb des interpretativen Paradigmas wird Handeln verstanden als subjektiv bedeutungs- und sinnvolles Verhalten. Laing setzt dieses Verhalten in Beziehung zur Erfahrung der Interaktionspartner. Die Erfahrung des anderen ist zwar nicht erfahrbar, aber "Erfahrung als Unsichtbarkeit des Menschen für den Menschen ist gleichzeitig evidenter als irgend etwas sonst. Einzig Erfahrung ist evident" (Laing 1969a, S. 12, Hvg. im Original). Zugänglich ist die Erfahrung des anderen allein durch Verstehen. Aufgabe des Sozialforschers, will er soziale Phänomene erfassen, ist die Beziehung zwischen den Erfahrungen der einzelnen Individuen, die 'Intererfahrung' zu verstehen.

Wird durch das interpretative Paradigma Gesellschaft zum bloßen Interaktionsnetz, so reduziert sich bei Laing Gesellschaft auf dieser Ebene seiner Theorie auf Erfahrungszusammenhänge zwischen den Individuen.

Die besonderen individuellen Möglichkeiten der Strukturierung von Erfahrung ergeben sich aus abgelaufenen und aktuellen Interaktionen. Das Grundmuster individueller Erfahrung baut sich auf durch die familiären Interaktionsstrukturen. Diese als pathogen ausgewiesenen Strukturen sind dann für die Zerstörung der Erfahrung des Einzelnen verantwortlich zu machen und damit für Verrücktheit, denn diese stellt eine bestimmte Organisation des Selbst auf der Basis der Erfahrung dar.

Die "Verrücktheit" der gesellschaftlichen Stigmatisierung

Gemeint ist damit der Etikettierungsprozeß, der nach Meinung der englischen Antipsychiater in der Familie zur Erhaltung der Gruppenhomöostase begonnen und durch die institutionalisierte Psychiatrie festgeschrieben wird, um einzelne zur Anpassung an gesellschaftliche Verhaltensnormen zu zwingen.

Eingang finden in diese Auffassung wesentliche Elemente des labeling-approach, ein Theorieansatz, dem alle englischen Antipsychiater verpflichtet sind. Geisteskrankheit, verstanden als Abweichung von gesellschaftlich definierten Normen, stellt hier keine im Handeln des Betroffenen auffindbare Qualität dar, ist vielmehr Folge eines Zuschreibungsprozesses, der auf verschiedenen Ebenen stattfindet. Gefragt wird v. a. nach den Bedingungen der Intersubjektivität der Zuschreibung von Bedeutungen und nach der Macht, die den Definitionen Geltung verschafft. Mit den Methoden der verstehenden Soziologie werden die Regeln reflektiert, "nach denen sich die Welt für die Individuen als Welt ihrer Erfahrung und Praxis, als 'Lebenswelt' konstituiert. Die Regeln werden empirisch sowohl bestimmt als allgemeine Bedingungen jeder sozialen Orientierung und Interaktion, wie als kulturell gebundene, historisch variable Regeln der Weltauffassung" (Keckeisen 1974, S. 140, Hvg. im Original). Hierdurch wird es einerseits möglich, den common-sense als Beurteilungsgrundlage für die Zuschreibung von "Verrücktheit" zu problematisieren, andererseits die Abweichung selbst erkennbar zu machen als eine intersubjektiv konstituierte Beziehung. Ausgangspunkt ist eine an sich chaotische Welt, deren Ordnung sich durch intentionale Akte der Individuen herstellt, die im Medium sinnverleihender Interpretationen stattfinden. Nach Keckeisen wird somit die Subjekt-Objekt-Relation "tendentiell in Intersubjektivität aufgelöst" (Keckeisen 1974, S. 141).

Festzuhalten bleibt, daß es den Untersuchungen der Labeling-Theoretiker zu verdanken ist, daß die negativen Stigmatisierungsfolgen für den Etikettierten, die Machtbeziehungen innerhalb der Institutionen, die Verselbständigung organisatorischer Bedürfnisse erstmalig problematisiert wurden. Der Labeling-Theorie kommt weiterhin das Verdienst zu, die scheinbar objektive Vorgegebenheit des Normensystems zu hinterfragen und die Eingefahrenheit alltäglicher Selbstverständlichkeiten zu erschüttern.

Die beiden beschriebenen Formen des Wahnsinns stehen vom methodologischen Standpunkt aus in enger Verbindung. Bei beiden Formen zeigt sich die Verpflichtung der englischen Antipsychiater zu den Grundprinzipien verstehender Handlungstheorie. Eine Trennung scheint uns aus folgendem Grund wichtig zu sein: die Labeling-Theorie führt in ihren Ergebnissen dazu, daß sich die spezifische Erlebnis- und Handlungsqualität des abweichenden Individuums begrifflich auflöst und nur noch als Zuschreibung existiert, d. h. es gibt keine Schizophrenie mehr (vgl. hierzu Hergrüter 1976), während beim Verständnis der Geisteskrankheit als Produkt eines bestimmten Sozialisationsprozesses der Psychotiker schizophren ist, d. h. seine spezifischen Erlebens- und Verhaltensweisen, die Laing in "Das geteilte Selbst" ausführlich beschreibt, werden nicht negiert.

Die "innere Reise" als freiwilliger Entschluß des Individuums zur Psychose

Die "innere Reise" ist als "natürlicher Heilprozeß" zu verstehen, als Weg zur "existentiellen Wiedergeburt" des Individuums. (16)

Durch freien Entschluß, durch Realisierung seiner individuellen Freiheit, durch ein neues "Sich-Entwerfen" begibt sich das Individuum auf die Suche nach seinem "wahren" Selbst, destrukturiert seine "entfremdete" Erfahrung und restrukturiert "nicht entfremdete authentische" Erfahrung. Dadurch wird der Zustand "wahrer" geistiger Gesundheit erreicht.

Nach Laing und Cooper könnte dieser Prozeß eine zentrale Funktion in einer "wahrhaft gesunden" Gesellschaft haben. Die bestehende Gesellschaft wird von den Autoren als "krank" angesehen, da sie sich als totaler Entfremdungszusammenhang erweist. "Wir sind hineingeboren in eine Welt, in der uns Entfremdung erwartet. Wir sind potentiell Menschen, aber leben in der Entfremdung, und das ist kein natürlicher Status. Entfremdung als unsere gegenwärtige Bestimmung ist nur möglich durch Gewaltanwendung von Menschen gegenüber Menschen." (Laing 1969a, S. 10)

Der postulierte Entfremdungszusammenhang ergibt sich nach Meinung der Autoren aus der "bürgerlichen Gesellschaftsordnung". Cooper verwendet "im wesentlichen die klassische marxistische Konzeption. In einer voll entwickelten kapitalistischen Gesellschaft ist die Bourgeoisie die herrschende Klasse, die wirtschaftet oder vielmehr miß-wirtschaftet und, aufgrund des Besitzes der Produktionsmittel, ausbeutet. Dialektisch verknüpft aber mit diesen sozio-politischen Definitionen ist ein bestimmter Lebensstil, der durch eine umfassende Blindheit gegenüber unverdinglichtem menschlichen Sein charakterisiert ist, und auch das können wir als bürgerlich bezeichnen." (Cooper 1976, S. 193)

Insbesondere Cooper betont immer wieder, die "klassische"

marxistische Konzeption zur Grundlage zu haben, seine verschiedenen Explikationen aber zeigen, wie bei allen englischen Antipsychiatern, die Nähe zu Sartres Existentialismus.

Eine der grundlegenden Unterscheidungen zwischen Sartres Existentialismus und den Grundannahmen der marxistischen Theorie liegt in der ontologischen Bestimmung der Freiheit des Individuums und des Entfremdungsbegriffs, den Sartre entwickelt hat. Dies soll im folgenden kurz dargestellt werden.

Sartres ontologisch bestimmter Freiheitsbegriff

Ein Blick auf die menschliche Realität zeigt für Sartre, daß für den Menschen Dasein handeln heißt. Setzen wir an den Ursprung nicht etwas Gegebenes, so ist das Bestimmtwerden zum Handeln selbst Handlung, da menschliche Realität ja Handeln bedeutet. Soll der einzelne Akt nicht als reine Bewegung begriffen werden (wie Sartre z. B. den Behavioristen unterstellt), kann er nur durch Intentionalität begrifflich bestimmt werden. Intention heißt "ein Überschreiten des Gegebenen auf ein zu erlangendes Ziel hin" (Sartre 1962, S. 605) und ist nach Sartre die Grundstruktur der menschlichen Realität und kann durch nichts Gegebenes erklärt werden.

Intention ist die Wahl des Zieles; diese Wahl enthüllt sich durch unsere Verhaltensweisen, die intentionale Wahl des Zieles enthüllt uns die Welt. Wie sich diese zeigt, ist also abhängig vom gewählten Ziel, letztlich von der Intention. "Mein Ziel ist ein bestimmter objektiver Zustand der Welt, das mir Mögliche ist eine bestimmte Struktur meiner Subjektivität; das eine enthüllt sich dem setzenden Bewußtsein, das andere flutet auf das nicht-setzende Bewußtsein zurück und kennzeichnet es" (Sartre 1962, S. 606).

Da das Gegebene die Intention nicht erklären kann, muß ihr Auftauchen einen Bruch mit dem Gegebenen herbeiführen, ein notwendiger Bruch für die Beurteilung des Gegebenen. Beurteilung ist unabdingbar, da ohne sie kein Anlaß zur Handlung bestünde. Sie ist allerdings nur durch Abstand vom Gegebenen möglich und geschieht, da nicht grundlos, im Lichte des Ziels.

Kurz: die Intention setzt das Ziel, erwählt sich selbst und beurteilt das Gegebene vom Ziel aus.

Da menschliche Realität Akt ist, kann sie nur als Bruch mit dem Gegebenen in ihrem Sein verstanden werden. "Sie ist das Sein, welches bewirkt, daß es Gegebenes gibt, indem es mit ihm bricht und es im Lichte des Noch-nicht-Daseienden erhellt." (Sartre 1962, S. 606)

Für das Gegebene besteht also die Notwendigkeit, als "enthüllende Nichtung" zu erscheinen. Die Existenz von Bewußtsein kann nur vom Gegebenen her gedacht werden, obgleich es nicht davon bedingt wird: "Es ist schlechthin Verneinung des Gegebenen, ist Freigesetztsein von einem bestimmten daseienden Gegebenen und Eingesetztsein auf ein noch nicht daseiendes Ziel hin." (Sartre 1962, S. 607) Bewußtsein kann dann nur ein Sein haben, das beständig in der Lage ist, zu sich selbst Abstand zu gewinnen. Wäre es nicht seine eigene innere Verneinung, wäre es ein Gegebenes schlechthin. Um das nicht zu sein, muß das Für-sich "sich hinter sich lassen als ein Datum, was schon nicht mehr ist" (Sartre 1962, S. 607).

Wird das Für-sich-Sein so bestimmt, ergibt sich, daß das Sein keine Stütze in dem findet, was es war. Es ist frei. Es bewirkt, "daß es eine Welt gibt, und zwar weil es das Sein ist, das im Lichte dessen, was es sein wird, zu sein hat, was es war" (Sartre 1962, S. 607). Die Freiheit des Für-sich ist dann sein Sein.

Da diese Freiheit nichts Gegebenes ist, muß sie sich wählen. Freiheit ist immer "irgendwie eingesetzt", ist kein undeterminiertes Können, das vor der Wahl vorhanden ist. Wir selbst können uns immer nur als gerade geschehende Wahl erfassen und durch die Freiheit ist diese Wahl immer ohne Vorbedingungen jenseits aller Gründe.

Freiheit ist also Wahl ihres Seins, jedoch nicht Grundlage ihres Seins. Menschliche Realität kann sich wählen, kann aber nicht sich nicht wählen, d. h. sie kann sich nicht weigern zu sein. (So wird für Sartre Selbstmord zur Anerkennung des Seins, da er Wahl ist.)

Diese Notwendigkeit der Freiheit, nämlich wählen zu müssen, nennt Sartre die Absurdität der Wahl.

Freiheit könnte nun als totale Kontingenz erscheinen, löst sich aber deshalb nicht darin auf, weil Freiheit sich ihrem Sein zuwendet, "um es im Lichte ihres Zieles aufzuhellen, sie ist ein beständiges der Kontingenz entrinnen, sie ist Verinnerlichung, Nichtung und Subjektivierung der Kontingenz, die, derart verwandelt, gänzlich in die Grundlosigkeit der Wahl eingeht" (Sartre 1962, S. 608).

Die Freiheit ist als Wahl grundlegend, da sie Sein ist. Sein kann dann nur begriffen werden als beständiges freies sich selbst entwerfen. Der erste Ausgangsentwurf kann nach Sartre daran erkannt werden, "daß er nicht mehr von einem anderen aus gedeutet werden kann und daß er ganz ist" (Sartre 1962, S. 608). Für Sartre kann er nur verdeutlicht werden durch Anwendung einer phänomenologischen Methode, die er existentielle Psychoanalyse nennt, eine Methode, die uns in modifizierter Form in der englischen Antipsychiatrie wieder begegnet.

Der grundlegende Entwurf betrifft nicht die einzelnen Beziehungen zu den Objekten der Welt, er betrifft das In-der-Welt-

Sein als Ganzheit. Wie gesagt, enthüllt sich die Welt im Lichte eines Zieles, ist nun der Entwurf das Ziel und setzt somit eine Grundstruktur für die Beziehung des Menschen zum Sein.

Wählen kann nur als "Wählen in der Welt" begriffen werden, denn es gibt nur phänomenale Wahl, wobei das Phänomen das Absolute ist. Da Freiheit Wahl ohne Vorbedingung ist, muß der Entwurf beständig erneuert werden. Wahl beinhaltet aber immer die Möglichkeit anderer Wahl. Diese Möglichkeit wird vom Menschen weder explizit gemacht, noch gesetzt, wird einfach als nicht gerechtfertigt erlebt. "So untergräbt meine Freiheit meine Freiheit." (Sartre 1962, S. 609)

Situative Entwürfe, durch die wir in der Welt Ziele realisieren, fügen sich in den umfassenden Entwurf ein. Sie bedeuten sowohl Realisierung als auch Erneuerung des grundlegenden Entwurfs. Die Besonderheit des Entwurfs in der Situation wird also nur verstehbar, wenn Bezug genommen wird auf die Ganzheit des In-der-Welt-Seins des Individuums. (17)

Diese Bestimmung der ontologischen Freiheit des Individuums, die Sartre in "Das Sein und das Nichts" dargelegt hat, erfährt später in "Kritik der dialektischen Vernunft" Modifikationen, indem Sartre nicht mehr das isolierte Individuum als Ausgangspunkt seiner Überlegungen zu wählen versucht, sondern den einzelnen Menschen in seinen gesellschaftlichen Bezügen. Die Existenz des Menschen, sein Für-Sich-Sein, wird dort ersetzt durch den Begriff der Praxis. Der Mensch ist dann durch Bedürfnis, Arbeit und Aktion mit der Welt verbunden. Praxis wird verstanden als Verweigerung und Realisierung des Möglichen zugleich. Nach wie vor liegt jedoch im Entwurf die Möglichkeit der Überschreitung, der Plan wird zur "dialektischen Überschreitung der materiellen Bedingungen". Für die Praxis gilt wie ehemals für das Für-Sich-Sein, daß sie vorbedingungslos ist. Auch die Praxis offenbart sich durch ihr Ziel: "Die zukünftige Bestimmtheit des Feldes der Möglichkeiten ist von Anfang an durch eine projektive Überschreitung der materiellen Umstände, d. h. durch einen Plan, gesetzt." (Laing 1973, S. 132) Die Praxis erweist sich als genauso frei wie ehemals das Für-Sich-Sein, weil sie sich in der absoluten Einheit ihres Plans selbst erfindet. Als treibende Kraft für das Für-Sich-Sein sah Sartre in "Das Sein und das Nichts" die Angst des Individuums vor den Möglichkeiten der Wahl, die Kraft für die Praxis wird nun im Streben nach Bedürfnisbefriedigung gesehen. Sartre weiß wohl, daß die materiellen Verhältnisse, auf denen Geschichte in ihrer Totalität beruht, das Feld der Möglichkeiten des Menschen "umschreiben", trotzdem bestimmt sich für ihn der einzelne Mensch durch <u>seinen</u> Plan, d. h. ist frei, die materiellen Bedingungen zu überschreiten. "Die wahre Struktur eines Lebens ist das unaufhörliche Produzieren seiner selbst.." (ebd., S. 59).

Sartre hat sich durch die Konstruktion des Praxisbegriffs die Möglichkeit verschafft, soziologische und psychoanalytische Erkenntnisse in seine Theorie einzubeziehen. Wie aber seine Vorstellungen über menschliche Gruppenbildung zeigen (sie wurden an verschiedenen Stellen dieser Arbeit angesprochen), ergibt sich Gesellschaft bei ihm aus der Aufsummierung von (ontologisch) freien Individuen, die in vielfältiger Form kollektive Praxisstrukturen entfalten. Eine Bestimmung von Gesellschaft, die nicht mit der klassischen marxistischen Auffassung übereinstimmt.

Laing und Cooper kritisieren Sartre insofern, als sie die Selbstverantwortung des Menschen für sein Sein, die sich aus der ontologischen Bestimmung der Freiheit ergibt, als dem kategorischen Imperativ zu nahestehend ansehen: Sartre habe die Erkenntnisse der Soziologie, die die gesellschaftliche Vermitteltheit des Individuums nachgewiesen habe, zu wenig berücksichtigt. Trotzdem halten sie an der Idee des existentiellen Plans fest, der in dieser Form ohne ontologischen Freiheitsbegriff nicht denkbar ist. "Allein durch die Entdeckung einer Freiheit können wir eine Person in ihrer ganzen Realität erfassen." (Ebd., S. 23) Der ursprüngliche Plan wird von den Autoren als grundlegende Beziehung des Selbst zum Sein angesehen. Sartres Individuum muß nach totaler Autonomie streben, denn jeder andere stellt eine Bedrohung für die eigene Freiheit dar, droht durch den Wunsch nach eigener Bedürfnisbefriedigung die Realisierung des Lebensplans zu verhindern. Im Konzept der "inneren Reise" von Laing und Cooper finden wir dieselbe Vorstellung des Individuums wieder. Die Person versucht zu ihrem Ich zurückzukehren. Sie muß sich vom Einfluß anderer befreien, bis ihr Ich in einer verlassenen Innenwelt sich selbst begegnet, "und nun zieht das Ich allein durch dieses öde Land und nährt sich von dem Stein, an dem es lutscht, und von der Asche, die seine Poren als Nahrung aufnehmen. Und wenn diesem Ich später eine Oase fehlt, wird es sich diese selbst schaffen mit den Tränen, die es vergießt zwischen den Hügeln seines Sandes. Dann aber könnte es vielleicht einen anderen auffordern, zu ihm zu kommen, damit dieser von ihm versorgt und gestärkt werde. Doch immer wird dieses Ich in seiner Wüste bleiben, denn das ist seine Freiheit. Wenn es aber eines Tages seiner Freiheit nicht mehr bedarf, dann ist auch das seine Freiheit. Die Wüste aber bleibt in jedem Fall." (Cooper 1972, S. 33)

Sartres Bestimmung von Entfremdung

Auch in der Bestimmung von Entfremdung als Form zwischenmenschlicher Beziehung wird die Übernahme Sartrescher Denkweise bei Laing und Cooper deutlich. Auf der Suche nach einer ontologischen Begründung für Entfremdung entwickelt Sartre eine Unterscheidung in primäre und sekundäre Entfremdung, die von Laing und Cooper nicht angezweifelt wird.

Als sekundäre Entfremdung bezeichnet Sartre die von Marx dargestellte, die Ausdruck einer spezifischen historischen Gesellschaftsformation ist. Primäre Entfremdung stellt dagegen eine notwendige Form allen menschlichen Handelns und Erfahrens dar und wird nicht von äußeren Zwängen induziert. Gefaßt wird diese Entfremdung in die Begriffe "Objektivierung" und "Alteration". "Materie, auf die Arbeit verwendet worden ist, trägt den Stempel des Menschen. Sie ist seine Objektivierung. Doch darüber hinaus entfremdet Materie in sich die Handlung, bei der Arbeit auf verwendet wird." (Laing 1973, S. 105) Insofern bedeutet jegliche tätige Auseinandersetzung des Menschen mit Materie schon Entfremdung. Alteration tritt auf, wenn ich mich in meinem Handeln auf einen anderen beziehe, "wenn mein Handeln von einem Mein-Handeln-für-mich zu einem Mein-Handeln-für-dich übergeht" (ebd., S. 107). Und auch das ist schon entfremdend. Jede Interaktion zwischen Menschen wird zur entfremdeten, denn "wenn ich von einer anderen Person angeschaut werde, kommt es zu einer äußeren Bewegung, ..., (18) aus meinem inneren Zustand des Für-mich-Seins zu dem äußeren Zustand, daß ich für den anderen als Objekt in der Welt bin" (Cooper 1971, S. 54). Schon der Blick des anderen vermag also meine Subjektivität zu durchdringen, und er kann mich zu seinem Objekt machen. Entgehen kann ich der Auflösung meiner Subjektivität nur dadurch, daß ich den Spieß umdrehe, d. h. den anderen ebenfalls zum Objekt reduziere. Werde ich gezwungen, z. B. durch die Gewaltausübung in der Familie, mich gänzlich zur Bedürfnisbefriedigung anderer zur Verfügung zu stellen, so bin ich zwar total entfremdet, "aber es ist stets eine Person, die entfremdet ist, und diese Person ist durch ihre unablässig wirksame, zustimmende Vorsätzlichkeit entfremdet" (ebd., S. 54 Hvg. im Original).

Alteration und Objektivierung untergraben notwendig meine Freiheit, aber offensichtlich habe ich die Freiheit, will ich authentisch leben: sogar die Pflicht, diese Entfremdung auf ein nicht weiter reduzierbares Maß zu beschränken. Durch die Konstruktion des Entwurfs im oben beschriebenen Sinne, wird jeder Handlung eine zustimmende Vorsätzlichkeit unterstellt, nichts geschieht, ohne daß ich so oder anders wähle. Gesellschaftliche Bedingungen geraten dadurch in Zweitrangigkeit, denn "der Mensch erwählt sich selbst..." (ebd., S. 23 f.).

Entfremdung bei Laing und Cooper

Laing und Cooper versuchen, die von ihnen häufig in konkreter Form beschriebene vorfindbare Entfremdung der Menschen über die Bestimmung sekundärer Entfremdung deutlich zu machen. Sie verstehen hierbei unter Entfremdung "das Gefühl (Bewußtsein), in einem Geschehen gefangen zu sein, das den eigenen Absichten und Handlungen sowie den Absichten und Handlungen jedes anderen Angehörigen der Gruppe fernliegt" (Cooper 1971, S. 51). Demnach kann zwischenmenschliches Geschehen entstehen, das den unmittelbaren Absichten der einzelnen Individuen entzogen ist. Durch sekundäre Entfremdung können also Tat und Absicht voneinander geschieden werden, z. B. durch die Techniken in der Familie oder durch obskure Praktiken in psychiatrischen Anstalten, wobei konsequent die Absichten, die das "Opfer" mit seinen Handlungen verbindet, geleugnet werden. Diesem Nachweis der weitgehenden Determiniertheit des Individuums, die es sogar zum "Opfer" anderer werden lassen kann, steht allerdings das existentialistische Postulat der aktiven Selbst-Konstitution des Individuums durch die Notwendigkeit der Freiheit gegenüber, ein Problem, das wir an anderer Stelle dieser Arbeit kritisch aufgreifen werden.

Die "Verrücktheit" der "Normalen"

"Diese Verrücktheit ... ist ganz klar böse und ich will mich auf sie als geisteskrank beziehen - Geisteskrankheit als die fehlgeschlagene Verrücktheit des Eknoiden (aus dem Geist geratenen) total konditionierten Normalen." (Cooper 1976, S. 94) Cooper meint, daß in einer Gesellschaft, in der die Menschen unter den Bedingungen der Entfremdung leben, diejenigen, die die materielle und institutionelle Macht haben, das Bedürfnis empfinden und befriedigen, die autonome Selbstbehauptung "starker Leute" zu unterdrücken. Sie tun dies in Ausübung von Macht, wobei Macht auszuüben als Aktivität bezeichnet wird, "die die Desorganisation-Reorganisation einer Person, von Teilen einer Person oder Gruppen oder Kollektiven erfordert, auf irgendein neues Ziel gerichtet" (ebd., S. 26). Diese Aktivität nennt Cooper "das Politische".

Um der "Verrücktheit" der "Normalen", die auch als staatliche oder gesellschaftliche Verrücktheit erscheint (z. B. der geisteskranke Nazi-Staat, dessen Elite ein "Wahnsystem" ausgearbeitet hatte), auf die Spur zu kommen, müssen wir nach Cooper mit dem mikro-politischen Bereich der "bürgerlichen Kernfamilie" und ihren Auswirkungen auf die Erfahrungs- und Handlungsmöglichkeiten des Individuums mit der Analyse beginnen, denn die Familie wird als das wichtigste Vermittlungsinstrument zwischen dem Individuum und den Normalitätsanforderungen der Gesellschaft gesehen. Aufgabe der Familie ist nach Auffassung der Autoren, systemdienliche Rollenzusammenhänge zu ermöglichen; die Familie erzeuge einen Konflikt zwischen der aktiven Wirklichkeit einer Person und der konditionierten Passivität ihres Rollenkomplexes. So durch die Familienerziehung konditioniert, liege die Schlußfolgerung nahe, das Individuum sei für seine Handlungen nicht mehr verantwortlich zu machen, was dazu führe, daß in der kapitalistischen Gesellschaft Verantwortung auf immer entlegenere Autoritäten übertragen werde, "die schließlich in schlechter, total entfremdeter Verrücktheit, im Faschismus endet" (ebd., S. 27). Das Hauptproblem hierbei sei, daß niemand mehr so erlebt werde, wie er handle. Aus dieser Entmenschlichung könne dann "jede Form der Inhumanität auftauchen, ohne in Frage gestellt zu werden" (ebd., S. 27).

Als nächsten mikro-politischen Bereich benennt Cooper die Gruppe von Menschen, mit denen face-to-face-Interaktionen möglich sind. Diese Gruppe zeige wesentliche Elemente der Familienstrukturen, da die einzelnen Mitglieder ihre Familienerfahrung reproduzieren (vgl. S. 41 ff., 50 f. und S. 51 ff. dieser Arbeit).

Durch Bekennen zur eigenen Authentizität allerdings, durch Realisierung der eigenen Freiheit, genutzt zur Überwindung der verinnerlichten Familienbilder, können sich die Individuen authentisch begegenen "im gegenwärtigen Augenblick geschichtsfreier Realität" (Cooper 1976, S. 28). Persönliche Geschichte sei nur insofern wichtig, "wie ihr Sein hier und jetzt Sein-im-Überschreiten ist" (ebd., S. 28). Wird diese Möglichkeit negiert, besteht für das Individuum der Zwang zur verstärkten Anpassung, in Coopers Worten der Zwang zum "noch mehr lügen" (ebd., S. 28).

Der Übergang vom mikro- zum makro-politischen muß nach Coopers Meinung im Medium der Erfahrung begriffen werden, "da die Polarisierung unseres Lebens in mikro- und makropolitisch, jedes auf Kosten des anderen, eine der wichtigsten teile- und herrsche-Taktiken der bürgerlichen Kolonisierung des Denkens ist" (ebd., S. 28). Diese Trennung, die in der soziologischen Literatur oft als Trennung von Privatheit und Öffentlichkeit diskutiert wird, stellt für den Autor keine notwendige dar, denn innerhalb von makro-Gruppen können sich mikro-Gruppen bilden, wodurch authentische Begegnungen möglich sind; die authentisch funktionierenden Gruppen können sich dann "voll aufeinander beziehen" (ebd., S. 30). Cooper bezeichnet den Übergang von der mikro- zur makro-Gruppe als Wechsel, er ist ein "Wechsel von der Möglichkeit, direkt an einer Beziehung mit jemand anderem oder anderen in einer Situation des Einandertreffens zu arbeiten, zu einem Bereich anonymer gesellschaftlicher Organisation, wo einige sich vielleicht gegenseitig kennen (Kennen - gemeint als Folge authentischer Begegnungen, Anm. der Verfasser), aber jedenfalls niemand alle anderen kennen kann. Dieser Zustand, der aus dem π Wechsel hervorgeht, ist Gesellschaft" (ebd., S. 29, Hvg. im Original).

Die historisch vorfindbare Gesellschaft ist für Cooper nun gerade dadurch gekennzeichnet, daß die für die Erfahrung und, weitergefaßt, für die Sozialisation der Individuen bestimmende Mikro-Gruppe, die "Eigentumsfamilie", authentische Begegnungen verhindert. Die Familie wird so zur "Hauptvermittlungsstelle von Gewalt" (ebd., S. 32).

Gesellschaftliche Veränderung, von Cooper gedacht als "sozialistische Revolution", vollzieht sich dann, wenn die "Eigentumsfamilie" eliminiert wird, und zwar faktisch und die verinnerlichten Bilder davon in der Erfahrung der Menschen. Jeder von uns muß die "Verrücktheit" der nicht-authentischen Lebensweise durch eigenen Entschluß aufgeben, seine individuelle Freiheit dann in Gruppen realisieren, um zu gewaltloser Gruppenpraxis zu kommen. Authentische Lebensweise jedes einzelnen wird so zum Garanten einer "gesunden" Gesellschaft. Erreichen können wir die eigene Befreiung und damit, sofern wir uns alle daran beteiligen, die Befreiung der Gesellschaft, indem wir uns zur "inneren Reise" entschließen. Wir begegnen hier allen theoretischen Implikationen wieder, die bei der "inneren Reise" als Form des Wahnsinns aufgezeigt wurden. Cooper konkretisiert das anstrebenswerte menschliche Idealbild: "Wir müssen ein Orang-Utan-Ideal entdecken. Ethymologisch bedeutet Orang-Utan Menschen aus nichtkultivierter Gegend, archaischen Regionen, die in einem nicht-zeitlichen Sinn unserem gegenwärtigen konditionierten Bewußtseinsstand vorausgehen ... Der Orang-Utan ist eine Realität, die jetzt in uns versteckt liegt. Durch einen Akt von existentiellem Harakiri müssen wir unser verstecktes Inneres nach außen in die Welt wenden - und am Leben bleiben." (Ebd., S. 32)

5.2. Resümee

Zusammenfassend kann gesagt werden, daß sich bei den englischen Antipsychiatern wesentliche Elemente des interaktionstheoretischen Ansatzes, v. a. das interpretative Paradigma gepaart allerdings mit einem starren Rollenverständnis finden läßt, überführend zu einer Übernahme des labeling-approach. Besonders deutlich wird dies bei den Untersuchungen über Familien- und Institutionsstrukturen und deren Auswirkungen auf das Individuum. Immer wieder zeigt sich jedoch die nach unserer Meinung (trotz aller Kritik der Autoren an Sartre) grundlegende existentialistische Position, vermischt, besonders bei Cooper, mit Teilaspekten marxistischer Gesellschaftsanalyse.

Das Individuum wird als freies bestimmt, fähig, die gesellschaftlichen Zwänge aus eigener Kraft zu überwinden. Individuelle Befreiung erscheint als möglich, summiert sich auf zu gesellschaftlicher Befreiung, da sich letztlich die Struktur der Gesellschaft aus den Handlungen einzelner freier Individuen herstellt.

6. Das Therapiekonzept der englischen Antipsychiatrie

Bevor versucht werden soll, das Therapiekonzept der englischen Antipsychiatrie zu beschreiben, scheint uns eine Vorbemerkung wichtig zu sein.

Die englischen Antipsychiater können heute nicht mehr als homogene Gruppe angesehen werden, sie verstehen sich auch selbst nicht als solche. Konsens bezüglich der Ablehnung klassisch psychiatrischer Theorie und Praxis (medizinisches Modell und seine Konsequenzen) besteht nach wie vor unter allen Vertretern, sie unterscheiden sich jedoch, trotz einer nachweisbaren gemeinsamen theoretischen Grundlage, im Hinblick auf die theoretische Weiterentwicklung und Realisierung alternativer Konzepte. Auf theoretischer Ebene besteht Gemeinsamkeit in der Verpflichtung zu phänomenologischer und existentialistischer Tradition, gepaart mit psychoanalytischen Grundannahmen.

6.1. Existenzanalyse und das Prinzip der Nicht-Intervention

Zwei, in ihren Ausprägungen zwar unterschiedlich, aber auf gleichem theoretischem Hintergrund entstandene Therapiekonzepte sind in der englischen Antipsychiatrie auszumachen: Existenzanalyse und das Prinzip der Nicht-Intervention.

Existenzanalyse

Die Existenzanalyse charakterisiert eine besondere Beziehungsform zwischen Therapeut und Patient. Sie stellt den Versuch dar, "die Art und Weise, auf die der Patient er selbst in seiner Welt ist, zu rekonstruieren, obwohl in der therapeutischen Beziehung die Einstellung auf die Art des Mit-mir-Seins des Patienten gerichtet ist" (Laing 1974a, S. 29). Die zugrundeliegende theoretische Position haben wir schon verschiedentlich kennengelernt: die Person wird nicht nur als Objekt in der Welt des anderen gesehen, "sie befindet sich auch in einer Situation in Raum und Zeit, von der aus sie in ihrer Welt Erfahrungen macht und sich behauptet und handelt. Sie ist ihr eigener Mittelpunkt mit ihrem eigenen Gesichtspunkt, und genau das ist es, was wir entdecken wollen: die Perspektive, in der jede Person die Situation sieht, die sie mit anderen teilt" (Laing/Esterson 1975, S. 18). Durch Verstehen soll die Praxis des Individuums deutlich werden, indem die Geschichte des "falschen Selbst-Systems" bis zu ihrem Ausgangspunkt zurückverfolgt wird, der Patient sich von seiner "existentiellen Schuld" (vgl. S. 38 dieser Arbeit) befreien kann, indem er in der therapeutischen Situation lernt, seine bisherigen Erfahrungen zu destrukturieren und in authentischer Form zu restrukturieren. Implizit ist hierbei die Ablehnung des psychoanalytischen Übertragungskonzepts zugunsten einer aktuellen unmittelbaren Begegnung zwischen Therapeut und Patient, denn für die englischen Antipsychiater muß Therapie "der obstinate Versuch zweier Menschen bleiben, die Ganzheit der Existenz durch die Relationen zueinander wiederherzustellen" (Laing 1969a, S. 46). Der Patient soll in die Lage versetzt werden, seine Freiheit zur Realisierung seines Ausgangsentwurfs zu nutzen. Wichtig für den Therapeuten ist hierbei, zu erkennen, daß von Anfang an seine "Vorstellungen vom Umfang oder Ausdehnung des Seins eines Menschen" (Laing 1974a, S. 30) nicht mit denen des Patienten übereinstimmen können. Aus diesem Grund lehnen die englischen Antipsychiater das interpretative Verfahren der Psychoanalyse ab, denn dadurch oktroyiere der Therapeut dem Patienten seine Weltsicht. Nur durch Verstehen könne dieser äußerliche Standpunkt aufgegeben werden.

In der Existenzanalyse ist die Verpflichtung des Therapeuten zur Nicht-Intervention schon angelegt, denn es kann nicht darum gehen, dem Patienten zu einer Balance zwischen den Anforderungen der äußeren Realität und seinen eigenen Bedürfnissen zu verhelfen (wie in der Psychoanalyse), da beim Verständnis von Psychose im existentialistischen Sinn, Priorität nicht die Abweichung von gesellschaftlich definierten Normen hat, sondern die nicht-authentische Lebensweise des Patienten, d. h. die Abweichung von Normen, die sich das Individuum durch seinen Entwurf selbst setzt.

Die Existenzanalyse erfordert die Herstellung einer bestimmten Beziehungsform zwischen Therapeut und Patient, beinhaltet die strikte Anerkennung des Patienten als Person, die Herstellung der therapeutischen Beziehung als gemeinsame Praxis der Beteiligten. Die Existenzanalyse ist eine Methode, die versucht, den Patienten nicht zum bloßen Objekt zu reduzieren (wie ja die englischen Antipsychiater sowohl den Methoden der klassischen Psychiatrie, als auch der traditionellen Psychoanalyse vorwerfen - siehe S. 26 ff. dieser Arbeit). Die Person Therapeut ist in ihrer Professionalität legitimierbar; die Existenzanalyse eine Methode, die prinzipiell durch Ausbildung gelernt werden kann. Ihre Anwendung setzt nicht voraus, daß der Therapeut selbst "psychotische" Erfahrungen gemacht hat, setzt ebenfalls nicht voraus, daß Psychose als "wahre geistige Gesundheit" verstanden wird.

Nicht-Intervention als Nicht-Therapie

Nicht-Intervention im Rahmen der Existenzanalyse bedeutet die Respektierung der individuellen Entscheidung des Patienten, wie immer diese auch aussehen mag. Nicht-Intervention schlägt in ein Konzept der Nicht-Therapie um, wenn die "innere Reise" als Form eines positiven, für jedes Gesellschaftsmitglied anstrebenswerten "Heilprozeß" verstanden wird.

Wie wir gesehen haben, liegt diesem Verständnis von Psychose eine Bestimmung der Gesellschaft als totaler Entfremdungszusammenhang zugrunde, eine Gesellschaft, in der die "Normalen" die eigentlich "Verrückten" sind. Durch die "innere Reise" ermöglicht sich das Individuum die Rückkehr zu seinem "wahren" Selbst, zu einem unvergesellschafteten Selbst, da jede Vergesellschaftung ja notwendig Entfremdung und Destruktion der Erfahrung bedeutet. Letztendlich müssen wir uns den Psychotiker zum Lehrmeister nehmen. So beginnt für Cooper, der als konsequentester Protagonist dieser Auffassung angesehen werden muß, "Therapie" dort, "wo wir aufhören, andere zu therapieren oder zu erziehen, weil sie einen unentwickelten Sinn für Wirklichkeit hätten und wir stattdessen damit beginnen, uns den Veränderungen, die sie uns zeigen werden und die wir und sie erst machen müssen, zu öffnen. Und wir sehen dann, daß "wir" und "sie" eins sind. Das endlos teilbare System von Leuten, die lieben und anscheinend doch ihre eigene Zerstörung wollen und denjenigen, die zerstören, während es so aussieht als liebten sie, wird endlich zerbrochen werden von einer Demut, die ihren Gang nimmt, schamhaft, durch die Eingeweide falschen Hochmuts, hin zur schließlich triumphalen und stolzen Einheit aller Menschen." Einmal wird werden, was wir alle irgendwo schon sind." (Cooper 1976, S. 110) Politisch gesehen bedeutet dies, aus der Krankheit eine Waffe gegen die Gesellschaft machen, ein Versuch, den wir in der BRD durch das Sozialistische Patienten-Kollektiv kennengelernt haben (vgl. hierzu SPK: "Aus der Krankheit eine Waffe machen", München 1972).

Die "innere Reise" als mystischer Erfahrungszusammenhang

Als Alternative zum "Degradierungszeremoniell" (vgl. S. 62 dieser Arbeit) der traditionellen Psychiatrie wird ein "Initiationszeremoniell" vorgeschlagen. Unter Zustimmung des "Reisewilligen" (in der Psychiatrie wäre er psychotischer Patient) und mit sozialer Unterstützung von "Leuten, die bereits dort gewesen und zurückgekehrt sind" (Laing 1969a, S. 117) soll dieses

Initiationszeremoniell in den inneren Raum und in die innere Zeit führen.

"Erreicht wird dadurch eine Reise

I. von außen nach innen,
II. vom Leben in eine Art von Tod,
III. vom Vorgehen zum Zurückgehen.
IV. von zeitlicher Bewegung zu zeitlichem Stillstand,
V. von irdischer Zeit in äonische Zeit,
VI. vom Ego zum Selbst,
VII. von außerhalb (postnatal) zurück in den Schoß aller Dinge (praenatal)

und danach eine Rückreise

1. von innen nach außen,
2. vom Tod ins Leben,
3. von einer Rückwärtsbewegung wieder zu einer Vorwärtsbewegung,
4. von der Unsterblichkeit zurück zur Sterblichkeit,
5. von der Ewigkeit zurück zur Zeitlichkeit,
6. vom Selbst zu einem neuen Ego,
7. von kosmischer Fötalisierung zur existentiellen Wiedergeburt." (Ebd., S. 117).

Angestrebt wird, so scheint uns, ein individuell-mystischer Erfahrungszusammenhang, bei dem Gesellschaft als konkreter Erfahrungsraum für das Individuum völlig negiert wird. Vom durch die "innere Reise" existentiell "Wiedergeborenen" kann dann offensichtlich angenommen werden, daß er in der Gesellschaft unbeeinflußbar durch ihre konkreten Bedingungen authentisch leben kann. Daß diese Idee in der Praxis zum Scheitern verurteilt ist, haben die englischen Antipsychiater selbst erlebt. Auf theoretischer Ebene hat Laing unseres Erachtens mit Rückzug reagiert, Berke und andere mit einer stärkeren Rückbesinnung und Orientierung an psychoanalytische und soziologische Theorieansätze (Jung, Klein, Labeling-Theorie). Auf praktischer Ebene haben alle englischen Antipsychiater mit dem Versuch reagiert, Schutzräume ("Asyle") innerhalb der Gesellschaft für Menschen, die ihr "wahres" Selbst suchen wollen, bereitzustellen.

Die "innere Reise" als Regressionszustand

Auch die Vertreter der Existenzanalyse, die die Verkehrung verrückt - normal nicht vornehmen, verstehen Psychose als Möglichkeit der "inneren Reise", wenn auch teilweise in weniger mystischer Form, als der eben beschriebenen. Wenn Psychose als Suche nach dem "wahren" Selbst verstanden wird ("wahr" im existentialistischen Sinn), dann muß das Individuum regredieren, bis es seine nicht-entfremdete Erfahrung wiederentdeckt, die Basis seines "wahren" Selbst ist und diese ursprüngliche Erfahrung ist eine durch "natürliche Gesetze geregelte" (Laing), also vor aller Sozialisation bestehende. Die Person zieht sich in ihre "verlassene Innenwelt" (Cooper) zurück, benötigt aber bei dieser Regression verstehende andere, die sie zumindest physisch am Leben erhalten (man denke z. B. an sogenannte katatone Zustände, die von den englischen Antipsychiatern als Rückzugsform ins eigene Ich verstanden werden). Die Notwendigkeit des anderen zeigt sich wieder, wie sie schon deutlich wird aus der Bestimmung der therapeutischen Situation, die als notwendiger aktueller Erfahrungszusammenhang zwischen Therapeut und Patient definiert wird. Der Begriff der Regression wird von den englischen Antipsychiatern in doppelter Weise verwendet: einmal im Sinne Freuds, als unvermeidliche Konsequenz von Angst. Psychose als Regressionszustand muß dann nicht im Dienste einer positiven "inneren Reise" stehen, kann vielmehr Ausdruck eines bestimmten "falschen Selbst-Systems" bedeuten. Diese Regressionsform wird nach Meinung der englischen Antipsychiater durch die Therapieformen der traditionellen Psychiatrie beim Patienten immer wieder hervorgerufen. Zum anderen wird Regression verstanden als notwendiges und positives Zurückgehen einer Person, um sich von "existentieller Schuld" zu befreien.

7. Die therapeutische Gemeinschaft als Praxis der englischen Antipsychiatrie

Die englischen Antipsychiater gewannen durch ihre praktische und wissenschaftliche Tätigkeit innerhalb der institutionalisierten Psychiatrie die Einsicht, "daß das konventionelle medizinische Modell nicht nur unangemessen war, sondern daß es in vieler Hinsicht theoretisch und praktisch die Aufarbeitung der Erfahrung des 'Zusammenbruchs' verhinderte" (Selbstdarstellung der Philadelphia Association, S. 1). Durch die Aufarbeitung ihrer Erfahrungen kamen sie zu dem Schluß, daß die richtige Umgebung für Menschen in einer psychotischen Krise nur "eine nicht-institutionelle Wohngemeinschaft 'draußen' in der Gesellschaft" sein könne.

Die Idee der therapeutischen Gemeinschaft ist nicht neu, sie wurde während des zweiten Weltkriegs in der amerikanischen und britischen Armeepsychiatrie entwickelt und ist danach v. a. in der Nachfolge der Arbeit des schottischen Sozialpsychiaters M. Jones als Alternative zur herkömmlichen stationären Versorgung von Patienten etabliert worden (vgl. hierzu Portugall 1976, S. 43 ff.).

Als Reaktion auf die Erkenntnis, daß der Ausschluß des Patienten aus der Gesellschaft, seine Unterbringung in einer "totalen" Institution und die darin üblichen Behandlungsformen für den Krankheitsverlauf negative Folgen hat, wird im Konzept der therapeutischen Gemeinschaft im Sinne Jones die Demokratisierung und Öffnung der Institution zur Zielvorstellung. Um alle zur Verfügung stehenden Kräfte der Institution ohne Einschränkung für therapeutische Zwecke einsetzen zu können wird angestrebt:

a) der Abbau der hierarchischen Beziehungsstrukturen zwischen Arzt-Personal-Patienten (durch Problematisierung der Rollen)
b) die Auflösung einer Versorgung der Patienten nach technisch-rational bestimmten Effizienzgesichtspunkten (durch Flexibilität der Verwaltung)
c) die gemeinschaftliche Entscheidungsfindung in kommunikativ offener Gruppenatmosphäre zur Lösung individueller und gemeinsamer Probleme.

Die theoretische Grundlage der therapeutischen Gemeinschaft ist eine Mischung aus behavioristischen Lerntheorien und dem psychoanalytischen Konzept der Einsicht, das zum Verständnis des "Lernen als sozialer Prozeß" führt.

Der englische Antipsychiater Berke, der selbst mit Jones zusammen in einer institutionellen therapeutischen Gemeinschaft gearbeitet hat, betont, daß der Grad des Selbstbestimmungsrechts der Patienten hauptsächlich von der Persönlichkeit des verantwortlichen Arztes abhängig sei, inwieweit dieser Personal und Patienten eigene Entscheidungen zugestehen könne (da ja letztlich auch bei dieser Organisationsform die Verantwortung beim Arzt bleibt).

"Im schlimmsten Fall artete das Programm in organisierte Gehirnwäsche aus. Patienten mußten ehrlich über ihre Gefühle sprechen, während das Personal nicht gezwungen war, das gleiche zu tun. Die Macht blieb in den Händen der Verwaltung, obgleich man nach außen jedem versicherte, daß die Gruppe frei und offen wäre ... Dieses soziale Trugbild versteckte sich zukkersüß hinter der Tatsache, daß sich die Patienten untertags relativ frei bewegen und miteinander verkehren konnten. Aber an der Tür zur Treppe hinunter stand stets eine Aufsicht, um darauf zu achten, daß sich niemand davonschlich." (Berke 1973, S. 84)

7.1. "Villa 21" - ein englisch-antipsychiatrisches Projekt einer alternativen institutionellen Gemeinschaft

Cooper leitete von 1962 bis 1966 eine therapeutische Gemeinschaft für psychisch erkrankte Jugendliche in einem Londoner psychiatrischen Krankenhaus.

Als Zielsetzung dieses Projekts, das unter der Bezeichnung "Villa 21" bekannt geworden ist, gibt er an:

a) die "starre Rollenstrukturierung" auf der Krankenstation sollte gelockert werden, insbesondere sollte die Patientenrolle zur Disposition gestellt werden, um zu verhindern, daß Patienten die angebotene "stereotype Selbstdefinition" (als Schizophrener, Maniker usw.) annehmen;
b) eine geeignete Arbeitssituation zu schaffen, um Gruppen- und Familieninteraktionen bei gestörten Heranwachsenden zu erforschen;
c) "einen lebensfähigen Prototyp einer kleinen selbständigen Einheit zu schaffen, die in einem großen Haus in der Gemeinde, außerhalb des institutionellen psychiatrischen Kontexts, zu funktionieren vermochte" (Cooper 1971, S. 101).

Daß trotz außerinstitutioneller Zielsetzung die Struktur der therapeutischen Gemeinschaft von den Strukturen der Institution, in die sie eingebunden ist, nicht unberührt bleiben kann, zeigen Einschätzungen dieses Projekts (vgl. Portugall 1976, S. 101 f.). Am deutlichsten wird dies an der Unmöglichkeit, bestimmte Rollenerwartungen, die von der Institution an das Personal gestellt werden, einfach auflösen zu wollen. Als gelungenes Projekt kann Cooper diese therapeutische Gemeinschaft nur bezeichnen, "weil die instrumentell-funktionale Beziehungsebene mit ihren Vorstrukturierungen kraft geleugneter institutioneller Autorität (die Cooper als leitender Arzt hatte, Anm. d. Verf.) schlichtweg für nicht existent erklärt wird" (Portugall 1976, S. 105), weil also die personale Beziehung zwischen Arzt-Personal-Patienten allein Gewicht bekommt.

Wir finden hier die durch die Theorie des Existentialismus begründete Annahme wieder, es sei möglich, innerhalb der Gesellschaft von deren Strukturen unabhängige Freiräume schaffen zu können.

7.2. "Kingsley-Hall" - ein englisch-antipsychiatrisches Projekt einer außerinstitutionellen Gemeinschaft

Die Erfahrungen in psychiatrischen Institutionen und das Gesellschaftsverständnis der englischen Antipsychiater führte diese notwendig zum Versuch, eine außerinstitutionelle Form der therapeutischen Gemeinschaft zu finden, in der die Reorganisation des Selbst von Patienten und mit psychiatrischer Etikettierung bedrohter Personen möglich sein sollte. Aus der Kritik an der traditionellen psychiatrischen Praxis, auch an der therapeutischen Gemeinschaft im Sinne Jones und unterstützt von den Erfahrungen in "Villa 21" wurde 1965 die therapeutische Wohngemeinschaft "Kingsley-Hall" aufgebaut. Sie war Teil eines "network", in dem sich Vertreter verschiedener sozialer Berufe und Interessierte an der Veränderung der Situation psychisch Kranker zusammengefunden hatten.

Redler, ein amerikanischer Psychiater, der in "Kingsley-Hall" lebte, beschreibt:

> "Die Absicht war, daß Mitglieder der Philadelphia Association zusammenlebten und andere nach und nach einziehen zu lassen... Unter jenen, die dann dort lebten, waren Leute, die früher als schizophren diagnostiziert und in die Nervenklinik eingewiesen worden waren und andere, die so diagnostiziert worden wären, wenn sie sich der Mehrzahl der Psychiater vorgestellt hätten. Sie hatten abgelehnt, psychiatrische Patienten zu sein...
>
> Leute kamen auf verschiedenen Wegen. Am häufigsten war es durch Laings Bücher ..."

und weiter über die Beziehungsstruktur zwischen Therapeuten und Patienten und die Organisationsform der Wohngemeinschaft:

> "Es gab keine feste Autoritätshierarchie oder Personal-Patienten-Zweiteilung. Was genau die Verantwortungs- und Entscheidungsbereiche der Mitglieder der Philadelphia Association waren, war normalerweise nicht klar, starr definiert oder abgegrenzt. Es schien ihre Absicht zu sein, die Verantwortung fürs tägliche Leben den Bewohnern, einschließlich ihrer selbst, zu lassen, aber das Recht zu intervenieren, für sich zu reservieren, wenn sie fühlten, daß eine Gefahr für die Gesundheit eines oder mehrerer Bewohner bestand ... oder Kontakte mit Londoner Gemeindeverwaltungen und medizinischen Behörden notwendig waren. Es bestand ein hoher Grad an Mehrdeutigkeit hinsichtlich dieser Fragen. Die Mitglieder der Philadelphia Association ... waren in einer neuen Situation, tasteten sich durch und waren sich oft uneins darüber, was geschah oder wenn, wie ... den Lauf der Ereignisse zu beeinflussen... Es war eine fließende, sich verändernde und manchmal schmerzend chaotische Situation. Du lerntest dort etwas über Chaos, dein eigenes und das von anderen.
>
> Ordnung war eine Funktion dessen, wie wir uns gegenseitig halfen, unsere geteilte Welt zu ordnen oder zu 'unordnen'

Autorität war eine Funktion davon, wer und wie jemand war und wie andere das anerkannten. Die Machtstruktur im Haus veränderte sich dauernd." (Interview, S. 3f.)

Kennzeichnend für die Gemeinschaft war die Regellosigkeit der Organisation, das Zusammenleben sollte sich auf der Basis der Freiwilligkeit der einzelnen quasi von selbst immer änderbare Konturen setzen. So sollten regelmäßige Versammlungen nicht modellhaft als "Therapie" gehandhabt werden (wie in den therapeutischen Gemeinschaften nach dem Muster von Jones). Formalisierende Rollen wurden abgelehnt, da sie laut Berke, der ebenfalls in "Kingsley-Hall" lebte,

a) die Freiheit der Bewohner, spontan und hilfsbereit miteinander zu verkehren, beeinträchtigen würden,
b) weil sich die lokalen Behörden veranlaßt sehen würden, die Wohngemeinschaft als eine Art Pflegeheim zu betrachten und
c) die Autorität nicht von außen kommen sollte, denn diese sollte durch etwas entstehen, "das Ronnie (gemeint ist Laing, Anm. d. Verf.) als 'Präsenz' (19) bezeichnete" (Berke 1973, S. 228).

Es zeigte sich allerdings im Gemeinschaftsleben bald, daß eine völlige Auflösung festgelegter Rollen nicht realisierbar war. Die Wirkung nach außen (auf Nachbarn, Gemeindeverwaltung, medizinische Behörden usw.) erwies sich als wichtig für das Fortbestehen der Wohngemeinschaft. Außerdem zeigte sich auch innerhalb der Gemeinschaft, daß trotz verbaler Negation der Patienten- und Personalrollen diese in den Erfahrungen und Handlungen der Beteiligten präsent waren und wirksam wurden. Berke gibt eine Begründung: "Das krampfhafte Festhalten an ärztlichen Manieren war der Ausdruck ungewöhnlich starker Ängstlichkeit, eventuell von anderen Mitgliedern oder Besuchern für 'verrückt' oder 'schizophren' gehalten zu werden... Was Mary (eine Patientin, Anm. d. Verf.) anging, so klammerte sie sich hauptsächlich deswegen an das Patientenimage, weil sie befürchtete, daß sich sonst niemand um sie kümmern würde." (Berke 1973, S. 219)

Der Konflikt, der sich aus der Nicht-Bewältigung der funktionalen Beziehungsaspekte in der Wohngemeinschaft ergab, spaltete diese nach Aussagen Berkes schon 1966 in zwei Lager. Die eine Partei wollte trotz aller Schwierigkeiten die nicht organisierte Form beibehalten, die andere durch ein Set von Regeln und Wahl eines Exekutivorgans zu deren Kontrolle eine verbindlichere Organisationsform schaffen. Die Gemeinschaft "Kingsley Hall" wurde bis zu ihrer Auflösung 1970 (wegen Kündigung des Mietvertrages) nach dem ersten Muster weitergeführt. Die Uneinigkeit über die Organisationsform scheint uns eine wesentliche Unterscheidung der heute bestehenden Wohngemeinschaften der englischen Antipsychiater zu zeigen.

7.3. Arbours Association und Philadelphia Association

Innerhalb des "network" bildeten sich zwei gemeinnützige Vereine, 1965 die Philadelphia Association, der Laing u. a. angehören, 1970 durch Berke, Schatzman u. a. die Arbours Association. Beide Gesellschaften hatten sich zum Ziel gesetzt:

"- Psychiatrische Leidenszustände aller Art, v. a. der Schizophrenie zu erleichtern.
- Die Ursachen von psychischer Krankheit, die Möglichkeiten ihrer Entdeckung, Verhinderung und Behandlung zu erforschen.
- Für Menschen, die an psychischer Krankheit leiden oder gelitten haben, Unterkunft zur Verfügung zu stellen.
- Für arme Patienten finanzielle Hilfe bereitzustellen.
- Die Ausbildung in der Behandlung von Schizophrenie und anderen Arten psychischer Krankheit voranzutreiben und zu organisieren." (Selbstdarstellung der Philadelphia Association, S. 1)

Bestärkt durch die Erfahrungen in "Kingsley Hall" wurde durch den Aufbau von Wohngemeinschaften eine Alternative zur stationären Behandlung von Patienten geschaffen. Inzwischen bestehen unter der Trägerschaft der Philadelphia Association acht Wohngemeinschaften, unter der Trägerschaft der Arbours Association vier und ein Krisenzentrum. Alle Einrichtungen sind über ganz London verstreut.

Warum sich die englischen Antipsychiater in zwei Gesellschaften organisiert haben, scheint uns indirekt aus der Theorie und der heutigen Arbeit der Philadelphia und der Arbours Association erschließbar zu sein, von ihnen selbst ist keine Begründung dafür zu erfahren. (20)

7.4. Arbours Association

Die grundsätzlichen Zielvorstellungen der Mitglieder der Philadelphia Association gelten, wie gesagt, auch für die Mitglieder der Arbours Association. Auch sie sind der Meinung, daß psychiatrische Etikettierung verhindert, und wer schon etikettiert ist, vor weiteren Folgen geschützt werden muß. Was in der traditionellen Psychiatrie als "akute Psychose" bezeichnet wird, wird von den Therapeuten der Arbours Association hauptsächlich interpretiert als Akt der Verweigerung einer Person, bestimmten Rollenerwartungen von Verwandten und Freunden zu entsprechen. "Ein solches Ereignis als Krankheit zu definieren, heißt zu verleugnen, daß es ein Ruf nach Freiheit sein könnte." (Selbstdarstellung S. 3)

Wir sehen, auch sie betonen die Möglichkeit, daß Psychose als Weg zur Freiheit (im existentialistischen Sinn) angesehen werden kann. Allerdings beschränken sie ihren Befreiungsgedanken im wesentlichen auf das einzelne Individuum, dem eine Alternative zur klassisch-psychiatrischen Behandlung geboten werden soll. Die Arbeit der Arbours Association zeigt sich als Versuch, alternative Lebensformen für psychiatrische Patienten oder mit Etikettierung bedrohter Personen zu finden, psychotische Zustände (auch hier häufig als "innere Reise" bezeichnet) erscheinen nicht generell für alle Gesellschaftsmitglieder als anstrebenswert, d. h. der Psychotiker wird nicht per se zum potentiellen Gesellschaftsveränderer.

Auch die Therapeuten der Arbours Association verweigern das Erstellen von Diagnosen, negieren aber nicht ihren Status als prinzipiell unterschiedlich vom Status, den die Patienten haben.

Die therapeutischen Wohngemeinschaften werden von der Arbours Association wie folgt beschrieben:

> "Diese bestehen aus gemeinschaftlich geführten Haushalten von sieben bis vierzehn Personen, die angenehme Unterkunft in ruhigen Wohnvierteln bereitstellen. Niemand wird in die Rolle des psychisch kranken Patienten gedrängt, auch wenn einige Bewohner sonst in einem psychiatrischen Krankenhaus untergebracht wären. Jedes Mitglied der Gemeinschaft wird ermutigt, sich psychisch und geistig zu entwickeln, und hierzu wird ihm Zeit und Raum gegeben. Mit der Hilfe von ... Psychiatern und anderen ausgebildeten Leuten teilen sich die Bewohner die Aufgabe, für einander zu sorgen." (Selbstdarstellung, S. 1)

Unter Anleitung von therapeutisch geschultem Personal soll den Wohngemeinschaftsmitgliedern die Möglichkeit gegeben werden, sich individuell weiterzuentwickeln und die Fähigkeit zu sozialem Leben, d. h. Leben mit anderen, wieder zu gewinnen. Der existentialistische Hintergrund, der sich vornehmlich in der starken Betonung der individuellen Freiheit äußert, läßt auch in diesem Konzept die Reintegration der Individuen in die Gesellschaft zum sekundären Ziel werden. Bestimmend ist auch hier der Lebensplan des einzelnen, welche Konsequenzen für die Lebensweise des Individuums dieser auch immer haben mag.

Die Haushaltsorganisation wird durch freiwillige, dann aber verbindliche Beteiligung der einzelnen gemeistert, wobei in jeder Situation die Befindlichkeit einer Person berücksichtigt wird. Für alle wird gemeinsam eingekauft und versucht, zumindest eine Mahlzeit pro Tag zusammen einzunehmen. Im übrigen bestehen keine Regeln für das Zusammenleben, denn die Gestaltung der sozialen Beziehungen soll sich aus der Freiwilligkeit und Eigenverantwortlichkeit der einzelnen ergeben.

Für jedes Haus ist ein in Existenzanalyse ausgebildeter Therapeut zuständig und in Ausbildung stehendes Personal (überwiegend Psychologen, Mediziner und Sozialarbeiter) lebt als Mitglieder im Haus. Wöchentlich angesetzte Gruppensitzungen sind für alle verbindlich. Fast alle Mitglieder stehen darüber hinaus in Einzelanalyse, das Personal unter Supervision.

Jede Wohngemeinschaft hat die Möglichkeit, bei Krisen, mit denen sie nicht allein fertig wird, jederzeit einen Therapeuten zuzuziehen und notfalls das Krisenzentrum (auf dieses wird an späterer Stelle eingegangen) in Anspruch zu nehmen. Aus einem längeren Gespräch mit einer Psychologin, die in einer Wohngemeinschaft der Arbours Association lebt, konnten wir entnehmen, daß der Status des Personals, das mit in den Gemeinschaften lebt, ein problematischer Punkt des Konzepts ist. Sie erzählte, daß sie häufig Schwierigkeiten habe, mit der Nicht-Trennung von Privat- und Arbeitssphäre zurechtzukommen und zwar aus folgendem Grund: wenn sie sich als ganze Persönlichkeit mit all ihren Schwierigkeiten in die Gruppe einbringe, falle es dieser offensichtlich schwer, "Machtworte", die sie bezüglich notwendiger Entscheidungen qua ihrer institutionell festgelegten Pflichten aussprechen müsse, zu akzeptieren. Eine immer wiederkehrende Schwierigkeit, die allerdings bei Supervisionsgesprächen thematisiert und bearbeitet werden kann.

Kurzer Erfahrungsbericht von Besuchen in einer Wohngemeinschaft der Arbours Association

Unser eigener Eindruck, den wir in einer Wohngemeinschaft der Arbours Association gewinnen konnten, läßt sich kurz fassen:

Menschen, die von den beobachtbaren Verhaltensweisen her den durchschnittlichen psychiatrischen Patienten in stationären Einrichtungen entsprechen, leben ohne geschlossene Türen in einer Gemeinschaft, in der ihre Selbständigkeit und ihre sozialen Fähigkeiten gefördert werden, betreut von Personen, die ihnen tatsächlich auch als solche versuchen zu begegnen.

Besonders deutlich wurde uns dies an unseren eigenen (gedanklichen) Reaktionen. Ein Bewohner erzählte eine für uns wirre und unzusammenhängende Geschichte und wir dachten uns, daß sich daraus nie ein verstehbarer Sinn ergeben könnte. Die Psychologin aber nahm Satz für Satz ernst und bat um Erläuterungen, bis sie verstehen konnte, was gemeint war. Für uns gab die Geschichte zwar immer noch keinen verstehbaren Sinnzusammenhang, wir begriffen aber, daß das englisch-antipsychiatrische Postulat der prinzipiellen Verstehbarkeit von psychotischem Verhalten kein bloß theoretisches Postulat bleiben muß.

Das Krisenzentrum der Arbours Association

Das Krisenzentrum wurde 1973 eingerichtet mit dem Hauptziel, "kurzfristige intensive Hilfe für Leute zur Verfügung zu stellen, die sich in einer emotionalen Krise befinden" (Centre-Selbstdarstellung S. 2). Die Aufenthaltsdauer kann nur wenige Tage sein oder maximal sechs Wochen.

Zwei Therapeuten leben beständig im Zentrum. Für jede Krisensituation wird ein Team aus Mitarbeitern der Arbours Association gebildet. Die Funktion des Therapeuten ist, "bei der Einschätzung der Situation zu helfen und die Bemühungen des Teams bezüglich der notleidenden Person oder Personen zu koordinieren" (Berke 1976, S. 7).

Aufgenommen werden Einzelpersonen, Paare und ganze Familien. In jeder Krisensituation wird versucht, alle an der Krise beteiligten Personen (das "social network") zu versammeln. Häufig kann das nur durch Hausbesuche geleistet werden.

Kann nach Lösung der akuten Krise der Betroffene nicht in seinen gewohnten Lebenskontext reintegriert werden, wird er in eine Wohngemeinschaft aufgenommen. Als weitere Nachbetreuung bietet die Arbours Association existentialanalytisch orientierte Psychotherapie an.

Zum einen wird mit einer Aufnahme ins Krisenzentrum versucht, eine Einweisung in eine traditionelle psychiatrische Einrichtung zu verhindern, zum anderen können Wohngemeinschaftsmitglieder, die in akute Krisensituationen geraten, aufgenommen werden und zum dritten werden potentielle Bewerber für die Gemeinschaften aufgenommen, um allen Beteiligten die Gelegenheit zu besserem Kennenlernen zu geben.

7.5. Philadelphia Association (21)

Zur Zeit existieren unter der Trägerschaft der Philadelphia Association (P.A.) acht Wohngemeinschaften in London. Die P.A. strebt an, eine Alternative zu bestehenden psychiatrischen Einrichtungen zu sein, das heißt Menschen, die entweder schon in psychiatrischer Behandlung waren oder sich in einem Zustand befinden, der häufig die Einweisung in eine psychiatrische Klinik zur Folge hat, alternative Einrichtungen anzubieten. Die Wohngemeinschaften sollen ein "Asylum" darstellen, in dem die Personen nicht als Kranke oder Patienten angesehen werden, sondern als Menschen, die in eine Lebenskrise geraten sind.

Psychische Krankheit wird in der P.A. als freie Wahl der Person betrachtet, als Weg, sich mit der Welt auseinanderzusetzen. Die Änderung dieses Entwurfs kann nur von dieser Person selbst vorgenommen werden. Es wird daher von Seiten der Therapeuten so wenig wie möglich interveniert. Die Hauptunterstützung besteht darin, den Personen ein Asylum zur Verfügung zu stellen, das relativ frei ist von sozialem Zwang, um günstige Bedingungen herzustellen, den Entwurf wirklich aufgrund von eigenen Entscheidungen zu ändern.

Eine zentrale Stellung nimmt die Regression ein: das Durchleben der eigenen Angst, Verzweiflung und die Rückkehr zu Verhaltensweisen, die den eigenen Bedürfnissen entsprechen und nicht von gesellschaftlicher Repression bestimmt sind. Ziel der P.A. ist es, die Personen in ihrer eigenen Entscheidung zu bestärken, gleichgültig welchen Inhalts diese Entscheidung ist (sofern sie nicht zur Kriminalität führt), sie muß nicht mit den üblichen Vorstellungen von "glücklichem" oder "normalem" Leben übereinstimmen.

Es wird angestrebt, Hierarchien und vordefinierte soziale Rollen so weitgehend wie möglich abzubauen, um eine unmittelbare zwischenmenschliche Begegnung zu ermöglichen. Im Programm der P.A. heißt es: "Für diejenigen, die hier leben, was auch immer ihre Rolle sein mag, sind diese Wohnungen Schmelztiegel, wo vorgefaßte Meinungen sich auflösen in der direkten Erfahrung von Agonie und Freude, Aufregung und Langeweile, Hoffnung und Verzweiflung des Zusammenlebens."

Für jede Wohngemeinschaft ist ein Therapeut der P.A. zuständig. Er lebt jedoch nicht im Haus, sondern kommt durchschnittlich an zwei Abenden pro Woche. Das Treffen ist nicht verpflichtend, es kann vorkommen, daß nur ein oder zwei Personen bei seinem Besuch anwesend sind. Es bleibt hauptsächlich den Wohngemeinschaftsmitgliedern überlassen, was oder ob sie überhaupt etwas mit ihm besprechen wollen. Er selbst sieht seine Aufgabe darin, die Bewohner zu ermutigen, Eigenverantwortung zu entwickeln. Er greift so wenig wie möglich in individuelle oder Gruppenprozesse ein, obwohl natürlich das Ausmaß an Interventionen durch die Persönlichkeit des jeweiligen Therapeuten mitgeprägt wird. Die therapeutische Beziehung wird als unmittelbare oder existentielle Begegnung zwischen Personen verstanden. Objektiv vorhandene Unterschiede zwischen Therapeut und Wohngemeinschaftsmitgliedern werden kaum thematisiert.

Es bestehen keine von der P.A. vorgegebenen Vorschriften und Regeln für das Zusammenleben der Hausbewohner. Es entspricht dem Ziel der Eigenverantwortlichkeit, daß die Mitglieder des Hauses die sozialen Umgangsformen aus sich selbst heraus entwickeln. In der Wohngemeinschaft, in der ich (E.H.) lebte, gab es keine Haushaltsorganisation (wer kauft ein, kocht, putzt usw.), jeder bestimmte selbst, in welchem Ausmaß er sich für die Hausgemeinschaft engagieren wollte. Hierbei ließen sich Spannungen nicht vermeiden, die Arbeit blieb häufig an den Personen hängen, die eine niedrigere Toleranzschwelle für Unordnung besaßen. In anderen P.A.-Wohngemeinschaften dagegen wurde die Aufteilung der Hausarbeit durch die Bewohner organisiert.

Die Wohngemeinschaften setzen sich zusammen aus Leuten, die vorher in psychiatrischen Krankenhäusern waren; Personen, die sich in einer Krise befinden, sich jedoch noch keiner psychiatrischen Behandlung unterziehen mußten; Personen, die hauptsächlich aus Interesse an Theorie und Praxis der P.A. für kürzere Zeit in eine Wohngemeinschaft einziehen. Der Einzug neuer Mitglieder wird ausschließlich von den Bewohnern der jeweiligen Gemeinschaft beschlossen. Die Therapeuten haben kein Mitspracherecht, sie übernehmen in seltenen Fällen jedoch eine beratende Rolle. Jedes Mitglied bestimmt selbst, wie lange es in der Wohngemeinschaft leben will.

Die meisten Angehörigen der Wohngemeinschaften sind Empfänger der Sozialhilfe oder gehen einer (Teilzeit)-beschäftigung nach, die jedoch häufig nicht ihrer früheren Ausbildung entspricht. Es ist auffallend, daß viele Bewohner ein Studium begonnen haben, dieses aber häufig nicht beendeten. Der Bildungsgrad ist überdurchschnittlich hoch. Die Mitglieder dieser Wohngemeinschaften dürften daher kaum repräsentativ sein für Patienten herkömmlicher psychiatrischer Einrichtungen. Die Wohngemeinschaften besitzen vor allem für Personen eine starke Anziehungskraft, die sich mit der Literatur Laings oder des Existentialismus auseinandergesetzt haben.

Die verschiedenen Häuser wurden entweder von der P. A. gemietet oder befinden sich in ihrem Besitz. Die Hausbewohner hatten im Jahr 1976/77 eine monatliche Miete von etwa 160, --DM für ein Einzelzimmer zu zahlen, ein Betrag, der zu dieser Zeit etwas unterhalb des durchschnittlichen Mietpreises in London lag. Manche Gemeinschaften beschlossen, eine Gemeinschaftskasse für Haushaltsführung einzurichten, eine Organisationsform, die in unserem Haus nicht bestand.

Obwohl die P.A. die Trägerschaft für sämtliche Häuser übernommen hat, variieren die Verbindung zwischen dem Vorstand der P.A. und den einzelnen Wohngemeinschaften beträchtlich. Dies ist zum einen abhängig von der Beteiligung der Wohngemeinschaftsmitglieder an den offiziellen P.A.-Veranstaltungen und dem Ausmaß ihrer Identifikation mit den vom Vorstand vertretenen Zielsetzungen und zum anderen dem Engagement des für ein Haus zuständigen P.A.-Therapeuten, seiner Bereitschaft, sich auf das Gemeinschaftsleben einzulassen, z. B. in Krisenzeiten im Haus zu wohnen.

7.6. Erfahrungsbericht über den Aufenthalt in einer Wohngemeinschaft der Philadelphia Association (PA)

Ein neunmonatiges Stipendium des DAAD ermöglichte es mir (E. H.), in einer Wohngemeinschaft der PA zu leben. Ich hatte meine Diplomarbeit über Laings theoretischen Ansatz geschrieben und war sehr daran interessiert zu sehen, wie seine Theorie in die Praxis umgesetzt wurde.

Ich werde meine Eindrücke und Erfahrungen während meines Aufenthalts in einer der Wohngemeinschaften in Form von Auszügen aus meinen Tagebuchaufzeichnungen wiedergeben. Ich entschloß mich aus verschiedenen Gründen für diese Art der Darstellung: ich glaube, sie wird dem Anspruch der englischen Antipsychiater, Erfahrung und Verhalten seien immer in ihrem sozialen Kontext zu betrachten, am ehesten gerecht. Obwohl sich bestimmte Themenbereiche, wie etwa die Beziehung Therapeut/ Hausbewohner, die Beziehungen der Bewohner untereinander, typische Konfliktsituationen und ihre Bewältigung, auch auf einer allgemeineren Ebene darstellen ließen, würde dadurch verloren gehen, wie sie in konkreten Situationen entstanden und zum Ausdruck kamen, wie sie durch die beteiligten Personen beeinflußt und verändert wurden. Weiterhin sah ich meine Rolle in der Wohngemeinschaft nie als die eines "objektiven" Beobachters, sondern ich wollte mich bewußt auf das Zusammenleben mit meinen Mitbewohnern einlassen. Meine Wahrnehmung der Wohngemeinschaft, wurde durch meine Ängste, Bedürfnisse und meine eigene Betroffenheit mitgeprägt. Die subjektive Darstellungsform von Tagebuchauszügen halte ich für adäquat, um meine persönliche Involviertheit zum Ausdruck zu bringen.

Im Sommer 1976 fuhr ich für eine Woche nach London und besuchte die meisten der acht Wohngemeinschaften. In einer fühlte ich mich besonders wohl und die Bewohner stimmten zu, daß ich einziehen könne, wenn ich im Oktober nach London komme. In der Zwischenzeit standen wir in regelmäßigem Briefverkehr.

In der Wohngemeinschaft lebten sieben Personen (Die Namen sämtlicher Angehöriger der PA sind geändert.): Sarah lebte seit zweieinhalb Jahren im Haus. Sie war 33 Jahre alt, war früher chemisch-technische Assistentin in ihrer Heimatstadt in Australien. Ihren ersten Zusammenbruch hatte sie mit 18, wurde als schizophren diagnostiziert und verbrachte ein Jahr in einem psychiatrischen Krankenhaus. Anschließend arbeitete sie wieder in ihrem früheren Beruf. Nach einiger Zeit wurden die Einweisungen in eine psychiatrische Klinik immer häufiger. Vor etwa drei Jahren las sie zufällig Laings Bücher, entschloß sich nach England zu kommen und in einer Laing' schen Wohngemeinschaft zu leben. Seitdem erfolgte keine Einweisung mehr.

Sue lebte seit über einem Jahr in der Wohngemeinschaft. Sie war 24 Jahre alt, studierte Soziologie, unterbrach jedoch das Studium, weil sie vor dem Vordiplom starke Prüfungsängste entwickelte, Ängste, die sich dann auf andere Bereiche ihres Lebens übertrugen und die Einweisung in die Psychiatrie zur Folge hatten.

Barry lebte seit acht Monaten im Haus. Seine Mutter starb, als er vier Jahre alt war, sein Vater kümmerte sich kaum um ihn. Barry wurde von seiner älteren Schwester aufgezogen. Als er 19 war, heiratete sie und zog nach Amerika. Kurz darauf hatte er seinen ersten Zusammenbruch und war für einige Jahre nahezu durchgehend in einer psychiatrischen Klinik.

Jenny war 23 Jahre alt und wohnte seit etwa eineinhalb Jahren in der Wohngemeinschaft. Beide Eltern starben als sie 9 war, sie lebte dann bei Pflegeeltern. Als sie anfing, Geschichte und Sprachen zu studieren, entwickelte sie starke Verfolgungsängste und zog sich aus sämtlichen Beziehungen zurück. Sie befand sich ebenfalls mehrere Male in psychiatrischer Behandlung.

Tom lebte seit über einem Jahr in der Wohngemeinschaft, er war 21. Er fing ebenfalls an, zu studieren, gab das Studium jedoch nach sechs Monaten auf. Anschließend verbrachte er ein Jahr zu Hause, war vollkommen apathisch und weigerte sich, das Haus zu verlassen. Nach einiger Zeit begann er eine Lehre, gab sie aber wieder auf. Bei ihm konnte eine Hospitalisierung vermieden werden.

Christine und Robin waren ein befreundetes Paar, das für sechs Monate in der Wohngemeinschaft lebte. Für sie ging es hauptsächlich darum, eine Unterkunft zu bekommen. Da sie sich mit den anderen Wohngemeinschaftsmitgliedern gut verstanden, wurde ihr Einzug akzeptiert. Bei ihrem Auszug übernahm ich ihr Zimmer.

Joe war der "unsichtbare" Hausbewohner. Er bezahlte für sein Zimmer in der Wohngemeinschaft, hielt sich jedoch kaum im Haus auf.

Andrew war unser Haustherapeut, der Mittwoch- und Sonntagabend zu uns auf Besuch kam.

5. Oktober 1976

Nachdem ich endlich hier eintraf, eröffnen mir Christine und Robin, daß sie doch nicht auszögen. Sie hatten vor, Anfang Oktober nach Afrika zu gehen, haben jedoch zur Zeit kein Geld. Sie planen, demnächst eine Ausstellung zu geben - beide machen wunderschöne Zeichnungen - und wollen ein Buch veröffentlichen "Astrology of Plants", um sich das Geld für die Reise zu verdienen. Jeder erzählt mir von irgendwelchen Zimmern, die vielleicht irgendwo einmal frei werden, aber niemand weiß etwas genaues. Heute nacht kann ich jedenfalls in der Küche übernachten und morgen in Sarahs Zimmer. Alle haben sich anscheinend gefreut als ich ankam.

7. Oktober 1976

Barry wurde vor zwei Tagen aus der psychiatrischen Klinik entlassen. Während der zwei Tage verließ er sein Zimmer nicht.

Offensichtlich kümmerte sich auch niemand um ihn. Als er heute in die Küche kam, wurde die Tatsache, daß er für einige Wochen im Krankenhaus war, von den anderen vollkommen übergangen. Niemand versuchte, ihn ins Gespräch mit einzubeziehen, sie reagierten erst auf ihn, nachdem er von selbst Versuche machte, wieder Anschluß zu finden. Er macht einen sehr verstörten Eindruck, hat starke Sprach- und Bewegungsschwierigkeiten. Meine erste Reaktion war, daß ich mich mehr um ihn bemühte als die anderen. Ich muß vorsichtig sein, daß ich nicht in eine Mutterrolle reinrutsche.

8. Oktober 1976

Während der nächsten Tage kann ich in einer Wohngemeinschaft (WG) der PA in Ost-London übernachten, weil jemand für einige Zeit wegfährt. Rolf, der aus Österreich kommt, will in nächster Zeit aus dieser WG ausziehen. .Vielleicht nehme ich sein Zimmer, falls Christine und Robin ihre Reise noch länger verschieben. Allerdings ist Rolfs Eindruck von der WG nicht gerade ermutigend. Er meinte, es bestünden zwar Einzelkontakte auf oberflächlicher Ebene, mit einer Person könne man gut über Fußball reden, mit einer anderen über Yoga, aber es sei kein Gemeinschaftsgefühl vorhanden. Er fühlte sich während seines Aufenthalts sehr isoliert in der WG und wurde zunehmend deprimierter. Das vergrößert nicht gerade meine Motivation, in dieses Haus einzuziehen. Ich warte doch lieber bis Christines und Robins Zimmer frei wird.

11. Oktober 1976

Christine und Robin zogen heute überraschend aus, weil sie ein Haus gefunden haben, in dem sie keine Miete bezahlen müssen. Ich nahm gestern ein Zimmer in Untermiete. Ich kündigte also meinen Mietvertrag wieder und zog in die WG. Als ich mich endlich in meinem neuen, winzigen Zimmer häuslich niederließ, hörte ich ein fürchterliches Geschrei im Haus. Sarah und Sue, die letzte Woche weg war und die ich auch während meines Besuchs im Sommer nicht kennenlernte, hatten einen Krach. Sue wußte überhaupt nichts von meiner Existenz und ist gegen meinen Einzug, weil sie mich nicht kennt. Sie meinte, dies sei wieder mal eine typische Situation im Haus: Robin und Christine ziehen aus, ohne daß sie informiert werde, Joe tauche sporadisch alle paar Wochen auf und verschwinde dann wieder, ich ziehe ein und sie kennt mich nicht einmal. In einem waren sich Sarah und Sue jedoch einig: daß die zur Zeit im Haus fehlende Kommunikation desorientierend, zersetzend und deprimierend wirkt.

Ich ziehe also wieder aus. Ich kann zwar Sues Wut verstehen, weil sie nichts von mir wußte, bin aber selbst fürchterlich wütend, weil ich wegen dieser verkorksten Kommunikation im Haus wieder ausziehen muß. Wenigstens ist das Zimmer, das ich gestern mietete, noch frei.

13. Oktober 1976

Als ich heute mit Sarah ins Kino ging, meinte sie, die WG könne nicht verhindern, daß Barry wieder in eine psychiatrische Klinik komme, da ihm das Haus zu wenig Unterstützung geben könne. Sie habe dazu auch keine Energie, sie sei zu sehr mit ihrem eigenen Überleben beschäftigt. Sie hatte das Gefühl, daß sie während der ersten zwei Jahre viel durch ihren Aufenthalt in der WG gewonnen habe, daß sie in letzter Zeit jedoch stagniere. Während der ersten Jahre hätte sie die beschützende Umgebung der WG gebraucht, entdeckte jedoch, daß sie ab einem bestimmten Zeitpunkt eine immer stärkere Abhängigkeit von der WG entwickelte. Zu dieser Zeit wäre es für sie nötig gewesen, auszuziehen. Sie fand, daß sie von Seiten der PA und des Haustherapeuten in dieser Beziehung zu wenig Unterstützung erhielt und zu regredieren anfing. Seit einigen Monaten weigert sie sich, Miete zu bezahlen, um ihre Protesthaltung der PA gegenüber zum Ausdruck zu bringen. Sarah erzählte, daß Jenny nun auch vorhabe, auszuziehen. Ich frage mich, ob ich überhaupt noch einziehen will, wenn alles in Auflösung begriffen ist. Sarah möchte auch gerne ausziehen, hat aber Angst davor, alleine zu leben.

14. Oktober 1976

Heute besuchte ich wieder die WG in Ost-London. Ich unterhielt mich mit Kim, die vor einem Monat einzog. Freunde überzeugten sie, daß sie bei ihrem Zustand eine Behandlung bräuchte. Sie entschied sich daraufhin, in eine WG der PA einzuziehen, die Wartezeit betrug etwa 5 Monate (22). Seit sie in der WG lebt, fühlt sie sich isoliert, viel einsamer als früher, weil sie damals wenigstens noch ihren Freundeskreis hatte. Meistens hängt sie alleine in der Küche herum oder putzt, weil sie den Schmutz nicht aushält. Die zahlreichen Katzen stinken fürchterlich, sie sitzen überall, im Spülbecken, Brotkasten oder in Kochtöpfen. Kim hatte vor ihrem Einzug die Hoffnung, sie könne in der WG einen Zusammenbruch haben und dies könne ein Durchbruch für sie sein, eine Faszination, die die Wohngemeinschaften der PA auf viele Bewerber ausübt. Kims Erwartungen wurden durch die lange Wartezeit noch erhöht und nun ist sie fürchterlich enttäuscht und frustriert. Mich erinnerte ihre Erzählung an Kafkas Geschichte vom "Torhüter". Ich glaube, daß die große Enttäuschung mancher Bewerber sicher manchmal die Folge einer passiven Erwartungshaltung ist "wenn ich nur da hin komme, wird sich alles ändern", sie wahrscheinlich die Lösung ihrer Probleme zu sehr von den anderen erhoffen. Andererseits wird von Seiten der

PA (z. B. in den Seminaren oder durch die Haustherapeuten) auch zu wenig dazu beigetragen, um diese Illusion abzubauen, um klarzustellen, daß die Realität des Gemeinschaftslebens anders ist als zur Zeit Mary Barnes' oder des Films "Asylum".

17. Oktober 1976

Sarah und Tom besuchen mich manchmal in meinem neuen, fürchterlich kitschigen Untermietszimmer, weil sie merken, daß ich mich etwas verloren fühle hier in London. Die Hausbesitzerin ist wie eine Glucke, ich ersticke fast unter ihrer Fürsorglichkeit. Abends ging ich mit Sarah und Tom in die WG. Jenny entschloß sich, nun doch nicht auszuziehen. Andrew, der Haustherapeut war zu Besuch. Es wurden zwei neue Bewerber diskutiert, die gerne einziehen möchten. Einer wurde von allen, außer von Sarah, für nett befunden. Nachdem normalerweise alle Wohngemeinschaftsmitglieder dem Einzug zustimmen müssen, kann er also nicht einziehen. Im Falle des anderen Bewerbers erhob Andrew Einspruch. Er meinte, er würde sich zwar selten einmischen, aber unter diesen Umständen würde er abraten, vor allem wegen der depressiven Haltung der Frau. Sie erwarte von ihrer Umgebung, daß man ihr alles abnehme, daß die Veränderung ausschließlich von den anderen komme.

Heute Abend waren ausnahmsweise alle bei Andrews Besuch anwesend und sind intensiv aufeinander eingegangen.

18. Oktober 1976

Ich war wieder in der WG in Ost-London. Ich saß im Gemeinschaftszimmer, manchmal kamen WG-Mitglieder rein, keiner sagte etwas. Nach einigen Stunden des Schweigens erlebte ich ganz stark das im Existentialismus beschriebene Grundgefühl: "Ich bin vollkommen von den anderen losgelöst, alle Verbindungen, die ich aufnehme, sind nur Scheinverbindungen. Das Gerede von der Wechselseitigkeit und zwischenmenschlichen Begegnungen ist nur Schein." Mir wurde ganz komisch. Auf dem Nachhauseweg dachte ich, daß dieses Gefühl aber auch sehr abhängig war von der in diesem Haus vorherrschenden Beziehungsstruktur, der mangelnden Kommunikation, der Isoliertheit, in der sich anscheinend alle befinden. Die auf theoretischer Ebene beschriebene existentielle Situation der Angst, Verzweiflung und Einsamkeit bestätigt sich dann in der Erfahrung, eine Erfahrung, die jedoch von der für diese WG typische Beziehungslosigkeit produziert wird. Die Hoffnung, die Lösung in der verheißenen "inneren Reise" zu finden, verstärkt sich unter diesen Bedingungen um so mehr.

22. Oktober 1976

Heute war ich mit Sue im Seminar eines der PA-Therapeuten mit dem Titel "You are not alone" (welche Ironie!). K., der Therapeut, brachte Theorien von Heidegger und anderen Existentialisten und erging sich dann wieder in seinen persönlichen Assoziationen. Anschließend unterhielt ich mich mit jemand, der in der PA eine Ausbildung zum Therapeuten macht. Er meinte, daß K. in seinem Vortrag die Essenz dargestellt habe, das ganz Einfache. Ich sagte, entweder sei mir die Essenz entgangen oder für mein Begriffsvermögen (oder meine englischen Sprachkenntnisse) zu kompliziert dargestellt. Mein Gesprächspartner meinte, es sei eben nicht so einfach, zum Einfachen vorzudringen. Ich wagte nur noch zu entgegnen, es sei deshalb so schwierig, zum Einfachen vorzudringen, weil es Leute wie K. vorher so kompliziert machten.

Sue und ich stimmten überein, daß es ja sehr schön sei, daß K. das Grundgefühl habe "You are not alone", daß ihm das aber bald abhanden kommen würde, wenn er in einer der PA-Wohngemeinschaften lebte.

28. Oktober 1976

In letzter Zeit verstehe ich mich zunehmend besser mit Sue, die ursprünglich gegen meinen Einzug war. Mit Jenny habe ich kaum Kontakt, obwohl sie im Sommer meinem Einzug zugestimmt hatte. Sie ist sehr scheu und zurückgezogen. Tom fühlt sich zur Zeit sehr deprimiert. Er fing vor kurzem eine Stelle in einer Reinigungsfirma an, besucht zusätzlich noch Abendkurse und fühlt sich sehr überfordert, was mich nicht erstaunt. Vor einem halben Jahr war er in einer ähnlichen Situation als er als Gärtnergehilfe arbeitete. Zuerst ließ er sich mit viel Enthusiasmus auf alle möglichen Aktivitäten ein und war dann so ausgelaugt, daß er seine Stelle aufgab. Ich diskutierte mit ihm, wie er diesmal seine Verpflichtungen einschränken könne, ohne seine Stelle aufzugeben.

2. November 1976

Wir bereiteten Toms Geburtstagsfest vor, jeder kaufte ein, kochte, putzte. Diesmal war ein starkes Gemeinschaftsgefühl da. Die WG lud noch drei andere Gemeinschaften der PA und einige Therapeuten ein. Das Fest war sehr gelungen. Sue sagte mir anschließend, sie hätte nichts mehr dagegen, wenn ich in die WG einzöge.

3. November 1976

Ich hatte eine lange Unterhaltung mit Barry, der heute sehr aufgeschlossen und ruhig war. Seine Sprach- und Bewegungsstörungen waren völlig weg. Er meinte, nach einem halben Jahr könne ich wieder ausziehen, weil ich dann alles über die PA wisse. Ich fragte ihn, ob er von der PA enttäuscht sei. Er verneinte es, meinte aber, es gäbe nichts Neues mehr für ihn.

Barry hat wenig Kontakt zu den anderen im Haus, er macht häufig einen sehr verstörten Eindruck, kann manchmal kaum sprechen. Er liest viel, weiß viel, bringt dieses Wissen aber manchmal in recht wirre Zusammenhänge, zumindest für mich unverständlich. Er hat viel Geld, im Gegensatz zu den anderen im Haus, die außer Tom, der nun arbeitet, von der Sozialhilfe leben. Durch sein großzügiges Umgehen mit Geld verärgert er sie häufig, z. B. ißt er zum Frühstück zwei große Schnitzel. Die anderen leben überwiegend vegetarisch, nicht aus Überzeugung, sondern aus Geldmangel. Andererseits sind sie auch wieder erleichtert, daß Barry nun für sich kocht und viel ißt, weil er vor einigen Monaten noch jede Nahrung verweigerte. Er blieb wochenlang im Bett, die anderen (v. a. Sarah, Jenny und Tom) fütterten ihn. Sarah und Jenny haben manchmal Angst vor ihm, weil er oft nächtelang nackt im Haus herumwandert, in ihre Zimmer kommt und mit ihnen schlafen will.

16. November 1976

Nun wohne ich seit über zwei Wochen in der WG. Am Morgen ist es meistens trostlos. Niemand steht vor 12 Uhr mittags auf. Ich kann nicht so lange schlafen, sitze dann Stunden in der Küche 'rum, weil ich in meinem winzigen Zimmer Zustände bekomme. Wenn ich die Arme ausstrecke, kann ich beide Wände berühren. Im ganzen Haus ist es kalt, die Heizung funktioniert nicht, wir warten seit über einer Woche auf den Monteur. Das allgemeine Phlegma im Haus steckt mich an, ich werde immer passiver, kann mich zu nichts mehr aufraffen.

Am frühen Nachmittag kommen langsam die anderen in die Küche, keiner redet etwas. Dieses Schweigen am Morgen halte ich kaum mehr aus. Die Nachmittage schleppen sich ebenfalls fürchterlich dahin. Tom ist in der Arbeit, Sarah, Jenny, Barry und Sue sind entweder in ihren Zimmern oder sitzen, meist schweigend, in der Küche. Ich frage mich, ob sie das Schweigen auch als so spannungsgeladen empfinden wie ich. Vielleicht werde nur ich nicht damit fertig. Häufig fühle ich mich wie gelähmt. Wenn ich mit diesem im Haus vorherrschenden Phlegma nicht mehr zurecht komme, mache ich Vorschläge etwas zu unternehmen, spazierenzugehen, ins Hallenbad oder ins Kino. Meistens schließt sich mir jemand an, scheint auch ganz erfreut zu sein, daß endlich eine Anregung kommt. Doch das erzeugt wieder neue Spannungen. Komme ich z. B. mit Sarah vom Schwimmen nach Hause, ist Sue sauer, weil wir zusammen weg waren. Andererseits würde sie nie etwas unternehmen, wenn Sarah dabei ist und umgekehrt. Tom kommt am Abend nach Hause, ist entweder deprimiert oder mieser Laune. Jenny spricht zur Zeit kaum etwas. Barry scheint jedesmal zu erschrecken, wenn ihn jemand anspricht.

25. November 1976

Seit einer Woche fühle ich mich wieder wohler in der WG. Obwohl immer noch viele Aktivitäten von mir ausgehen (was wohl auch meine Unfähigkeit ist, nichts zu tun) und ich manchmal verausgabt bin, weil von den anderen kaum jemals eine Anregung kommt, hat sich die Atmosphäre im Haus verändert. Wir reden wieder miteinander. Oft haben wir interessante Gespräche über Frauengruppen, die PA, Existentialismus, Psychoanalyse, Buddhismus, selbst wenn sich nicht immer alle daran beteiligen. Es ist auffallend, daß Diskussionen über allgemeine Themen häufig Gruppengespräche sind, während persönliche Probleme vorwiegend in Zweierbeziehungen besprochen werden: zwischen Sarah und Tom, Sarah und Jenny, Tom und Sue, Sue und mir usw; einige Mitglieder reden kaum miteinander, z. B. Sarah und Sue; Barry hat kaum Kontakt zu irgend jemand außer mir.

29. November 1976

Tom geht nicht mehr zur Arbeit, wahrscheinlich wird ihm gekündigt. Mit Sue verstehe ich mich immer besser. Obwohl sie meist mit mieser Miene herumsitzt und nie von selbst zu reden anfängt, ist sie sehr aufgeschlossen, wenn ich diese Barriere durchbreche. Sie nimmt mich öfters ins Frauenzentrum mit (was wiederum Sarah verärgert), anschließend gehen wir in die Kneipe. Sie hat vor, demnächst eine unbezahlte Stelle als Halbtagskraft in einem Heim für körperbehinderte Kinder anzufangen, um wieder eine Art von Alltagsroutine zu bekommen und um Referenzen zu erhalten, da sie sich nach einiger Zeit um eine bezahlte Stelle bewerben will. Sie hofft, daß das englische Sozialhilfesystem verändert wird. Sie meint, wenn nicht jeder bedingungslos Sozialhilfe bekäme, wäre es bald vorbei mit der in der PA vorherrschenden Tendenz zur Selbstreflexion und ausschließlich um seine eigenen Probleme zu kreisen.

2. Dezember 1976

Gestern fragte ich Sue, ob sie mit mir ins Pub ginge, um einige Bekannte von mir zu treffen. Seit einigen Tagen brütete sie über einem Lehrbuch, d. h. ständig auf Seite 5 dieses Buchs. Sie war offensichtlich sehr erfreut über meine Aufforderung. Sie meinte, sie bräuchte es öfters, aus ihrer Lethargie herausgerissen zu werden. Sie erzählte, daß sie gestern 10 Stunden vor dem Ofen gesessen sei und ins Backrohr gestarrt habe. Obwohl die anderen in die Küche gekommen seien, hätte sie niemand angesprochen. Teilweise habe sie zwar ihre Lethargie und ihren Ärger genossen, hätte es aber doch gebraucht, daß sie jemand konfrontiere. Ich finde es ist typisch für unser Haus, daß kaum eine positive Konfrontation stattfindet. Konfrontation tritt nur auf, wenn sich die Konflikte so zugespitzt haben, daß jemand explodiert; wenn die Atmosphäre so feindselig ist, daß eine Auseinandersetzung kaum mehr stattfinden kann. Sue meinte, von den Haustherapeuten der PA komme zu wenig Anstoß, interpersonelle Konflikte oder Probleme von Individuen durchzuarbeiten und die meisten WG-Mitglieder hingen mit der gleichen Resignation und Passivität herum oder hätten Angst, zu sehr in den anderen einzudringen.

Nach dem Gespräch mit Sue wurde mir klar, daß meine Position in der WG von Anfang an vordefiniert bzw. mit starken Erwartungen verknüpft war: jeder war zu sehr mit sich beschäftigt, um sich auf die Schwierigkeiten der anderen einzulassen, jeder hatte die Haltung "warum soll gerade ich den ersten Schritt machen, mir geht es genau so dreckig wie den anderen". Von allen wurde sicher erwartet, daß ich diesen ersten Schritt machen würde, weil es mir ja besser ging und weil ich zusätzlich noch Psychologin bin. Meine Rolle war in gewisser Weise vordefiniert als "Retter der Wohngemeinschaft". Häufig nahm ich diese Rolle auch allzu bereitwillig an, aus meiner Psychologenhaltung heraus, Situationen verändern zu wollen; aufgrund meines Mitgefühls, weil ich die Leute in der WG mag; aus meiner eigenen Unfähigkeit heraus, mit der Passivität und den Spannungen im Haus fertig zu werden; aus meinem Bedürfnis heraus, eine Aufgabe und Rolle zu haben, um mit der Unsicherheit in dieser vollkommen unstrukturierten und häufig chaotischen Situation zurechtzukommen. Als ich einmal zu heulen anfing, weil ich Krach mit Pete (meinem Freund) gehabt hatte, waren alle erstaunt, daß ich auch Schwierigkeiten habe, daß ich so etwas wie Unglücklichsein überhaupt kenne.

3. Dezember 1976

Eigentlich wollte ich in meinem Zimmer lesen, was bei Sues lauter Musik unmöglich war. Ich ging in die Küche, um dort zu lesen. Tom saß wieder deprimiert herum. Gleichzeitig sah er so abweisend aus, daß ich mich nicht zu fragen traute, was mit ihm los sei. Je länger ich nichts sagte, um so schwieriger wurde es. Gleichzeitig machte ich mir Vorwürfe, weil ich jetzt auch schon diese falsche Rücksichtnahme annehme, die hier jeden in der Isolation verharren läßt. Manchmal werden mir die Spannungen im Haus einfach zu viel. Anscheinend sah ich selbst unglücklich aus, weil mir Tom nach einiger Zeit sagte, ich solle mir keine Vorwürfe machen, wenn ich es nicht schaffe, ihn zu fragen. Er gab mir dann ein Gedicht, das er geschrieben hatte.

6. Dezember 1976

Ich saß mit Tom in der Küche, er sah wieder sehr unglücklich aus. Diesmal fragte ich ihn gleich, warum er so deprimiert sei. Er sagte, er habe Angst, in der Hölle zu leben. Ich fragte ihn, was für ihn die Hölle sei. Er sagte "Schmerz". Ich fragte ihn, was ihm zur Zeit Schmerz bereite oder was Schmerz für ihn bedeute. Er sagte, "Schmerz" wäre der Unterschied zu "Sorge" und bezog sich dabei auf eines der PA-Seminare, das wir letzte Woche gemeinsam besucht hatten. Mir wurde das Gespräch zu allgemein und ich sagte ihm, daß ich nicht an einer philosophischen Abhandlung über "Schmerz" interessiert sei, sondern an *seinen* Gefühlen und seiner Situation. Tom fing wieder an, in einer sehr abstrakten Weise über Schmerz zu reden. Ich wurde ungeduldig und meinte, entweder verstehe er mich nicht oder wolle mich nicht verstehen. Tom sagte dann, daß sein Schmerz so allgemein, auf nichts Bestimmtes mehr bezogen, sondern unendlich sei und daß er dadurch auch keine Möglichkeit mehr sehe, jemals aus dem Schmerz herauszukommen. Zuerst dachte ich, daß Tom vielleicht ein Gefühl habe, daß ich nicht mehr nachvollziehen könne. Nach einiger Zeit sagte ich: "Ich habe den Eindruck, daß du momentan auch alles tust, um deinen Schmerz unendlich werden zu lassen, nämlich durch deinen Rückzug, durch das Verlassen deines Jobs, durch das dauernde Herumsitzen in der Küche und über den Schmerz im allgemeinen nachzudenken." Er schwieg lange und fragte mich dann, wie ich bestimmte Situationen in meinem Leben anginge. Ich erzählte ihm von mir. Nach einiger Zeit stellte er den Plattenspieler an, tanzte und fragte mich, ob ich mittanzen wolle. Wir tanzten, bis wir beide erschöpft waren. Anschließend fühlten wir uns ganz glücklich. Ich mag Tom sehr gern.

7. Dezember 1976

Heute bekam ich endlich ein größeres Zimmer im Haus, weil Joe, der sowieso nie da war, auszog. Ich habe vor, mich mehr in meinem Zimmer aufzuhalten, weil ich es langsam satt habe, der seelische Abfallhaufen für alle im Haus zu sein. Jenny schleicht nur noch bedrückt herum, Sue ist in einer ihrer aggressiven Stimmungen, knallt andauernd Türen, streitet sich mit fast jedem im Haus, Sarah hat jede Nacht Krach mit ihrem Freund und hält das ganze Haus wach. Barrys Reaktion darauf ist, den Plattenspieler die ganze Nacht auf Vollstärke laufen zu lassen.

Er ist mir oft ein Problem. Ich bin wütend, weil er andauernd meine Sachen aus dem Kühlschrank nimmt und ißt. Es bleibt ohne Konsequenzen, wenn ich mich beschwere. Außerdem hinterläßt er Schmutz und Unordnung, wo er gerade geht und steht. Entweder habe ich in letzter Zeit Aggressionen auf ihn oder Schuldgefühle.

9. Dezember 1976

Zur Zeit habe ich wieder das Gefühl, daß mir alles zu viel wird hier. Ich habe kaum jemanden, wo ich meine Reserven auftanken könnte. Manchmal versuche ich es bei Sarah. Aber meistens kommt sie zu mir, wenn es ihr schlecht geht und dann komme ich wieder in meine Aufopferungsstimmung und denke, ich müßte mich mit ihren Problemen beschäftigen, weil sie ja viel schwerwiegender sind als meine. Meistens lade ich meine ganzen Schwierigkeiten bei Pete ab, dann habe ich wieder Angst, meine Klagelieder könnten ihm zu viel werden und er werde sich vielleicht aus unserer Beziehung zurückziehen. So geht es einfach nicht weiter. Außer Pete muß ich mir andere Leute außerhalb der WG suchen, von denen ich Unterstützung bekomme.

10. Dezember 1976

Ich ging heute stundenlang mit Jenny spazieren. Es war das erste Mal, daß wir beide entspannt zusammen waren.

16. Dezember 1976

Seit einigen Tagen ziehe ich mich ziemlich aus der WG zurück und unternehme viel außerhalb. Wenn ich abends nach Hause komme, sitzt jeder bedrückt und schweigend in der Küche oder schaut mich vorwurfsvoll an.

19. Dezember 1976

Andrew, der Haustherapeut, war heute da. Wir sprachen über Barry, über den sich zur Zeit alle in der WG aufregen. Andrew meinte, daß Barry uns durch seine Art, überall einen Saustall zu hinterlassen, mitteilen wolle, daß er sich selbst wie in einem Saustall fühle, weil sich niemand um ihn kümmere. Dann ging Andrew auf Barrys Zimmer und hatte ein langes Gespräch mit ihm. Er kümmert sich doch stärker um die Leute im Haus als ich anfangs dachte. Obwohl sich jeder von Zeit zu Zeit über Andrew beschwert, mögen wir ihn alle ganz gern. Es kommt immer häufiger vor, daß alle zu Hause bleiben, wenn er uns besucht. Wenn er jedoch Konflikte in der WG aufgreift, reagieren die meisten mit Schweigen oder halten ihm vor, er spiele sich als Therapeut auf. Wenn er andererseits zu wenig interveniert, stößt er auch auf Kritik. Er kann nicht gewinnen. Wahrscheinlich ist seine Zurückhaltung in Konfliktsituationen teilweise eine Reaktion auf die widersprüchlichen Erwartungen der WG-Mitglieder.

22. Dezember 1976

Tom meinte heute, es hätte schon lange nicht mehr so viel Kommunikation im Haus stattgefunden wie zur Zeit. Früher hätte die WG jedem auf einer primitiven Stufe Sicherheit gegeben, einfach durch das Gefühl, man könne hier leben wie man wolle, die Verrücktheiten würden akzeptiert, ohne daß man ausziehen müsse oder in ein psychiatrisches Krankenhaus komme. Er sagte, momentan entwickelte sich eine neue Art von Sicherheit, die in den Beziehungen stünde. Ich glaube, irgendwie läßt sich ein bestimmter Ablauf herauskristallisieren: die Regression, wenn man ins Haus einzieht, dann eine bestimmte Sicherheit, weil das regressive Verhalten akzeptiert wird (das wurde von sämtlichen Bewohnern betont) und dann das Bedürfnis, eine stärkere Verbindung zu anderen aufzunehmen. Ich stellte bei mir eine ähnliche, wenn auch sich rascher vollziehende Abfolge fest: zuerst meine Bemühungen, den anderen näherzukommen, sie zu verstehen, Aktivitäten in der WG zu initiieren; dann meine Erschöpfung, weil ich das Gefühl hatte, immer den ersten Schritt machen zu müssen; darauf folgend eine Art von Regression: meine zunehmende Passivität, tagelang nur in der Küche sitzen, meine Unfähigkeit, irgend etwas zu tun, auch nur zu lesen, immer später aufzustehen; mein Rückzug aus der WG, indem ich so oft wie möglich ausging, meine Ablösung; und im Augenblick das Bedürfnis, wieder stärker am Leben der WG teilzunehmen, jedoch auf einer anderen Ebene als am Anfang. Ich will mich nur noch so stark einbringen wie ich kann und habe keine Lust mehr, mich dauernd zu verausgaben.

19. Januar 1977

Inzwischen bin ich drei Wochen in München gewesen. Seit meiner Rückkehr habe ich das Gefühl, daß ein viel stärkerer Zusammenhalt in der WG vorhanden ist. Wir kochen öfters zusammen oder jemand bäckt Brot oder Kuchen für alle. Das Haus ist sehr sauber, jeder beteiligt sich daran, sogar Barry. Es ist erstaunlich, wie alles so gut klappt, ohne daß jemals etwas organisiert wird.

20. Januar 1977

Tom kam gestern nacht in mein Zimmer. Er war kreidebleich und zitterte am ganzen Körper. Er wollte sich gerade im Bad die Pulsadern aufschneiden. Er fragte, ob er meine Hand halten dürfe. Er sagte, seine Angst vor der Hölle sei wieder so groß geworden, daß er nicht mehr leben wolle. Andererseits traue er sich aus Angst vor der Hölle auch nicht, sich umzubringen. Die Angst vor der Hölle sei so allumfassend und viel schlimmer als jede konkrete Angst, z. B. seine Angst vor dem morgen stattfindenen Bewerbungsgespräch. Ich fragte ihn, ob eine Verbindung zwischen den beiden Ängsten bestehe. Er verneinte es. Er sagte, der einzige Ausweg, der Hölle zu entfliehen, sei für ihn, Christ zu werden. Wenn er aber nur aus der Angst vor der Hölle Christ werde, könne gerade dies ein Grund sein, in die Hölle zu kommen. Er sprach dann darüber, wie man strengen Regeln folgen müsse, um von Gott anerkannt zu werden.

Während ich bei früheren Gesprächen Toms Angst vor der Hölle gar nicht sehr ernst nahm, sie eigentlich mehr als intellektuelle Spielerei ansah, die durch die Seminare der PA verstärkt wurde, wurde mir diesmal klar, wie schlimm diese Angst für ihn sein muß. Er fühlt sich in einer paradoxen Situation gefangen: die Angst vor der Hölle versperrt ihm den Zugang zum Leben und zugleich zum Selbstmord. Er denkt, er müsse Christ werden, um der Hölle zu entgehen, zugleich ist dieser Weg aber gerade ein Grund, um verdammt zu werden.

Als Tom über den unnachgibigen, strafenden Gott sprach, meinte ich, der Ausweg bestünde nicht darin, sich nun streng zum Christentum zu bekennen, sondern seine Vorstellung von Gott zu ändern. In der Bibel stünde ja auch, daß Gott verzeihe und daß man die Liebe leben solle (oder so etwas ähnliches). Tom hatte Angst, daß dies gerade die große Versuchung sein könne. Sich zum Leben und zur Liebe zu bekennen, könne gerade die Falle sein, die zur Hölle führt. Da wurde mir auf einmal klar, daß eine Verbindung bestand zwischen der allgemeinen Furcht und der morgigen Stellenbewerbung. Jedesmal wenn Tom versuchte, dem Leben näher zu kommen, etwa durch einen Job oder durch Aktivitäten, die ihm Spaß machten, hat er Angst, bestraft zu werden und in die Hölle zu kommen. Seine Angst vor der Hölle wird dann größer. Ich teilte ihm meine Gedanken mit und er meinte, es würde stimmen, er sehe nun selbst die Verbindung.

Heute morgen weckte mich Tom auf, um mir zu sagen, daß er auf dem Weg zum Bewerbungsgespräch sei.

(Nachtrag: Er bekam zwar diese Stelle nicht, gab aber während der nächsten Wochen nicht auf, weiterhin zu Bewerbungsgesprächen zu gehen. Er fand eine Stelle in einem Büro, die er über ein Jahr beibehielt.)

22. Januar 1977

Während meiner Ferien in München wurde mir, v. a. durch Gespräche mit Ute, meine Doppelfunktion in der WG bewußter: auf der einen Seite bin ich ein Wohngemeinschaftsmitglied wie jeder andere auch. Meine Mitbewohner wollten mich ja nicht aufgrund meiner psychologischen Ausbildung im Haus haben, sondern weil sie mich mochten (jedenfalls hatte ich diesen Eindruck als ich letzten Sommer für eine Woche nach London kam). Dies setzt eine symmetrische Beziehung voraus. Andererseits habe ich doch eine von den anderen verschiedene Position. Meine Motivation für den Einzug war unterschiedlich; für mich war die PA nicht eine Alternative zu einem psychiatrischen Krankenhaus; ich bekomme das DAAD-Stipendium, bin also neben persönlichen Gründen auch zu Studienzwecken hier. Ich gerate häufig in die Rolle des Therapeuten. Dies impliziert eine asymmetrische oder hierarchische Beziehung.

Diese paradoxe Situation machte mir oft zu schaffen. Verhielt ich mich auf der Gleichheitsebene, zeigte z. B. meine Probleme, waren die anderen enttäuscht, weil ich nicht so stark war, wie sie erhofft hatten. Versuchte ich jedoch in meiner Funktion als Psychologin zu intervenieren, war das zwar in der Situation selbst erwünscht, rief aber nachher negative Gefühle hervor, weil plötzlich eine hierarchische Beziehung vorhanden war.

Mir wird zunehmend bewußter, wie viel ich selbst dazu beitrug, diesen objektiv vorhandenen Widerspruch noch mehr zu vergrößern bzw. die paradoxe Situation zu verschleiern. Ich bemühte mich vor allem am Anfang, auf die Gleichheitsebene einzusteigen, zu betonen, daß ich ja nicht nur aus psychologischem Interesse hier sei, sondern ich mich selbst durch das Zusammenleben verändern möchte. Natürlich stimmte das, der Fehler dabei war jedoch, daß ich meine von den anderen verschiedene Rolle in der WG zu sehr verleugnete. Sicher hing das auch mit meiner allgemeinen sozialen Situation in London zusammen. Am Anfang kannte ich außer meinen Mitbewohnern und ein paar anderen Leuten in der PA kaum jemanden. Ich versuchte daher, meine Bedürfnisse nach Anerkennung und Zuwendung zum großen Teil in der WG zu befriedigen. Trotz meiner verbalen Betonung der symmetrischen Beziehung ließ ich mich von Anfang an sehr stark auf die therapeutische Ebene ein: mein Bedürfnis, die anderen aus der Isolation zu holen, meine überstarke Bereitschaft, in Krisen zu intervenieren.

Obwohl diese paradoxe Situation - Wohngemeinschaftsmitglied und Psychologin - immer noch besteht, sie gar nicht aufzulösen ist, leide ich zur Zeit viel weniger unter dem Konflikt. Dies liegt wohl daran, weil ich die Gleichheitsebene viel weniger hervorhebe als am Anfang, mir es weniger ausmacht, daß meine Position in der WG von der der anderen verschieden ist, ich mit der dadurch erzeugten Distanz viel besser fertig werde als in den ersten Monaten. Dies fällt mir auch deshalb leichter, weil ich langsam Beziehungen außerhalb der WG aufbaue, meine emotionale Sicherheit nicht nur aus der Anerkennung durch die Hausbewohner beziehe. Zugleich steige ich nicht mehr so stark auf die therapeutische Ebene ein, mein Veränderungsdrang, mein therapeutisches Heilbewußtsein reduziert sich langsam.

23. Januar 1977

Sarah drehte heute durch. Wir saßen in der Küche mit Andrew, der uns seinen Sonntagsbesuch abstattete, als sie zu schreien anfing und nicht mehr aufhörte. Sie warf sämtliche Gegenstände ihres Zimmers durch die Gegend. Andrew schaffte es, sie nach einiger Zeit zu beruhigen. Ich war froh, daß er da war. Er blieb etwas länger als gewöhnlich, aber ich fühlte mich doch alleingelassen, als er nach Hause ging. Jeder hatte Angst, als Sarah zu toben anfing, ich auch. Ich blieb noch einige Stunden bei ihr. Sie hört in letzter Zeit immer häufiger Stimmen, ist überzeugt, sich in ein Monster verwandelt zu haben. Sie hat fürchterliche Schuldgefühle, weil sie eine Beziehung mit einem anderen Mann anfing. Ihr Freund beschimpft sie laufend und verachtet sie zutiefst. Normalerweise ist er derjenige, der andere Beziehungen hat. Verstehen kann ich das schon, wenn sie sich wie ein Monster vorkommt, er gibt ihr ja dauernd das Gefühl, sie sei eines.

5. Februar 1977

Ich bin kaum mehr dazu gekommen, Tagebuch zu schreiben. Sarah nimmt mich vollkommen in Anspruch. Sie schreit fast jede Nacht oder wirft Gegenstände durch die Gegend. Tom, Jenny und ich schlafen abwechselnd bei ihr im Zimmer, weil sie stark halluziniert und große Angstzustände hat. Barry hat Angst vor ihr und Sue kümmert sich nicht um sie, weil sie meint, Sarah sei eine hysterische Ziege. Ich schlafe kaum mehr, weil jede Nacht was los ist. Wenn Sarah ruhig ist, dreht Sue nachts den Plattenspieler auf, so daß niemand schlafen kann. Unsere Beschwerden nützen nichts. Ich habe oft Angst vor Sarahs physischer Aggression. Gestern warf sie einen Heizkörper die Treppe hinunter, ich konnte gerade noch zur Seite springen. Selbst wenn es nachts mal ruhig ist, kann ich nicht schlafen, weil ich erwarte, daß gleich wieder was los sein könnte. Barry geistert nachts ohne Kleider im Haus herum, kommt nackt in die Zimmer der Frauen. Jenny hat Angst vor ihm. Tom hat Angst vor Sues Aggressivität, sie knallt den ganzen Tag Türen. Zur Zeit hat jeder Angst vor jedem. Obwohl ich kaum mehr schlafe, versuche ich, morgens um 7 Uhr aufzustehen, um in meinen Englischkurs zu gehen. Ich brauche irgend eine Struktur in diesem Chaos.

9. Februar 1977

Barry kam gestern in ein psychiatrisches Krankenhaus, wieder auf seine übliche Art und Weise. Er ging nachts im Park spazieren und wurde wegen auffälliger Bewegungen von der Polizei aufgegriffen. Obwohl er nach drei Tagen entlassen werden sollte, weigerte er sich. Wir bekamen einen Brief: es gefällt ihm recht gut, seine Ärztin und einige Schwestern sind nett zu ihm. Er braucht sich das Essen nicht mehr selbst zuzubereiten und fühlt sich richtig verwöhnt.

Sarah geht es besser, sie schreibt Gedichte und malt. Manchmal macht sie einen ganz stabilen Eindruck und dann dreht sie wieder durch. Ich versuche sie zu überreden, etwas außerhalb des Hauses zu unternehmen, weil ich diese Abkapselung nicht für richtig halte.

12. Februar 1977

Sarah fragte mich, ob sie mit mir in die "natural dance group" gehen könne, an der ich wöchentlich teilnehme. Ich hatte gemischte Gefühle. Einerseits war ich froh, daß sie endlich etwas unternimmt, um aus ihrer Isolation herauszukommen. Andererseits paßt es mir nicht so recht, weil ich diese Gruppe als meinen Eigenbereich ansehe. Ich brauche das zur Zeit stärker denn je, weil ich durch solche Aktivitäten wieder Energie bekomme, ansonsten könnte ich es in der WG gar nicht aushalten. Manchmal rede ich nach der Tanzgruppe, wenn wir ins Pub gehen, über meine Situation im Haus und das gibt mir viel Unterstützung. Ich sagte trotzdem, daß Sarah mitgehen könne, weil ich froh war, daß sie wieder etwas unternehmen wollte. Der Leiter der Gruppe meinte, es wäre nicht ganz sicher, ob Sarah noch mitmachen könne, da die Gruppe schon vor einigen Wochen begonnen habe. Die Teilnehmer sollten am Ende des Treffens darüber beschließen. Sarah fühlte sich sehr isoliert und ich versuchte sie zu integrieren, was mir den ganzen Spaß am Tanzen verdarb. In der Pause fragte mich der Leiter der Gruppe, wer Sarah sei. Dummerweise sagte ich, daß sie aus unserer WG käme und ich gemischte Gefühle über ihren Beitritt hätte. Nachdem er einige meiner Schwierigkeiten in der WG kannte und er mir anscheinend helfen wollte, sagte er am Ende der Gruppe, daß sie kein Mitglied werden könne. Auf der Heimfahrt war Sarah sehr verstört, zu Hause sagte sie, sie sei durch dieses Erlebnis wieder paranoid geworden und habe das Gefühl, daß alle gegen sie seien. Ich hatte starke Schuldgefühle und dachte an Laings Fallbeschreibung einer Familie, in der der "Einwirkungswahn" der Tochter auf die reale Einwirkung durch die Eltern zurückzuführen war. Sarahs paranoide Gefühle waren in dieser Situation vollkommen berechtigt, ihre Ablehnung durch die Gruppe war ja durch mein Verhalten bedingt. Ich schaffte es jedoch erst am nächsten Tag, ihr das alles zu erzählen. Sie war sehr erleichtert. Seitdem verstehen wir uns eigentlich viel besser als vorher.

18. Februar 1977

Obwohl Sarah jetzt wieder einigermaßen stabil ist (sie hat die Beziehung mit ihrem Freund beendet), ist die Atmosphäre im Haus äußerst spannungsgeladen. Während Sarahs Krise hat jeder so viel an eigenen Konflikten unterdrückt und nachdem sich die Situation nun etwas beruhigt hat, kommen sie langsam zum

Ausdruck. Sarah, Jenny und Tom erwarten, daß Sue die nächste sei, die ausflippt. Sie meinen, es wäre am besten, Sue nicht zu reizen, sie säße auf einem Pulverfaß. Tom ist der Ansicht, es wäre ganz gut, wenn Sue ausflippe, es könne ein neuer Anfang für sie sein. Ich war sehr skeptisch, weil ich Laings Vorstellung (die auch in Toms Meinung zum Ausdruck kam), ein psychotischer Zusammenbruch führe nahezu zu einem Durchbruch, mit Vorsicht gegenüberstehe. Dies vor allem bei der derzeitigen Situation vieler PA-Wohngemeinschaften, in denen Regression zwar ermutigt, aber zu wenig Unterstützung angeboten wird, aus der Regression wieder herauszukommen. Ich wandte ein, daß ebenfalls die Gefahr bestehe, daß es Sue nach dem Ausflippen noch schlechter gehe als jetzt. Mein Eindruck sei, daß ihr explosives Verhalten mit der Situation im Haus zusammenhänge, sie fühlte sich sehr zurückgesetzt, als sich während der letzten Wochen alles um Sarah drehte. Wenn ihr Ausflippen eine Reaktion darauf sei, könne man das ja auch vorher auffangen, indem man darüber spreche und was zu ändern versuche. Tom, Sarah und Jenny meinten, sie seien zu wenig an Sue interessiert, um etwas zu unternehmen. Dieses Desinteresse in der WG und die Tendenz, Konflikte nicht an die Oberfläche zu bringen, macht mich oft rasend.

22. Februar 1977

Sue ist am überkochen, jeder weicht ihr aus. Ich fange wieder mit meinen auf einzelne Personen beschränkte Strategien an, ohne die Gruppe miteinzubeziehen, was ich selbst nicht gut finde, aber ich halte die Spannungen im Haus und die Passivität der anderen, etwas dagegen zu unternehmen, kaum mehr aus. Heute abend gehe ich mit Sue zu einem PA-Seminar und habe vor, mit ihr anschließend über ihre Situation im Haus zu reden. Manchmal möchte ich am liebsten aus der WG ausziehen, aber dann denke ich wieder ich kann nicht einfach weglaufen, nur weil es schwierig wird.

24. Februar 1977

Ich fragte Sue, ob sie wütend sei, weil sich alle im Haus, einschließlich des Haustherapeuten, auf Sarah konzentriert hätten. Sie brummte sehr abweisend "mag sein". Trotz ihrer anfänglich sehr defensiven Haltung haben wir einen spannungsfreien Abend verlebt. In Bezug auf unsere WG meinte sie, sie fände es zwar gut, daß man machen könne, was man wolle. Aber nach einiger Zeit hätten wohl alle das Bedürfnis, aus diesem Zustand wieder herauszukommen. Von den anderen im Haus könne man nicht viel Unterstützung erwarten, sie verstärkten sich nur gegenseitig in ihrer Depression. Dann fragte sie mich, ob ich mich auch dadurch beeinflussen lasse. Ich meinte, es würde mich oft ziemlich tangieren. Sie war sehr betroffen. Ich war erstaunt, daß dies für sie eine Neuigkeit war. Obwohl ich es öfters zum Ausdruck gebracht hatte, wenn es mir schlecht ging, haben die anderen anscheinend immer noch das Bild von der "starken, unerschütterlichen Evelyn".

28. Februar 1977

Erstaunlicherweise hat Sue heute für die ganze WG Kuchen gebacken. Versöhnungsgesten oder Versuche, wieder stärker in die Gemeinschaft integriert zu sein, laufen bei uns im Haus häufig übers Essen ab. Sue verkündete, daß sie sich entschlossen hatte, in zwei Monaten zum Vordiplom in Soziologie anzutreten. Sie hatte es vor einundeinhalb Jahren schon einmal versucht, bekam dann starke Angstzustände und Depressionen und wurde in eine psychiatrische Klinik eingewiesen. Sie muß in den nächsten zwei Monaten 10 Essays schreiben, um zum Examen zugelassen zu werden.

3. März 1977

Gerade las ich neben der Eingangstüre einige Zeilen auf die Tapete gekritzelt:

"Ich kam vor zehn Monaten ins Haus,
um einen Nervenzusammenbruch zu haben.
Inzwischen ist alles viel schlimmer.
Krankheit kann so bequem sein.
Psychoanalyse ist intellektuelle Selbstbefriedigung".

Ich fragte Sarah, ob die Zeilen von ihr stammten. Sie sagte, sie seien von einem ehemaligen Wohngemeinschaftsmitglied geschrieben worden, Karen, die über ein Jahr im Haus gelebt habe. Anschließend sei sie für ein halbes Jahr auf eine Landkommune gezogen und dann nach Amerika gegangen, um dort ihr Studium zu beenden. Ich glaube, das ist die Versuchung, die die PA anbietet und auf die viele anspringen: sie stellt Freiräume bereit, in denen die soziale Realität außerhalb der WG weitgehend ausgeklammert werden kann.

5. März 1977

Auf dem gestrigen PA-Seminar wurde Nick erwähnt, der in einer anderen WG der PA wohnt. Er hat sich seit einem Jahr in seinem Zimmer eingeschlossen, spricht mit niemandem und lebt in völliger Isolation. Seine Mitbewohner stellen ihm das Essen vor die Tür, weil er sich weigert, jemand in sein Zimmer zu lassen. Der für dieses Haus zuständige Therapeut bewertete diesen Zustand als sehr postitiv. Er meinte, im psychiatrischen Krankenhaus wurde Nick immer zu etwas gezwungen, was er nicht wollte, in der PA habe er die Freiheit, zu tun was er wolle. Unsere WG-Mitglieder waren entsetzt. Sie meinten, wenn Nick weiterhin in der PA bleibe, werde er bis an sein Lebensende in diesem Zustand verharren.

(Nachtrag: Nach einigen Monaten erfuhr ich, daß sich Nick entschlossen hatte, wieder eine soziale Existenz zu führen. Eines Tages tauchte er aus seinem Zimmer auf, kleidete sich neu ein und bewarb sich kurz darauf um eine Stelle. Manchmal frage ich mich, ob das in der PA vertretene Prinzip der Nicht-Intervention nicht doch eine bestimmte Richtigkeit hat. Sie wirkt offensichtlich positiv in den Situationen, in denen die Umgebung des Betroffenen genügend Vertrauen in ihn setzt, seine Bedürfnisse bedingungslos akzeptieren kann, selbst wenn sein Verhalten zunächst gängigen Vorstellungen von sozialem Leben widerspricht.)

Unser Haustherapeut ist in letzter Zeit wesentlich aktiver. Er spricht Konflikte direkt an und läßt nicht locker, wenn jemand ausweichen will. Er unterstützt Sarah stark bei ihrer Stellensuche. Sie möchte gern als Gemeindehelferin arbeiten. In England sind manche Stellen auch offen für Bewerber, die keine Ausbildung im Bereich der Sozialarbeit vorweisen können. Er verschafft ihr Adressen und bereitet sich mit ihr auf Bewerbungsgespräche vor. Er hat zwar nie Druck ausgeübt, daß sie wieder einen Beruf ergreifen solle, nachdem sie sich jetzt selbst dazu entschlossen hat, wird er sehr aktiv. Er versucht auch Tom zu überzeugen, daß er seine neue Stelle trotz der Schwierigkeiten, die er dort manchmal erlebt, beibehalten soll.

7. März 1977

Barry ist immer noch im Hospital, nun schon etwa vier Wochen. Er ist sich nicht ganz sicher, ob er zu uns ins Haus zurück will. Als Alternativen sieht er ein Übergangswohnheim oder eine Kommune auf dem Land.

Dr. F., ein mit der PA zusammenarbeitender Allgemeinarzt, will demnächst seine Praxis aufgeben und mit seiner Familie in eine PA-Wohngemeinschaft ziehen. Finde ich ganz gut, daß er sich richtig auf das Gemeinschaftsleben einlassen will. Ich kann die idealistischen Reden derjenigen PA-Mitglieder nicht mehr mitanhören, die in den Seminaren von der Großartigkeit des Gemeinschaftslebens in den PA-Wohngemeinschaften erzählen, ohne jemals dort gelebt zu haben. So viel ich weiß, hat auch Laing seit Kingsley Hall in keiner der Wohngemeinschaften mehr gelebt. Er besuchte eine WG in Nord-London alle zwei Wochen, stellte dann seine Besuche aber wieder ein. Auf seinem letzten Vortrag kündigte er an, er wolle im nächsten Monat seine Praxis als Therapeut aufgeben, um sich stärker auf sein Familienleben und die PA zu konzentrieren; ich bin ja gespannt. Auf diesem Vortrag ließ er sehr ironische Bemerkungen über Therapie fallen: "I wonder if therapy is not only a reification of something which is nothing at all."

9. März 1977

Jenny hat große Schwierigkeiten mit der Uni. Sie fing vor etwa drei Jahren an, Geschichte und Sprachen zu studieren, gab ihr Studium aber nach einem Jahr auf, weil sie sehr starke Ängste entwickelte. Sie wagte es nicht mehr, über den Campus zu gehen, wenn andere Studenten anwesend waren. Manchmal schlich sie sich um 4 Uhr morgens aus dem Haus, versteckte sich in Toreingängen der Universität bis die Vorlesungen anfingen, nur um niemandem zu begegnen. Vor zwei Monaten entschloß sie sich, wieder weiterzustudieren. Sie fuhr einige Male nach Brighton zu Seminaren und kam jedesmal verstört zurück. Sie nimmt zunehmend mehr Schlaftabletten, um die Uni zu vergessen. Sie ist überzeugt, jeder spricht über sie. Gestern fuhr sie nach Brighton, um ihren Tutor zu fragen, ob sie die erforderlichen Arbeiten zu Hause schreiben könne, ohne die Kurse zu besuchen. Zu Hause kann sie sehr gut arbeiten. Ich fuhr mit ihr, weil sie wieder Angstzustände hatte. Man schlug ihr vor, sie solle noch für ein weiteres Jahr aussetzen, sie könne dann ihr Studium fortsetzen, sie solle jedoch in Kontakt mit ihren Tutoren bleiben. Anschließend gingen wir lange am Meer spazieren. Sie erzählte so viel von sich wie noch nie, ihren Aufenthalten in psychiatrischen Anstalten, ihrer Familie, Schulzeit und ihren Beziehungen.

12. März 1977

Philip, der gestern in unsere WG einzog, beschwerte sich, daß hier nicht gerade ein hervorragendes Gemeinschaftsgefühl vorhanden sei. Vor seinem Einzug in unser Haus wohnte er in der WG in Ost-London. Er hatte sich erhofft, daß es bei uns besser sei. Er erzählte, daß seine frühere WG vor einem Jahr sehr gut funktioniert habe. Dies war zu der Zeit, als es einem der Mitglieder sehr schlecht ging, Ken war für einige Zeit kataton gewesen. Die gesamte WG und einige Therapeuten der PA kümmerten sich intensiv um ihn. Dies wirkte sich positiv auf das Gemeinschaftsleben aus, es entwickelte sich eine starke Solidarität. Unsere Hausbewohner reagierten etwas aggressiv auf diese Bemerkung. Sie meinten, es wäre traurig, wenn dieses enge Gemeinschaftsgefühl nur zu erreichen sei, wenn man einen Patienten habe.

13. März 1977

Jenny geht es seit einigen Tagen sehr schlecht. Sie ißt und schläft nicht mehr und wandert nachts durch halb London. Sarah sagte mir, daß Jenny ihr erzählt habe, sie höre Stimmen und habe das Gefühl, daß die Möbel sich bewegten. Sie schreibt dies der psychokinetischen Kraft von Tom zu. Sie fühlt, daß von meinem Zimmer psychologische Interpretationen ausstrahlen. Ich war sehr bestürzt, weil ich überzeugt bin, daß trotz der Übersteigerung ihrer Ängste diese mit unserer Beziehung zusammenhängen. Dies habe ich von Laing und der PA gelernt: die Leute ernstzunehmen, auch wenn sie noch so "psychotisch" sind und einen realen Grund in ihren Wahrnehmungen anzuerkennen, auch wenn diese noch so verzerrt sein mögen. Ich vermute, es besteht ein Zusammenhang zwischen unserem Gespräch in Brighton und ihrer Vorstellung, von meinem Zimmer gingen psychologische Interpretationen aus, obwohl ich mir eigentlich nicht bewußt bin, daß ich interpretiert habe. Anscheinend hat sie es aber so empfunden. Während der letzten Nächte zerschmiß sie sämtliche Milchflaschen, einige Fensterscheiben und Geschirr. Ich kann kaum mehr schlafen.

Gestern sprach ich mit unserem Haustherapeuten über meine Doppelrolle in der WG, als Psychologin und als Wohngemeinschaftsmitglied hier zu sein. Ich sagte ihm, daß mir die damit verbundenen widersprüchlichen Erwartungen in letzter Zeit wieder ziemlich zu schaffen machten. Er meinte, das wäre wohl mein Problem, wenn ich meine Rolle und meine Persönlichkeit nicht zusammenbrächte. Er würde diesen Widerspruch nicht erleben. Für ihn sei es einfach eine Begegnung von Mensch zu Mensch, wenn er uns hier im Haus besuche. Ich finde das eine schöne Verschleierung, außerdem bin ich wütend, weil ich mich zur Zeit von ihm überhaupt nicht unterstützt fühle. Manchmal frage ich mich jedoch, ob es nicht wirklich mein Problem ist.

15. März 1977

Jenny verläßt jedesmal die Küche, wenn ich 'reinkomme. Sie läuft davon, wenn ich sie frage, was los ist. Sarah erzählte mir, Jenny sei überzeugt, ich sei von dem bösen Geist ihrer früheren Lehrerin besessen. Um diesen bösen Geist loszuwerden und an Jenny weiterzugeben, müsse ich sie töten. Deshalb traut sie sich nachts nicht mehr im Haus zu bleiben. Gestern abend waren Jenny und ich alleine im Haus. Als ich die Küche betrat, nahm sie gerade ein großes Brotmesser. Ich hatte fürchterliche Angst, weil ich mir nicht sicher war, ob sie nur Brot schneiden wollte oder dachte, ich wolle sie umbringen und sich mit dem Messer verteidigen wollte.

16. März 1977

Ich bin sehr froh, daß Ute gestern aus München zu Besuch kam. Als ich ihr meine Situation im Haus schilderte, meinte sie, ich solle ausziehen. Ich bin mir nicht klar, was ich tun soll. Einerseits möchte ich wirklich gern ausziehen, ich bin ziemlich k.o., schlafe kaum mehr, werde zunehmend deprimierter. Andererseits befürchte ich, daß die Situation in der WG durch meinen Auszug noch schlimmer wird. Ich fühle mich wieder mal überverantwortlich. Ich denke immer noch, es müßte doch möglich sein, die Konflikte durchzuarbeiten. Dagegen steht dann wieder meine Erfahrung, daß das bisher kaum gelungen ist, höchstens einmal in Zweierbeziehungen, aber nie in der ganzen Gemeinschaft. Von Andrew fühle ich mich im Stich gelassen. Ich finde, daß er sich der in der PA vorherrschenden Mystifikation der Therapeutenrolle anschließt, das heißt er verneint, daß die Therapeutenrolle überhaupt existiert.

Trotz aller Gründe, hier zu bleiben, finde ich die Situation oft unerträglich. Wenn es nachts laut ist - und es ist eigentlich fast immer laut - habe ich Angst, daß wieder jemand ausflippt. Wenn Pete übers Wochenende hier bleibt, habe ich Schuldgefühle, wenn ich die vorwurfsvollen Gesichter meiner Mitbewohner sehe; sie sind sehr eifersüchtig auf ihn. Wenn ich ausgehe, habe ich Schuldgefühle, weil ich es mir finanziell leisten kann, auszugehen und die anderen nicht oder nur in beschränkterem Ausmaß. Ich habe Schuldgefühle, wenn ich mir in der Küche etwas besseres koche als die anderen, aber ich habe auch keine Lust, immer nur Gemüse zu essen.

Ute meinte, meine Hauptgründe fürs Hierbleiben beruhten auf einer Negativdefinition: "Ich bin unfähig so etwas durchzustehen, also muß ich mich zwingen, bis zum bitteren Ende hier zu bleiben." Das stimmt schon und diese Negativdefinition prägt zur Zeit immer stärker mein ganzes Selbstbild. Ich traue mir immer weniger zu.

20. März 1977

Sämtliche Versuche meinerseits, mit Jenny über ihre Situation und unsere Beziehung zu reden, sind in den letzten Tagen gescheitert, sie wich mir andauernd aus. Sarah erzählte mir, daß Andrew eine lange Unterredung mit Jenny hatte, in der er eine Verbindung herstellte zwischen ihren Verfolgungsängsten, die vor allem in Bezug auf mich und Tom sehr ausgeprägt sind und ihrer Angst vor der Uni. Er sagte, daß wir beide für sie wohl die Realität außerhalb verkörperten, weil Tom arbeitet und ich studiert habe. Das heißt wir hätten das erreicht, was sie auch anstrebt, aber sich nicht zutraut. Seit gestern macht Jenny einen viel entspannteren Eindruck.

22. März 1977

Ich diskutierte mit der WG meinen Auszug. Unser Haustherapeut meinte, er könne zwar verstehen, daß ich mich überfordert fühle, er finde aber trotzdem, daß ich vor Problemen davonlaufe. Ich gab zu, daß das möglich sei, daß ich aber vor Problemen davonliefe, auf die er sich von Anfang an nicht eingelassen hat. Er habe ja noch nie in der WG gewohnt.

Sue war sehr frustriert und meinte, wir könnten die Situation im Haus ändern. Sie wolle einen Brief an sämtliche Wohngemeinschaften der PA schreiben, wir könnten mit ihnen zusammenarbeiten und uns über die Politik der PA beschweren. Ich war mir nicht mehr sicher über meinen Entschluß auszuziehen, vor allem mag ich die Leute in der WG ja auch gern. Nachts ging der Krach dann wieder los. Sue stritt stundenlang mit Philip, zerschmiß Gegenstände, ich verbrachte eine weitere schlaflose Nacht. Daraufhin entschloß ich mich endgültig auszuziehen.

28. März 1977

Jenny scheint ihre Krise überwunden zu haben. Sie erzählte mir ihre Befürchtungen, die sie in Bezug auf mich hatte, obwohl sie sie zur Zeit emotional nicht mehr nachempfinden kann. Ich fragte sie, ob ihre Angst, von meinem Zimmer gingen psychologische Interpretationen aus und ich sei von dem bösen Geist ihrer Lehrerin besessen, mit unserer Reise nach Brighton zu tun gehabt hätte. Sie sagte, es wäre damals das erste Mal für sie gewesen, daß sie jemandem so viel über sich erzählt habe. Sie hätte mir zwar in der Situation selbst vertraut, sich auch sehr erleichtert gefühlt, das alles jemandem erzählen zu können, hatte aber nachher Angst, weil sie befürchtete, zu viel von sich hergegeben zu haben. Sie hatte Angst, ich wüßte zu viel von ihr und könne sie deshalb kontrollieren. Diese Angst wurde verstärkt, weil ich Psychologin bin. Sie befürchtete, daß ich in dem, was sie mir anvertraut hatte, aufgrund meines psychologischen Fachwissens mehr erkennen könne als sie selbst dazu fähig war. Sie sagte, solange sich ihr Unbehagen und Mißtrauen mir gegenüber auf dieser noch einigermaßen einsichtigen Ebene abspielte, sei sie damit zurecht gekommen. An irgendeinem Punkt schlugen ihre Befürchtungen in die Vorstellung um, daß ich von dem bösen Geist ihrer Lehrerin besessen sei und ich sie umbringen wolle.

Ich war sehr erleichtert, als ich mit Jenny darüber reden konnte. Gestern unternahm sie eine Radtour und wird zunehmend unternehmungslustiger. Sie plant, demnächst eine Radtour in Schottland zu unternehmen.

Nach meinem Auszug aus der Wohngemeinschaft

Anfang April 1977 zog ich aus. Ich nahm ein Zimmer, das nicht weit von der WG entfernt war. Während der nächsten drei Monate, d. h. bis ich eine bezahlte Stelle in einer therapeutischen Gemeinschaft der Richmond Fellowship am anderen Ende Londons annahm, besuchte ich meine ehemaligen Mitbewohner etwa drei mal pro Woche oder wir unternahmen etwas außerhalb des Hauses, gingen ins Kino, in Ausstellungen oder machten Wanderungen. Nach meinem Auszug kamen alle viel stärker auf mich zu, machten Vorschläge, was wir gemeinsam unternehmen könnten.

Während dieser drei Monate fand eine viel stärkere Außenorientierung sämtlicher Wohngemeinschaftsmitglieder statt, was teilweise mit der Tatsache in Verbindung stand, daß das Haus im August geschlossen werden sollte, da der Hausbesitzer selbst einziehen wollte.

Ich fragte mich häufig nach meinem Auszug, ob nicht meine Aktivität während meines Aufenthalts in der WG die Passivität meiner Mitbewohner verstärkte und inwieweit meine Anwesenheit nicht Probleme zum Hervortreten brachte, die ohne mich vielleicht nicht oder in anderer Form zum Ausdruck gekommen wären. Unser Haustherapeut meinte einmal, es wäre kein Zufall gewesen, daß nach Weihnachten einer nach dem anderen ausgeflippt wäre. Meine Mitbewohner hätten sich durch meine Anwesenheit sicherer gefühlt, was ihnen ermöglichte, ihre Gefühle in häufig sehr explosiver Form zum Ausdruck zu bringen; Gefühle, die in der vorher unsicheren Situation verdrängt oder verdeckt worden wären.

Kurz nach meinem Auszug fand für einige Zeit eine wesentlich stärkere Kommunikation in der WG statt. Es liefen heftige Diskussionen über die Politik der PA und die Rolle unseres Haustherapeuten ab. Erst zu dieser Zeit erfuhren wir, daß er für seine Besuche in unserem Haus bezahlt wurde. Unsere Miete enthielt zugleich den Betrag für die Bezahlung des Therapeuten. Sicher ist anzuerkennen, daß Andrew für eine minimale Bezahlung (etwa 10,-- DM pro Besuch) seit mehreren Jahren zwei mal wöchentlich in die WG kam. Sein Engagement beruhte sicher auf echtem Interesse. Uns machte nicht die Tatsache der Bezahlung, sondern deren Geheimhaltung wütend. Die Mystifizierung bzw. Verleugnung der Therapeutenrolle innerhalb der PA wurde dadurch wieder einmal offensichtlich. Die Erklärungen, es handelte sich um rein menschliche bzw. "existentielle" Begegnungen, wurden unglaubwürdig.

Die Unzufriedenheit unserer Wohngemeinschaft mit der PA-Politik führte zur Organisierung eines Treffens mit den anderen Wohngemeinschaften der PA. Sue verschickte Einladungen an sämtliche Häuser der PA. Bei einem Treffen diskutierten wir unsere Einstellung zur PA, d. h. zum Vorstand und der allgemeinen PA-Politik.

Eine WG fühlte sich sehr durch den Vorstand und den Haustherapeuten unterstützt (die WG, in der sich Nick ein Jahr lang in sein Zimmer eingeschlossen hatte). Diese WG erhielt allerdings auch eine aktivere Unterstützung als unsere. Der zuständige Therapeut lebte nur zwei Häuser nebenan, er war jederzeit in Krisenfällen erreichbar und bereit, für einige Tage in der WG zu wohnen. Eine andere WG, die erste, die nach Kingsley Hall gegründet wurde, wollte ebenfalls keine Veränderungen. Es war die WG, die Laing manchmal besuchte, zusätzlich war noch ein anderer Therapeut dafür zuständig. Für einige Zeit lebte ein Student, der in der PA eine therapeutische Ausbildung machte, in diesem Haus. Er stand unter ständiger Supervision durch verschiedene PA-Therapeuten. Die WG in Ost-London versuchte sich zunehmend von der PA abzulösen und empfand die Besuche des zuständigen Therapeuten als zu starke Einmischung in ihre Gemeinschaft. Auch vor ihrem Ablösungsversuch war diese WG mit dem in der PA vorherrschenden Prinzip der Nicht-Intervention zufrieden und wehrte sich dagegen, wenn - wie in seltenen Fällen - Interventionen von Seiten des Therapeuten vorgenommen wurden. Eine andere WG fühlte sich, stärker noch als unser Haus, von der PA vernachlässigt und forderte eine stärkere Unterstützung in Krisenfällen.

Sue verfaßte im Namen unseres Hauses und einiger Mitglieder anderer Wohngemeinschaften einen Brief an den Vorstand der PA. Die Berechtigung der von uns vorgetragenen Kritik wurde vom Vorstand und den Haustherapeuten ernsthaft diskutiert. Der Brief bewirkte eine starke Verbesserung der Beziehung zwischen unserem Haustherapeuten und unserer WG. Ich finde, es ist als Positivum der PA festzuhalten, daß die Unzufriedenheit der Wohngemeinschaftsmitglieder ernst genommen und nicht - wie in manchen therapeutischen Gemeinschaften üblich - mithilfe des therapeutischen Fachvokabulars weginterpretiert oder zu individuellen Problemen stilisiert wurde.

Die verschiedenen Wohngemeinschaften trafen sich noch weiterhin in regelmäßigen Abständen, auch als die Diskussion der PA-Politik nicht mehr fortgeführt wurde. Es wurden gemeinsame Parties oder andere Aktivitäten organisiert. Der Zusammenhalt zwischen den verschiedenen Wohngemeinschaften wurde dadurch wesentlich enger.

Nach der Auflösung unserer WG im Sommer 1977 zog Tom in ein anderes Haus der PA. Er behielt seine Stelle im Büro bei. Sarah wohnte einige Zeit bei Freunden, arbeitete in einem Reformhaus und ging nach einigen Monaten nach Australien zurück, um dort wieder in ihrem früheren Beruf als Chemielaborantin zu arbeiten. Sue zog mit ihrem Freund in ihrer Heimatstadt zusammen und begann eine Ausbildung als Krankenschwester. Barry lebte ein halbes Jahr bei Bekannten auf dem Land, flog später nach Australien und lebte für einige Zeit bei Sarahs Eltern. Jenny zog in ein Wohnheim für Frauen, lebte weiterhin von der Sozialhilfe und bereitete sich auf die Fortsetzung ihres Studiums vor. Ein Hausbewohner, der mein Zimmer übernahm, schloß sich einer Landkommune an und arbeitete in einer Gärtnerei. (23)

7.7. Resümee

Wenn ich heute auf meinen Aufenthalt in der PA zurückblicke, ist mir meine eigene Beteiligung an den von mir empfundenen Schwierigkeiten wesentlich bewußter. Ich glaube, zeitweilig ließ ich mich auf eine Art von Konspiration ein. Zum Beispiel vertrauten mir meine Mitbewohner häufig Probleme an, mit der Bitte, ja nichts dem Haustherapeuten zu erzählen. Es wurde eine Spaltung zwischen ihm und mir hervorgerufen, teilweise aus dem Bedürfnis meiner Mitbewohner heraus, mich nicht auf der Seite des therapeutischen Personals, sondern als Gleichgestellte zu sehen. Dies kam wiederum meinem Bedürfnis entgegen, von ihnen gemocht zu werden. Mein Bedürfnis nach ihrer Anerkennung wurde durch meine anfängliche Situation in London verstärkt: ich fühlte mich nicht genügend in ein soziales Netzwerk außerhalb der WG integriert.

Die Tendenz meiner Mitbewohner - häufig war es auch meine eigene - mich in einer vom Haustherapeuten verschiedenen Rolle wahrnehmen zu wollen, führte zu einer Art Teufelskreis: meine Einwilligung auf die Bitte der Hausbewohner, Andrew nichts von ihren Problemen zu erzählen, führte dazu, daß ich mich selbst seiner Unterstützung beraubte, die für mich damals sehr wichtig gewesen wäre. Zusätzlich kam ich durch dieses Verhalten in die Rolle der Vertrauten, der "Guten" und "Gebenden", während Andrew zum "Versagenden" und "Bösen" wurde. Der von mir erfahrene Mangel an Unterstützung, den ich jedoch zum Teil selbst bewirkte, rief bei mir häufig Aggressionen Andrew gegenüber hervor, wodurch ich mich an der Auffassung meiner Mitbewohner beteiligte, Andrew als den "Bösen" zu sehen. Ich stellte mich stärker auf die Seite der Hausbewohner und trug dadurch zur Verleugnung meiner funktionalen und therapeutischen Rolle bei. Dies wurde auch dadurch erleichtert, daß ich im Gegensatz zu Andrew in der WG wohnte, wodurch sich trotz meiner Rolle als Psychologin eine viel intensivere und persönlichere Beziehung der Wohngemeinschaftsmitglieder zu mir entwickelte als zu ihm. Es ist mir inzwischen klar, daß ich häufig die in der PA vorherrschende Verschleierung der funktionalen Beziehungsebene mitbetrieb. Obwohl mir auf allgemeiner Ebene meine paradoxe Situation (Hausbewohner/Psychologin) bewußt war, vermochte ich dies nicht immer mit konkreten Situationen in Verbindung zu bringen.

Trotz aller von mir damals erlebten Schwierigkeiten habe ich durch den Aufenthalt in einer der Wohngemeinschaften der PA sehr viel gewonnen. Durch die theoretische Auseinandersetzung mit der englischen Antipsychiatrie und dem Leben in einem der "Asyle", habe ich gelernt, die Erfahrungen psychiatrisch diagnostizierter Personen ernst zu nehmen, auch wenn diese Erfahrungen in noch so verzerrter Form zum Ausdruck kommen bzw. meiner eigenen Erfahrungswelt fremd sein mögen. Ich habe gelernt, ihre Erlebnisse und ihr Verhalten in ihrem sozialen Kontext zu betrachten und zu verstehen und meine eigene Beteiligung am Verhalten der anderen anzuerkennen. Als ich später in therapeutischen Gemeinschaften anderer Organisationen arbeitete, wurde mir zunehmend bewußt, wieviel ich in dieser Hinsicht meinem Aufenthalt in der PA zu verdanken habe.

II. KRITIK AN DER ENGLISCHEN ANTIPSYCHIATRIE AUS KRITISCH-SOZIALPSYCHIATRISCHER SICHT

Mit der Darstellung von Theorie und Praxis der englischen Antipsychiatrie im Rahmen dieser Arbeit wird das Ziel verfolgt, zu überprüfen, inwieweit diese für die Entwicklung eines kritisch-sozialpsychiatrischen Versorgungsmodells dienlich sein kann.

Kritische Sozialpsychiatrie erfordert

a) die Ursache für pathogene Verhaltens- und Interaktionsformen in der sozio-ökonomischen Struktur der Gesellschaft zu suchen, da diese die Lebensbedingungen der verschiedenen gesellschaftlichen Gruppen, vermittelt über Familie, Sozialisationsinstitutionen und Arbeit, bestimmen;

b) als Folge dieses Ausgangspunkts die Entwicklung eines Versorgungsmodells, das außer Therapie (verstanden als personenzentrierte Technik im weitesten Sinn, also auch Familien- und Gruppentherapie beinhaltend) die Veränderung eben dieser mit pathogener Wirkung behafteter Strukturen ins Auge faßt, d. h. wesentlich präventiv, nicht nur versorgend ausgerichtet sein muß.

Im folgenden soll gezeigt werden, daß englische Antipsychiatrie und kritische Sozialpsychiatrie zwar von gemeinsamen grundlegenden Zielvorstellungen ausgehen, daß die englische Antipsychiatrie jedoch in Theorie und Praxis ihren eigenen Anspruch nicht einzuhalten vermag. Die Auseinandersetzung mit der englischen Antipsychiatrie kann die Entwicklung eines kritisch-sozialpsychiatrischen Modells vorantreiben, indem sie für Gefahrenbereiche und Fehlerquellen sensibilisiert, denen die englische Antipsychiatrie erlegen ist.

Eine Kritik an der englischen Antipsychiatrie hat Begründungen dafür zu liefern, warum

a) diese ihren theoretischen Anspruch, das Phänomen der psychischen Krankheit aus seiner Abhängigkeit von gesellschaftlichen Bedingungen ("von Mikrostrukturen über Vermittlungsinstanzen zu Makrostrukturen") verstehbar zu machen, nicht einlösen kann;

b) eine therapeutische Praxis betrieben wird, bei der zwar das Selbstbestimmungsrecht der Individuen und ihre privaten Interaktionsbeziehungen Berücksichtigung finden, die Reintegration der Individuen ins gesellschaftliche Leben aber nicht Therapieziel ist, sondern eine nur zufällige Wahlmöglichkeit unter anderen und

c) sie den politischen Anspruch eines kritisch-sozialpsychiatrischen Versorgungsmodells verloren hat.

1. Sartres Existentialismus als theoretisch-philosophische Grundlage der englischen Antipsychiatrie

Das theoretische Interesse der englischen Antipsychiater

Die englischen Antipsychiater nehmen sich das als psychisch krank etikettierte Individuum zum Ausgangspunkt und versuchen, verrücktmachende Strukturen in den verschiedenen relevanten sozialen Kontexten der Betroffenen auszumachen, die dann, gemäß dem Totalitätsanspruch der Autoren zu einer Gesellschaftstheorie (wenn auch teilweise nur implizit) verbunden werden.

Ihr Erkenntnisinteresse liegt im Versuch, den Prozess des Wahnsinnigwerdens eines Menschen als sozialen und prinzipiell verstehbaren nachzuweisen. Daß die Ergebnisse der empirischen Forschung des Zusammenhangs von psychischer Krankheit und makrostrukturellen Bedingungen bislang noch unzulänglich sind, ist den englischen Antipsychiatern bewußt. Laing äußert aber, daß diese Grenzen theoretisch überwunden werden können (vgl. S. 25 dieser Arbeit).

Die Autoren nehmen bei ihren Erklärungsversuchen auf allen Ebenen Anleihen bei verschiedenen Theorieansätzen. Nach unserer Meinung läßt sich als bestimmende Theorie, mit der versucht wird, die Grenzen empirischer Forschung zu überwinden, Sartres Existentialismus angeben.

Das der englischen Antipsychiatrie zugrundeliegende Menschenbild und Gesellschaftsverständnis läßt sich im wesentlichen auf den Existentialismus Sartre'scher Prägung zurückführen. Auch die verwendete Methode, von den Autoren "existentielle Phänomenologie" genannt, verweist auf Sartre. Erkenntnis wird hier als wesentlich durch die Intentionalität des Bewußtseins angesehen (z. B. kann ein Mensch als "Person" oder als "Organismus" betrachtet werden). Die von Sartre übernommene Unterscheidung von Prozeß und Praxis (24) findet ihre methodische Anwendung insbesondere in den englisch-antipsychiatrischen Untersuchungen der Familien von Schizophrenen. So wird hiernach der Wahnsinn eines Familienmitglieds erst verstehbar, wenn das subjektive Erleben der einzelnen in Verbindung gebracht wird zu dem, was "tatsächlich" geschieht, Prozeß auf Praxis rückgeführt wird. Auch die therapeutische Methode (Existenzanalyse und das Konzept der konsequenten Nicht-Intervention) läßt die starke existentialistische Prägung erkennen.

Trotz aller Kritik an Sartre, die die engl. Antipsychiater formulieren, übernehmen sie dennoch wesentliche Konstituentien in ihrer Theoriebildung und Praxis von ihm. Deshalb scheint es uns sinnvoll, mit einer Kritik der englischen Antipsychiatrie an deren Grundlagentheorie anzusetzen.

Sartre versucht, seine existentialistische Bestimmung des Menschen in eine historisch-materialistische Gesellschaftsanalyse zu integrieren, ein zum Scheitern verurteilter Versuch, da er an den Anfang seiner Analyse eine ahistorisch-abstrakte Sichtweise der Individuen und ihrer Vergesellschaftung stellt. Das der Theorie zugrundeliegende Menschenbild scheint uns das zentrale Problem zu sein. Hier ist auch die Begründung dafür zu suchen, daß Gesellschaft generell als nur bedrohlich für die Menschen erscheinen kann.

1.1. Das mit ontologischer Freiheit ausgestattete Individuum

Als bestimmend für die Gestaltungsmöglichkeiten menschlichen Lebens sieht Sartre nicht die konkreten Lebensverhältnisse, die in einer historisch vorfindbaren Gesellschaft zur Verfügung stehen, sondern die individuelle Setzung durch den Plan.

Sartres Individuum betritt die Welt mit absoluter Freiheit ausgestattet. Sie macht es notwendig, das Leben unabhängig von gesellschaftlichen Strukturen zu projektieren. Durch individuelle Praxis, die Sartre aufgrund der Ontologisierung des Freiheitsbegriffs als vorbedingungslos ansieht, kann das Individuum seine materiellen Bedingungen "überschreiten", um gemäß seiner "wahren" Natur zu leben.

Die "wahre" Natur eines Menschen zeigt sich in seinem Plan, den nur er selbst kennen kann, da er in keiner Weise als gesellschaftlich determiniert angesehen wird. Diesen gilt es für das Individuum zu verteidigen, gegen die "Trägheit" seiner eigenen Praxis und gegen die Mitmenschen, die unter dem Diktat des Mangels zur ständigen Bedrohung werden.

Kreiert wird ein Bild des Menschen, dem die Attribute "autonom", "einsam", "zur Freiheit verdammt" als grundlegende zukommen, menschliches "Sein-an-sich" wird vom isolierten Einzelmenschen aus gedacht.

Sartres Versuch, sein so konstituiertes Bild des Menschen mit der historisch-materialistischen Gesellschaftsauffassung in Einklang zu bringen, gibt seinem Freiheitsbegriff eine gesellschaftsbezogene, ja gesellschaftsverändernde Komponente. Das unter den Bedingungen sekundärer, d. h. aus gesellschaftlicher Praxis hervorgegangener Entfremdung lebende Individuum muß letztlich versuchen, diese zu "überschreiten", um überhaupt Subjekt zu bleiben, da man als Subjekt "auf einer Basis, die vorgängig ist, sich durch einen fortlaufenden Prozeß der Interiorisierung und erneuter Exteriorisierung konstituiert" (Sartre 1972, S. 165). Die Verhältnisse zwingen das Individuum zu ihrer "Überschreitung", da sie immer zerstörerisch für die eigene "wahre" Natur sind. Freiheit wird so immer zur Negation des Bestehenden.

Die Postulierung eines "Seins-an-sich" und einer Freiheit vorab jeder Gesellschaftlichkeit läßt sich in die marxistische Theorie nicht integrieren. Der marxistische Freiheitsbegriff geht nicht vom Menschen als isoliertes Individuum aus, für ihn steht er vielmehr schon immer in einem bestimmten gesellschaftlichen Verhältnis zu anderen Menschen und zur Natur, woraus sich seine Freiheitsmöglichkeiten bestimmen.

Freiheit ist hier die Einsicht in die objektive Notwendigkeit und die Fähigkeit, diese Einsicht in bewußter Anwendung und Nutzung umzusetzen. Freiheit kann nicht als individuelle, absolute gedacht werden, nicht unabhängig von gesellschaftlichen, d. h. ökonomischen, politischen, rechtlichen und ideologischen Bedingungen. Freiheit ist eine gesellschaftliche Kategorie. Das Individuum wird als soziales in historisch-konkreten gesellschaftlichen Bezügen gesehen, individuelle Freiheit, auf die sich Sartres Konstrukt im wesentlichen beschränkt, wird nach marxistischer Auffassung erst durch die Sozialität der Menschen möglich. "Erst in der Gemeinschaft mit anderen hat jedes Individuum die Mittel, seine Anlagen nach allen Seiten hin auszubilden, erst in der Gemeinschaft wird also die persönliche Freiheit möglich." (M. E. W. Bd. 3, S. 74) Als Wesen des Menschen wird keine "wahre" Natur als dem einzelnen zugehöriges Abstraktum angesehen, es unterliegt vielmehr der gesellschaftlichen Formung, stellt "das Ensemble der gesellschaftlichen Verhältnisse" (Feuerbachthesen 6) dar.

1.2. Das Diktat des Mangels als Grundlage von Gesellschaft

Sartre verbindet den freien Einzelmenschen mit der Gesellschaft durch seine Vorstellung von der Reziprozität von Bedürfnis und Mangel als Grundlage von Gesellschaft. Solange die Gesellschaft nicht in der Lage sei, sich von der Herrschaft ihrer Bedürfnisse, d. h. von der Natur zu befreien, bringe sie Antagonismen unter den Individuen hervor. Die Praxis der Menschen muß also darauf ausgerichtet sein, sich einen Anteil an den knappen Mitteln zur Bedürfnisbefriedigung zu verschaffen.

Dem abstrakten Konzept des Mangels als gesellschaftliches Grundverhältnis steht die historisch-materialistische Auffassung entgegen, daß unter kapitalistischen Produktionsbedingungen "der Arbeiter <u>mehr</u> produziert als das Minimum der Mittel zur Befriedigung seiner historisch bestimmten Bedürfnisse" (Schaff 1966, S. 44). Nicht prinzipieller Mangel läßt Antagonismen entstehen und läßt die Individuen zu Konkurrenten werden, sondern die Art der Produktionsweise, die bestimmend ist für eine spezifische Gesellschaftsformation.

Bei Sartre erscheint das Konkurrenzprinzip (wie bei Hobbes) als Grundlage menschlicher Geschichte. Er verschafft sich dadurch die Möglichkeit, die Herstellung gesellschaftlicher Strukturen aus der freien individuellen Handlung abzuleiten, versperrt sich aber den Weg, das Konkurrenzverhältnis und damit auch Bewußtseinsformen des Mangels als Erscheinungsform einer bestimmten historischen gesellschaftlichen Produktionsweise zu erkennen. Das Diktat des Mangels läßt bei Sartre die Individuen immer vielfältigere kollektive Praxisstrukturen entwickeln, die aber alle darauf beruhen, daß jeder den anderen zur eigenen Zielerreichung instrumentalisiert oder sich diesem durch Aufgabe seiner Freiheit unterwirft. In jedem Fall bleibt jeder eines jeden Feind. Die Praxis der Individuen bringt den Eid hervor (er ist kein Gebot der Vernunft wie Rousseaus Gesellschaftsvertrag), der notwendig zu Terror führt; jede durch Eid garantierte soziale Ordnung wird somit zum Zwangszusammenhang.

Sartre kann Gesellschaft nur als Aufsummierung von an sich freien Individuen begreifen, da er gesellschaftliche Praxis auf individuelle Handlung zurückführt. Nach marxistischer Auffassung besteht Gesellschaft aber gerade nicht darin, sondern drückt die Summe der Beziehungen, Verhältnisse aus, worin diese Individuen zueinander stehen.

Nicht aus den Verhältnissen zwischen Menschen, die aus ihren individuellen Handlungen zu erklären sind, kann demnach die Bestimmung von Gesellschaft erfolgen, sondern umgekehrt: eine bestimmte historisch entwickelte gesellschaftliche Produktionsweise setzt bestimmte Verkehrsformen, welche die Menschen als einzelne handeln läßt.

Die Frage nach dem gesellschaftlichen Zusammenhang der Einzelmenschen kann dann nur beantwortet werden im Rahmen einer konkret-historischen Gesellschaftsanalyse und nicht aus dem abstrakt-ahistorischen Postulat des prinzipiellen Mangels.

Die Notwendigkeit der Freiheit des Individuums und ihr gesellschaftlicher Zusammenhang erscheint dann mit einer anderen Begründung als bei Sartre: unter den Bedingungen kapitalistischer Produktionsweise müssen sich die Individuen in ihrer Eigenschaft als Privatproduzenten als "freie" Konkurrenten gegenübertreten. "Die Privatproduzenten sind Teile eines naturwüchsigen, d. h. ungeplanten Systems gesellschaftlicher Arbeitsteilung und als solche stofflich voneinander abhängig, in Produktion und Konsumtion aufeinander angewiesen. Für die Privatproduzenten stellt sich diese Abhängigkeit freilich als Unabhängigkeit dar, dadurch daß sich der gesellschaftliche Charakter ihrer Arbeit erst im Austausch erweist, können sie an der Ideologie festhalten, sie seien als Produzenten unabhängig und der sich im Austauschprozeß herstellende gesellschaftliche Zusammenhang sei nur ein Mittel zur Erfüllung ihrer Privatinteressen." (Kraiker 1977, S. 302, Hvg. im Original) "Freies" Individuum sein zu müssen erweist sich somit nicht als generelle Wesensbestimmung des Menschen wie bei Sartre, sondern als eine Notwendigkeit für die warenproduzierende Gesellschaft.

1.3. Interaktion auf der Basis von Entfremdung

Wie wir gesehen haben, unterscheidet Sartre zwischen sekundärer (gesellschaftlich bedingter) und primärer (nicht durch äußere Zwänge induzierter) Entfremdung. Durch "Objektivierung" und "Alteration" führt sowohl Arbeit (verstanden als menschliche Auseinandersetzung mit Materie) als auch soziales Handeln zu Entfremdung (vgl. S. 73 ff. dieser Arbeit). Da jede Beachtung durch den anderen eine "Blutung" erzeugt, d. h. aus dem inneren Zustand des "Für-sich-Seins" gerät das Individuum in die Gefahr, zum bloßen Objekt in des anderen Welt reduziert zu werden, wird die Begegnung von Menschen zur prinzipiellen Bedrohung der eigenen Subjektivität und ist daher als Grundlage jeder Entfremdung anzusehen. Die Ontologisierung von Entfremdung kann nur gelingen, wenn Arbeit und Sozialität als Seinsbedingungen des Menschen negiert werden, die Authentizität des Seins nur im inneren Zustand des "Für-sich-Seins" garantiert scheint. Die tatsächlich vorfindbare Einsamkeit der Menschen (verstanden als subjektiver Niederschlag zwischenmenschlicher Entfremdung) wird hier begründet mit dem Konstrukt eines gesellschaftsunabhängigen Entfremdungsbegriffs, der nur denkbar ist bei der Vorstellung eines unvergesellschafteten Seins als "wahres".

In Sartres Konzept bewirkt sekundäre Entfremdung, daß die Struktur zwischenmenschlicher Interaktion quasi "unabsichtlich" hergestellt werden kann, d. h. die Individuen durchschauen ihre eigene Praxis nicht, eine Auffassung, die der marxistischen entspricht. Marx bezeichnet als Entfremdung: "Die soziale Macht, d. h. die vervielfachte Produktionskraft, die durch das in der Teilung der Arbeit bedingte Zusammenwirken der verschiedenen Individuen entsteht, erscheint diesen Individuen, weil das Zusammenwirken selbst nicht freiwillig, sondern naturwüchsig ist, nicht als ihre eigene, vereinte Macht, sondern als eine fremde, außer ihnen stehende Gewalt, von der sie nicht wissen woher und wohin, die sie also nicht mehr beherrschen können, die im Gegenteil nun eine eigentümliche, vom Wollen und Laufen der Menschen unabhängige, ja dies Wollen und Laufen erst dirigierende

Reihenfolge von Phasen und Entwicklungsstufen durchläuft." (MEW, Bd. 3, S. 34)

Die Undurchschaubarkeit läßt bei Sartre die Praxis allerdings aufhören, Praxis zu sein. "Sie ist dann eine unbewußte Komplicin der anderen Aktion, von der sie überrannt, manipuliert, entfremdet und gegen ihren eigenen Handelnden als feindliche Kraft gekehrt wird." (Sartre 1967, S. 854, Hvg. im Original)

In der Klassengesellschaft, die Sartres Untersuchungsgegenstand ist, bestimmt Entfremdung die Lebenspraxis der Menschen. Freilich läßt die außerhalb der Menschen stehende Gewalt, die sie nicht mehr beherrschen können, sie zu Komplicen der anderen Aktion werden, das gerade ist ja ihre Praxis.

Bei Sartre ist Praxis, da plangeleitet, immer als bewußte zu denken. So wird bei ihm z. B. ein von der Armee abgeschnittenes Regiment, das den Feind überall vermutet, zur "Herde".

Sartres Beharren auf der freien Selbstbestimmungsmöglichkeit des Menschen, ausgedrückt im Entwurf oder Plan, bewirkt, daß er keinen Praxisbegriff konstituieren kann, der konkret vorfindbare menschliche Lebenspraxis als gesellschaftlich vermittelte erfassen kann. Die gesellschaftliche Bestimmtheit subjektiven Erlebens der Individuen wird negiert.

Primäre Entfremdung und die Vorstellung vom unvergesellschafteten Sein als "wahres" läßt zwischenmenschliche Interaktionen für jeden zur Bedrohung werden. Die Bestimmung von Serie und vereidigter Gruppe verhindert grundsätzlich kampf- oder gewaltlose Beziehungen. Sekundäre Entfremdung läßt die Individuen zu praxislosen Wesen werden, Prozessen ausgeliefert, die durch die "Trägheit" ihrer freien Praxis hergestellt wurden.

Sartre sieht selbst, daß das isolierte Individuum eine Abstraktion darstellt, daß Menschen in Gemeinschaft leben. Aber Gemeinschaft gerät bei ihm zum Zwangszusammenhang. Die Möglichkeit gewaltloser Beziehung unter Menschen ist aus seiner Theorie nicht ableitbar, muß eine bloß moralische Aufforderung bleiben.

Zusammenfassung von Sartres Postulaten

Um die Kritik an Sartres Theorie für eine Analyse der englischen Antipsychiatrie brauchbar zu machen, scheint es uns sinnvoll, die wesentlichen Postulate kurz in Thesenform zu rekapitulieren:

- die Freiheit des Individuums wird absolut gedacht, unabhängig von gesellschaftlichen Bedingungen
- das "wahre" Sein des Menschen wird als unvergesellschaftetes gesehen
- der Mensch wählt sich selbst durch seinen Plan
- gesellschaftliche Bedingungen werden zweitrangig, da materielle Bedingungen durch freie Praxis überschritten werden können

- das Diktat des prinzipiellen Mangels zwingt die Individuen zur Konkurrenz
- der Eid läßt menschliche Beziehungen terrorbestimmt werden
- Arbeit und soziales Handeln werden als primär-entfremdend angesehen.

2. Kritik an der Theorie der englischen Antipsychiater

Im folgenden soll versucht werden, die Probleme zu diskutieren, die sich innerhalb der Theorie der englischen Antipsychiater ergeben. Es sind einmal Widersprüchlichkeiten, die sich aus der Unvereinbarkeit verschiedener theoretischer Ansätze ergeben, zum anderen Probleme, die in Sartres Existentialismus angelegt sind.

2.1. Psychose als Sozialisationsergebnis versus Psychose als freier Entschluß des Individuums

Die Untersuchungen der englischen Antipsychiater mit Familien von Schizophrenen (hauptsächlich dargestellt in "Wahnsinn und Familie") können als empirische Bestätigung von Laings Mystifizierungskonzept angesehen werden. Psychose wird hier verstanden als Folgezustand permanenter Mystifizierungen einer Person durch andere. Psychose stellt die totale Konfusion der Persönlichkeit dar, dann entstehend, wenn Erleben, Definitionen und Handlungen eines Menschen grundsätzlich ohne Berücksichtigung seines eigenen Standpunkts interpretiert werden. Als Folge verändern sich Selbst- und Fremdwahrnehmung, auf deren Grundlage eigenes Handeln und das der anderen entsteht. Aus der Wirkung anhaltender Mystifizierungsstrategien resultiert als extremste Konsequenz der psychotische Zusammenbruch, der Rückzug in eine Welt, der die äußere Realität nichts mehr anhaben kann, allerdings um den Preis der völligen Isoliertheit. Laing beschreibt eindrücklich, und die Familienprotokolle bestätigen, daß die verrücktmachenden Techniken in der Familie diesen Zustand herbeiführen, daß sich das betroffene Individuum der Mystifikation gar nicht entziehen kann, zum "Opfer" der Familie wird.

Diese Position entspricht den psychoanalytischen, interaktions- und kommunikationstheoretischen Ansätzen, die von Laing aufgenommen werden. Die Notwendigkeit anderer Menschen (hauptsächlich der Eltern) für die Entwicklung oder Behinderung psychischer Gesundheit ist implizit, denn Laing nimmt an, daß das eigene Selbst sich unter den Augen der anderen entwickelt, das Individuum darauf angewiesen ist, von anderen "gekannt" zu werden.

Diese Annahme, die Allgemeingut familienpsychiatrischer Forschung ist, steht im Widerspruch zum existentialistischen Menschenbild und der auf dieser Folie vorgenommenen Definition von Psychose, die bei allen englischen Antipsychiatern immer wieder zu finden ist. Der Rekurs auf Sartres freies Individuum, gepaart mit der aus der phänomenologischen Tradition herrührenden Schwerpunktsetzung auf die Erfahrung des Individuums, zeigt sich in der Annahme, der Mensch habe eine "natürliche" "ursprüngliche", vor aller Sozialisation bestehende Erfahrungsstruktur. Familiäre Sozialisation habe gesellschaftsübliche Normalität herzustellen, die sich in einer total entfremdeten Gesellschaft als eigentlich verrückt erweise, da sie nur aufrecht zu erhalten sei durch die Zerstörung der "natürlichen" zugunsten "nicht-authentischer" Erfahrung.

Verhindert das Individuum nicht aus freiem Entschluß diese Erfahrungsdestruktion, um seinen Entwurf zu realisieren, gerät es in "existentielle Schuld". Die Person spaltet sich, wobei sich das von ihr als authentisch erlebte Selbst in Phantasien zurückzieht.

Der psychotische Zustand ist dann Ausdruck extremer Verwüstung, "die durch die inneren definsiven Manöver selbst verursacht wurde". Das Individuum hat seine Freiheit zu falscher Wahl benutzt, hat sich selbst entschlossen "nicht-authentisch" zu leben. Anders ausgedrückt: das Individuum hat sich vom Einfluß seiner Sozialisation nicht frei gehalten.

"Ontologische Unsicherheit" wird von Laing in "Das geteilte Selbst" als existentielle Ausgangsposition für das Entstehen psychotischen Erlebens angesehen. In den Familienuntersuchungen taucht dieser Begriff nicht mehr auf, obwohl hier angegeben werden sollte, wie ein Individuum in den Status der ontologischen Unsicherheit versetzt wird. Es läßt sich aber schließen, daß es die "signifikanten anderen" im ersten Lebensabschnitt (genaue Angaben scheinen uns nicht möglich zu sein) des Kindes sind, die ontologische Sicherheit oder Unsicherheit vermitteln, da ihm diese eine bestimmte "Weltsicht" und damit Erfahrungsstruktur aufzwingen. Ontologische Unsicherheit hat schizoide Organisation der Persönlichkeit zur Folge, die im extremen Fall die unhaltbare Spaltung in zwei völlig getrennte Teile, das "wahre" und das "falsche" Selbst erzeugt.

Psychose wird dann verstanden als "plötzliche Wegnahme des Schleiers des falschen Selbst", d. h. als Versuch des Individuums, seine Phantasiewelt aufzugeben.

Indem die Person die "innere Reise" antritt, nutzt sie ihre Freiheit, um wieder authentisch zu leben. Anders ausgedrückt: das Individuum wird zwar von den anderen in die Ausgangsposition der ontologischen Unsicherheit gedrängt, wehrt sich aber irgendwann durch eigenen Entschluß (zur Psychose) gegen den Einfluß der anderen.

Die Ergebnisse familienpsychiatrischer Forschung legen nahe, Psychose als subjektiven Niederschlag der Wirkungsweise verrücktmachender Techniken in der Familie zu begreifen. Der psychotische Zusammenbruch kann hier verstanden werden als Produkt einer bestimmten familiären Sozialisation und zugleich als Lösungsversuch des Individuums, mit der Situation, in die es gedrängt wurde, fertig zu werden. Gerade für diese Auffassung erbringen die theoretischen und empirischen Arbeiten der englischen Antipsychiater wesentliche Argumente.

Der Rückgriff auf Sartres Menschenbild läßt die Autoren aber immer wieder zu einer Psychosedefinition kommen, die auf dem freien Entschluß des Individuums beruht. Aber auch hier noch in doppelter Form: nämlich Psychose als Ausdruck des falschen Selbst-Systems, wodurch sie zur existentiellen Schuld wird, und Psychose als Rückkehr zu authentischer Lebensweise durch die "innere Reise".

Die Kritik, die anhand Sartres Auffassung vom Individuum formuliert wurde, ist hier gleichermaßen angebracht. Das "wahre" Selbst (von Laing in "Das Selbst und die Anderen" als Einheit von subjektivem Selbst und objektiver Erfahrung, die sich auf andere bezieht, definiert) wird letztlich als unvergesellschaftetes gesehen. Die Freiheit des Individuums macht es ihm möglich, äußere Bedingungen zu "überschreiten", sich seines Plans zu erinnern, seine "wahre" geistige Gesundheit wieder zu erlangen, die es offenbar als Neugeborenes oder, zieht man Laings Gedanken über praenatales Leben (dargestellt in "The Facts of Life") hinzu, noch früher hatte.

Die verschiedenen Psychosedefinitionen sind das Ergebnis des Eklektizismus der englischen Antipsychiater. Die entstehende Widersprüchlichkeit wird durch erneute Theorieanleihen gelöst: Psychose wird als nicht existent erklärt, wird zum Etikett, "das manche Leute anderen anhängen".

In Anbetracht der geleisteten Familienuntersuchungen und der Kritik an Sartres Theorie scheint uns allerdings nur eine Definition sinnvoll zu sein: Psychose ist als Sozialisationsergebnis und als Lösungsversuch des Individuums anzusehen, sich mit einer schwierigen Situation auseinanderzusetzen, wenngleich dies ein Versuch ist, der zu noch größeren Schwierigkeiten führt. Denn der Vorstellung von der totalen Selbst-Konstitution des Menschen steht die Auffassung seiner wesentlichen sozialen Determiniertheit entgegen, eine Auffassung, die Grundlage jeglicher Sozialisationstheorie ist.

2.2. Familie: Vermittlungsinstanz oder Verursacher von psychischer Krankheit?

Aufbauend auf Sartres Vergesellschaftungstheorie wird von Laing eine Gruppe als Nexus bezeichnet, wenn ihr Zusammenhalt durch ein von jedem Mitglied verinnerlichtes Phantasiebild aufrecht erhalten wird. Diese Bedingung trifft für die Familie zu, denn hier garantiert eine gemeinsame "raison d'être" die Einhaltung des vergessenen Eides.

Als einzig mögliche Grundlage von Beziehungen in der vereidigten Gruppe wird Terror angegeben. Gegenseitige Liebe und Sorge in der Familie sind dann Mystifizierungen des Terrors, notwendig, um die Familienhomöostase zu ermöglichen. Die Herstellung einer bestimmten Erfahrungsstruktur beim einzelnen und die darauf erfolgende Verinnerlichung eines bestimmten Familienbildes gewährleistet den Familienzusammenhalt.

Im "Idealfall" würden alle Mitglieder gleichermaßen Gewalt aufeinander ausüben, denn das wäre gegenseitige Anerkennung der Freiheit auf der Basis des Eides. Verrücktmachende Techniken müssen erst dann in der Familie eingesetzt werden, wenn zur Sicherung des Gruppenzusammenhalts die Freiheit eines einzelnen eingeschränkt werden muß, um ihn zur weiteren Teilhabe am gemeinsamen Phantasiesystem zu zwingen.

Offenbar sind diese Techniken in jeder derzeit vorfindbaren Familie in "hochentwickelten Industriegesellschaften" mit graduellen Unterschieden aufzufinden. Der entstehenden Frage, warum dann bei prinzipiell gleicher Familienstruktur der eine zum "Verrückten" wird und der andere nicht, entgehen die englischen Antipsychiater durch Übernahme einer spezifischen Form des labeling-approach, wobei Psychose zum bloßen Etikett wird. (25)

Diese Lösung erscheint uns unverständlich, da die englischen Antipsychiater selbst angeben, daß die Familie ein Mitglied dann anfängt für verrückt zu halten, wenn dieses trotz der angewendeten Techniken nicht mehr zu nexus-adäquatem Verhalten zu bringen ist. Die Familie beginnt den Betroffenen auszugrenzen, um sich ohne ihn erneut zu stabilisieren. Die traditionelle Psychiatrie wird in diesem Zusammenhang zum Handlanger der familiären Interessen.

Es zeigt sich, daß die englischen Antipsychiater die Familie als geschlossenes System sehen, ohne ersichtlichen Bezug zur Gesellschaft. Durch ihre Bestimmung als Nexus wird die Familie zur allein verrücktmachenden Instanz erklärt, die Institution Psychiatrie nimmt ihr den "Störer" ab und verfolgt dann in sich dieselben Ziele wie die Familie, allerdings mit noch mehr Gewaltanwendung.

Die Bestimmung der Familie als Nexus verhindert so die Einlösung des englisch-antipsychiatrischen Anspruchs, das Phänomen der psychischen Krankheit aus gesellschaftlichen Bedingungen verstehbar machen zu wollen, da die Familie aus Eigeninteresse verrücktmachende Techniken einsetzt.

Die Analyse der Familie in der englischen Antipsychiatrie klammert aus, inwiefern das Handeln in der Familie durch gesellschaftliche Normen und Werte mitbestimmt wird. Ausschlußpraktiken in der Familie dürfen nicht nur unter dem formalen Aspekt der Erhaltung des homöostatischen Zustandes analysiert werden. In die Ausschlußkriterien der Familie gehen gesellschaftliche Inhalte ein, wenngleich diese das Verhalten innerhalb des Subsystems Familie nicht in eindeutiger Weise determinieren. Es ist jedoch anzunehmen, daß diejenigen Familienmitglieder den Gleichgewichtszustand und die scheinbare Stabilität am stärksten erschüttern und daher auch mit größerer Wahrscheinlichkeit ausgeschlossen werden, die auch den gesellschaftlichen Vorstellungen von angepaßtem und adäquatem sozialen Verhalten zuwiderlaufen. Das Verhalten von Familienmitgliedern, die von der Familie als Außenseiter etikettiert werden, würde sicher auch von vielen anderen Mitgliedern der Gesellschaft als Angriff auf ihre Wertvorstellungen empfunden. Insofern stellt das familiale Ausschlußverfahren keinen willkürlichen Akt dar.

Gleichzeitig hat die Familie, nach Meinung der englischen Antipsychiater, die Aufgabe, die Erfahrungsstruktur ihrer Mitglieder so zu sozialisieren, daß diese unter den entfremdeten Bedingungen der Gesellschaft sozial unauffällig funktionieren können. Mit dieser Fähigkeit ausgestattet, werde ein Individuum in der Gesellschaft als "normal" akzeptiert.

Zur Erklärung dieses Zusammenhangs nehmen Laing und Cooper Anleihe bei der marxistischen Gesellschaftsanalyse. Demnach entsteht der Zwang zu dieser "Normalität" durch die Anforderungen, die aufgrund der "bürgerlichen" (oder "kapitalistischen") Gesellschaftsordnung an das Individuum gestellt werden.

Nach unserer Meinung ist das eine richtige Erkenntnis, die aber im Rahmen der englisch-antipsychiatrischen Theorie nicht fruchtbar gemacht werden kann, denn die Konstruktion der primären Entfremdung läßt jede Beziehung unter Menschen zur entfremdeten werden. Jede Gesellschaft muß dann als Entfremdungszusammenhang aufgefaßt werden, die Familie muß immer die Fähigkeit vermitteln, unter Entfremdung leben zu können. Der ahistorischen Bestimmung des Individuums und der Gesellschaft, von Sartre übernommen, muß eine ebenso ahistorische Bestimmung der Familie folgen.

Die spezifische, historisch begründbare und sich verändernde gesellschaftliche Funktion der Familie (vgl. hierzu Horkheimer/Adorno 1972, S. 116ff.) kann so nicht erfaßt werden. Der Zustand gesellschaftlich akzeptierter Normalität wird generell als entfremdeter verewigt, denn Normalität wird gesellschaftsunabhängig aus der "wahren" Natur des Menschen, die sich im individuellen Plan zeigt, begründet.

2.3. Der Bezugspunkt "wahrer" geistiger Gesundheit und die Verkehrung von "verrückt" und "normal"

Immer wieder wird uns von den englischen Antipsychiatern versichert, die Familie sei das wichtigste Vermittlunginstrument zwischen dem Individuum und den Normalitätsanforderungen der Gesellschaft. Sie habe systemdienliches Rollenverhalten zu vermitteln. Diese Sozialisation erzeuge im Individuum einen Konflikt zwischen seiner eigenen "aktiven Wirklichkeit" und der "konditionierten Passivität seines Rollenkomplexes".

Faschismus als Extrem "schlechter, total entfremdeter Verrücktheit" kann nach Cooper nur entstehen, weil die Individuen, in oben beschriebener Form konditioniert, nicht mehr für ihre Handlungen verantwortlich gemacht und Verantwortung auf immer entlegenere Autoritäten übertragen werden. Dies stelle eine Entmenschlichung dar, aus der jede Form der Inhumanität erwachsen könne.

Die "Verrücktheit" der "Normalen" entsteht also durch Konditionierung gesellschaftsadäquater Rollen, die die "aktive Wirklichkeit" des Individuums beeinträchtigen. Die "gesellschaftliche Verrücktheit" entsteht bei Cooper dadurch, daß vorfindbare Verhältnisse nicht mehr auf individuelle Handlungen und Selbstverantwortung zurückgeführt werden.

Diese Auffassung stellt eine konsequente Übertragung von Sartres Theorie dar. Dem Individuum wird eine gesellschaftsunabhängige "aktive Wirklichkeit" zugesprochen. Wir treffen hier das mit ontologischer Freiheit ausgestattete Individuum wieder. Kann dieses sich nicht von der familiären Konditionierung freihalten, ist es zwar vom Standpunkt der Gesellschaft aus "normal", von seinem eigenen Standpunkt als freies Individuum aus aber "verrückt".

"Gesellschaftliche Verrücktheit" (z. B. Faschismus) ist, so läßt sich schließen, nur aus der Rückführbarkeit auf die Handlungen des einzelnen erklärbar. Diese Position kann nur vertreten werden, wenn Gesellschaft als Aufsummierung von sich frei entschließenden Individuen begriffen wird, die in freier Praxis gesellschaftlich entfremdende Strukturen herstellen.

Die im Anschluß an Sartres Konstruktion des Verhältnisses von Individuum und Gesellschaft formulierte Kritik trifft hier gleichermaßen zu.

Laing empfiehlt uns, den Schizophrenen wie einen verkannten Renaissance-Forscher zu sehen. Er versuche durch die "innere Reise", die zur "existentiellen Wiedergeburt" führt, zu authentischer Lebensweise zu finden, d. h. zu "wahrer" geistiger Gesundheit.

Dieser Standpunkt stellt eine Verherrlichung von Zuständen dar, die das Individuum, wie Laing selbst eindrücklich beschreibt, in Isolation und Unverständlichkeit für andere treibt.

Legt man Sartres Auffassung über die "wahre" Natur des Menschen zugrunde, kann nur durch den völligen Rückzug aus sozialem Leben zur eigenen Natur zurückgefunden werden, da jede Beziehung zu anderen bedrohlich und entfremdet ist. Als Bezugspunkt für "wahre" geistige Gesundheit kann dann nur der Entwurf des Indivduums gelten, denn darin zeigt sich seine "wahre" Natur. Was geistige Gesundheit zu sein hat, richtet sich so nach dem unvergesellschafteten Teil des Selbst.

Vorgenommen wird eine Spaltung in einen vergesellschafteten und einen unvergesellschafteten Teil der menschlichen Persönlichkeit. Man kann sagen, schizoide Organisation des Selbst wird verewigt als Bestimmung des in Gesellschaft lebenden Menschen, wobei Laing diese Organisationsform des Selbst als Spezifikum einer bestimmten Gesellschaftsform nachweisen will.

Nimmt man dagegen an, und so wurde bei der Kritik an Sartres Freiheitsbegriff argumentiert, daß sich die Persönlichkeit des Menschen erst in Gemeinschaft mit anderen, nämlich als sozialer Prozeß entwickeln kann, ergeben sich als Grundlage für den Begriff der Gesundheit die optimalen Möglichkeiten, die die Gesellschaft zur Persönlichkeitsentwicklung des einzelnen zur Verfügung stellen kann.

In der Auseinandersetzung um den klassischen psychiatrischen Krankheitsbegriff trägt Laings Arbeit wesentlich zum Nachweis bei, daß es sich bei der Definition von psychischer Krankheit und Gesundheit (als Therapieziel) um wesentlich sozial bestimmte Definitionen handelt, auf deren Grundlage "Nonkonformisten" zu systemdienlichem Verhalten rückgeführt (therapiert) oder ausgegrenzt (chronifiziert) werden. Daß hierbei die Definition von Gesundheit meist willkürlich nach dem Belieben des Definierenden vorgenommen wird, ohne Berücksichtigung des Standpunkts des Betroffenen ist ersichtlich, genauso die Ersetzung des Begriffs der Gesundhei t durch den der Arbeitsfähigkeit. Der subjektive Standpunkt des Patienten bleibt unberücksichtigt, ein Problem, das kritische Sozialpsychiatrie aufzugreifen hat. Es muß aber nicht dazu führen, daß man als offener Gegner des Systems (Laing und Cooper bezeichnen sich als solche) "die herkömmlichen Bestimmungen von Gesundheit und Krankheit leichtherzig außer acht" (Jacoby 1975, S. 53) läßt, zugunsten eines völlig individualistischen Gesundheitsbegriffs und gleichzeitig Psychose mystisch verklärt.

Cooper gibt als Bild vom befreiten Menschen ein "Orang-Utan-Ideal" an, das Bild eines Menschen aus "nicht-kultivierter Gegend", aus "archaischen Regionen". Jedes Gesellschaftsmitglied sollte aus eigenem Entschluß, durch Realisierung seiner Freiheit, die "Verrücktheit" gesellschaftsüblicher nicht-authentischer Lebensweise aufgeben und durch einen "Akt von existentiellem Harakiri" sein Inneres nach außen in die Welt wenden.

Die Unterscheidung innerhalb-außerhalb wird von Laing als eine grundlegende festgestellt, die auf fast alle Aspekte der Erfahrung angewendet und nur in ekstatischen Augenblicken aufgehoben wird. Die Fähigkeit zu dieser Unterscheidung wird als eine Normalitätsanforderung der Gesellschaft angegeben, die über die Familie vermittelt werde. Daher gehöre sie in den Bereich der Familien- und Sozialordnung nicht in den der "natürlichen" Ordnung. Zu fragen ist, was man sich unter "natürlicher" Ordnung vorzustellen hat. Aus dem Postulat der "natürlichen" Erfahrungsstruktur läßt sich schließen, daß mit "natürlicher" Ordnung eine auf dieser Erfahrungsstruktur sich herstellende gemeint ist. Wir begegnen hier wieder der Annahme eines ursprünglichen, unvergesellschafteten Individuums, das durch Sozialisation destruiert wird.

Das "existentielle Harakiri" endet bei Cooper allerdings nicht mit Tod, sondern führt zur "existentiellen Wiedergeburt". Geht man davon aus, daß die Fähigkeit zur Innen-Außen-Differenzierung eine gesellschaftlich notwendige ist, bleibt zu fragen, ob das Weiterleben nach der "existentiellen Wiedergeburt", nach Aufhebung dieser Fähigkeit nicht tatsächlich zum Harakiri wird.

Bei der Vorstellung über die individuellen Befreiungsmöglichkeiten zeigt sich wieder die Illusion, an der alle englischen Antipsychiater teilhaben, das einzelne Individuum könne sich über gesellschaftliche Bedingungen hinwegsetzen, jeder könne zum Robinson innerhalb der Gesellschaft werden.

Mit anderen Kritikern Laings und Coopers sind wir der Meinung, "die kurzschlüssige Selbstbefreiung des Individuums von gesellschaftlichen Zwängen schneidet die wirkliche soziale Befreiung ab, ohne die das Individuum in einer Sackgasse enden muß" (Jacoby 1975, S. 55).

2.4. Das Gesellschaftsbild und die Vorstellungen über Gesellschaftsveränderung bei Laing und Cooper

Bei beiden Autoren zeigt sich deutlich, daß die Möglichkeiten der gesellschaftlichen Veränderung auf individuelle Befreiung und Verbesserung der zwischenmenschlichen Interaktion zurückgeführt werden. Wesentliche Argumente für diese Auffassung beziehen die Autoren aus Sartres Theorie. Bei beiden scheint uns jedoch ein jeweils spezifischer philosophischer Hintergrund mit zum Vorschein zu kommen.

Bei Cooper kann die Nähe zu anarchistischem Denken nicht übersehen werden, während Laing sich explizit auf Feuerbach bezieht. Diese Zusammenhänge sollen im folgenden kurz aufgezeigt werden.

Coopers anarchistische Denkweise

Die unhistorische Sichtweise des Menschen als isoliertes, unabhängiges, letztlich unsoziales Individuum ist sowohl bei Sartre als auch bei anarchistischen Denkern zu finden. Auf anarchistischer Seite v. a. bei J. K. Schmidt in seinem 1845 unter dem Pseudonym Max Stirner veröffentlichten Buch "Der Einzige und sein Eigentum".

Nach Stirner ist der einzelne nur sich selbst, seiner eigenen Freiheit verpflichtet. Bei Cooper äußert sich dies im Plan, bei Stirner nimmt sich das Individuum die Freiheit, um seiner "Eigenheit" nahezukommen. Die Prämisse Stirners "mir geht nichts über mich" gilt für Cooper gleichermaßen. Stirner sieht in der Kultur, die die menschliche Natur unterdrücke, die Ursache für die Entfremdung der Menschen von sich selbst, ein Gedanke, der in Coopers "Orang-Utan" Ideal zum Tragen kommt. "Pfaffen, Eltern und gute Menschen" fungieren in Stirners Konzept als Agenten der gesellschaftlich notwendigen Internalisierung von Normen und Werten. Diese Internalisierungen müssen beseitigt werden. Eine Vorstellung, die in Coopers "Tod der Familie" eine durch moderne psychodynamische Einsichten bereicherte Ausprägung erfährt.

Als Organisationsform für menschliches Zusammenleben schlägt Stirner den "Verein" vor. Von dieser Form wird angenommen, man könne durch sie dem Zwang entgehen, der dem Staats- und Gesellschaftleben eigen sei, eine Annahme, die auch Cooper für seine neue Gruppenform (er nennt sie Kommune) trifft. Verein und Kommune können zwar immer noch die Freiheit des einzelnen einschränken, sind aber eine eigene freiwillige Schöpfung der Menschen, nicht ein durch übergeordnete Instanzen (Staat, Familie) eingerichteter Zwangszusammenhang.

Innerhalb Sartres Theorie ist, bedingt durch die Übernahme marxistischen Denkens, Klassenkampf eine Notwendigkeit für die Veränderung derzeit bestehender gesellschaftlicher Verhältnisse in der kapitalistischen Gesellschaft. Cooper wird in diesem Punkt widersprüchlich. Zum einen schließt er sich der Marxschen Theorie des Klassenkampfes an, wonach eine Umwälzung der bestehenden Gesellschaftsstrukturen erst die freie Entfaltung der Individuen ermöglicht. Umgekehrt aber sieht er sich genötigt, weil er die individualistische Konzeption des Menschen Sartrescher und Stirnerscher Prägung übernimmt, Gesellschaftsveränderung als Summe individueller Bekehrungen zu denken. Gesellschaftsveränderung scheint nun vom guten Willen des einzelnen abzuhängen und nicht von strukturverändernder gesellschaftlicher Praxis.

Bei Cooper wird häufig die Betonung der Verpflichtung des einzelnen zu seinem Selbst verbunden mit der Verpflichtung dem Gemeinwesen gegenüber. Im Grunde muß dies bei ihm, wie bei Sartre, eine bloß moralische Aufforderung bleiben, die er aber nur unterstellen kann, weil er offensichtlich die Bedürfnisse des einzelnen und die Ziele des Gemeinwesens zusammenfallen läßt. Eine Unterstellung freilich, die sich mit seiner Konzeption der Entfremdung kaum vereinbaren läßt, denn diese setzt die Annahme voraus, "daß gerade in der bürgerlichen Gesellschaft die Bedürfnisse des einzelnen und die der Allgemeinheit nicht identisch sein können" (Jacoby 1975, S. 55).

Feuerbachs Einfluß auf Laings Denken

In seinem Buch "Interpersonelle Wahrnehmung" bezieht sich Laing explizit auf Feuerbach. Dieser habe erstmalig in der Philosophie die Unhaltbarkeit der Kategorie des "Ich" ohne eine komplementäre Kategorie des "Du" festgestellt. Ausgangspunkt philosophischen Denkens, so Feuerbach, müsse das wirkliche sinnliche Leben der Menschen sein. Marx und Engels kritisieren jedoch in den "Thesen über Feuerbach" (M.E.W., Bd. 3, S. 5-7), daß Feuerbach zwar die Sinnlichkeit wolle, diese aber nur theoretisch als Anschauung, nicht aber praktisch als menschliche Tätigkeit begreife. Deshalb gehe er auf die Kritik des wirklichen Wesens der Menschen nicht ein. Er fasse dieses abstrakt und sei daher gezwungen, ein abstrakt-isoliert-menschliches Individuum vorauszusetzen und die historisch-gesellschaftliche Bedingtheit des Individuums zu vernachlässigen. Er kenne den Menschen nur als unveränderliches Gattungswesen und nicht als Produkt der gesellschaftlichen Verhältnisse. Wirkliches Leben reduziert sich so auf die Unmittelbarkeit der Ich-Du Begegnung. Auch hier verkürzt sich Gesellschaft auf ein zwischenmenschliches Beziehungsnetz.

Laing konzipiert die Alternative nicht-entfremdeter Praxis individualistisch, deshalb kann es ihm nicht gelingen, die gesellschaftlichen Bedingungen ihrer Realisierung anzugeben. So reduziert sich für ihn nicht-entfremdete Praxis auf die innere Bewegung des Subjekts, auf bloße Reflexionen des Bewußtseins. Zwischenmenschliche Beziehungen, Ich-Du-Beziehungen, können dann nur noch als Bewußtseinsspiegelungen begriffen werden, als Denkspiralen der Meta-meta-meta..-Perspektiven: "Peter denkt, daß Paul denkt, Peter denke, er liebe Paul" (vgl. Laing et al. 1971, S. 20 f.).

Selbst die existenzialistische Grundposition, wonach Beziehungen auf Gewalt, Liebe usw. beruhen, lösen sich auf in Reflexionen über diese Gefühls- bzw. Bewußtseinszustände, bezogen auf den abstrakt anderen. Folgt man weiter dieser Argumentation, so verlieren dadurch auch Mystifikationen ihren materialen Gehalt, werden zu Denkresultaten des gegenseitigen Mißverstehens.

Erfahrungskorrektur reduziert sich dann auf die Veränderung verbaler Kommunikations- und Reflexionsebenen, welche die zugrundeliegende Praxis selbst unberührt lassen. Laings Anspruch, Erfahrungsmuster in gemeinsamer (therapeutischer) Praxis neu strukturieren zu wollen, kann so nicht eingelöst werden, denn es stehen sich hier nicht konkrete Personen gegenüber, sondern in ihre Reflexionen versunkene Monaden.

In der "Deutschen Ideologie" charakterisieren Marx und Engels sowohl Stirners als auch Feuerbachs Philosophie als idealistische: "Die Menschen haben sich bisher stets falsche Vorstellungen über sich selbst gemacht, von dem, was sie sind oder sein sollen. Nach ihren Vorstellungen von Gott, von dem Normalmenschen usw. haben sie ihre Verhältnisse eingerichtet. Die Ausgeburten ihres Kopfes sind ihnen über den Kopf gewachsen. Vor ihren Geschöpfen haben sie, die Schöpfer, sich gebeugt. Befreien wir sie von den Hirngespinsten, den Ideen, den Dogmen, den eingebildeten Wesen, unter deren Joch sie verkümmern. Rebellieren wir gegen diese Herrschaft der Gedanken. Lehren wir sie, diese Einbildungen mit Gedanken zu vertauschen, die dem Wesen des Menschen entsprechen, sagt der Eine, sich kritisch zu ihnen verhalten, sagt der Andere, sie sich aus dem Kopf schlagen, sagt der Dritte, und - die bestehende Wirklichkeit wird zusammenbrechen." (M.E.W. Bd. 3, S. 13) Die im ersten Satz des Zitats enthaltene Kritik trifft auch für Sartre zu. Sie wird immer zutreffen, wenn von einem unhistorisch bestimmten, abstrakten Individuum ausgegangen wird.

2.5. Gleichsetzung von Therapie und Gesellschaftsveränderung bei Laing und Cooper

Laing und Cooper versichern, daß jedes Gesellschaftsmitglied eigentlich die "innere Reise" anzutreten hätte, d. h. psychotisch werden müßte, um sich von der "verrückten Normalität" zu befreien. Allein dadurch würde eine "wahrhaft gesunde" Gesellschaft geschaffen. Psychose wird als Akt individueller Befreiung verstanden. Da nun aber bei den Autoren gesellschaftliche Veränderung nur durch Aufsummierung individuell befreiter Individuen zustandekommt, wird die "innere Reise" oder das "existentielle Harakiri" zur einzigen Möglichkeit der Gesellschaftsveränderung.

Vergessen wird dabei, daß gerade ein wesentlicher Beitrag englischer antipsychiatrischer Arbeit darin besteht, nachzuweisen, daß Psychose das Ergebnis eines sozialen Prozesses und der Lösungsversuch eines Individuums ist, mit einer "unhaltbaren" Situation fertig zu werden.

Wie wir gesehen haben, vertreten die englischen Antipsychiater die Ansicht, die Ursache psychischer Krankheit könne letztlich nur im Zusammenhang einer Gesellschaftsanalyse geklärt werden. Sie bleiben aber in ihren Ergebnissen im Netz sozialer Beziehungen hängen, das aus einem individualistischen, ungesellschaftlichem Praxisbegriff erklärt wird.

Behält man den ursprünglichen Anspruch der Autoren bei, so muß eine Trennung von Therapie und sozialer Veränderung vorgenommen werden, denn Therapie muß "im Interesse des individuellen Opfers die Trennung der individuellen Erscheinungsform der Krankheit von ihrem sozialen Ursprung" (Jacoby 1975, S. 54, Hvg. im Original) akzeptieren. Therapeutische Arbeit wird immer ein Stück weit Anpassungspraxis sein müssen, denn sie muß dem Betroffenen zu Lebensfähigkeit unter bestehenden Verhältnissen verhelfen, um ihm die Chance zu sozialem Leben zurückzugeben.

Kritische Sozialpsychiatrie kann sich nicht darauf einlassen, Therapie als gesellschaftliche Befreiung zu mystifizieren. Sie darf allerdings ihre Tätigkeit auch nicht auf individuelle, Gruppen- oder Familientherapie beschränken, sondern muß politische Konzeptionen entwickeln, die zur Beseitigung der allgemeinen gesellschaftlichen Ursachen psychischen Leidens beitragen können.

Psychisch Kranken kann nicht der Status systemgefährdender Gesellschaftsveränderer zugesprochen werden, wie es Laing und Cooper tun, denn die Gesellschaft hat allemal ihre Fähigkeit bewiesen, sie als Randgruppe im Zaum halten zu können.

Die einfache Verkehrung von verrückt und normal, die Mystifizierung von Psychose und die darauf folgende Gleichsetzung von Therapie und gesellschaftlicher Veränderung nimmt dem Konzept von Laing und Cooper seinen realpolitischen Gehalt.

3. Einschätzung der englisch-antipsychiatrischen Praxis

Die totale Ablehnung des medizinischen Modells und die offene Parteinahme für den als psychisch krank Etikettierten schlägt sich bei allen englischen Antipsychiatern im konsequenten Versuch nieder, den Standpunkt des Betroffenen als Ausgangspunkt jeder therapeutischen Arbeit zu wählen.

Der psychotische Zustand eines Menschen, so unverständlich und in seinen Äußerungsformen unbequem für andere er auch sein mag, wird als subjektiv sinnvoller Ausdruck einer prinzipiell verstehbaren Erfahrungswelt angesehen. Es wird nicht versucht, das Individuum mit Medikamenten "umgänglich" zu machen, die englischen Antipsychiater sind sich vielmehr bewußt, daß ihr eigenes Verhalten mitbestimmend ist für die Verhaltensmöglichkeiten des anderen. Da sie sich nicht die in der traditionellen Psychiatrie übliche Diagnosebrille aufsetzen, halten sie sich den Blick frei für das Bezugssystem des Betroffenen und sind nicht gezwungen, dessen Verhalten in vorgefertigte Schemata einzuordnen.

Da der Betroffene nicht animiert wird, eine Patientenrolle zu übernehmen und der Tagesablauf nicht wesentlich durch technisch-rationale Erfordernisse einer Institution bestimmt wird, können noch vorhandene Selbständigkeitsformen beim einzelnen erhalten bleiben, "Anstaltsartefakte", die immer chronifizierende Wirkung haben, können verhindert werden.

Die Solidarität mit den Betroffenen veranlaßt die englischen Antipsychiater zum beständigen Versuch, autoritär-hierarchische Strukturen in den Wohngemeinschaften zu bekämpfen. Auftretende Rollenkonflikte werden (zumindest innerhalb der Philadelphia Association) nicht gelöst. In jedem Fall aber stellt man sich in der englischen Antipsychiatrie einem Problem, das die traditionelle Psychiatrie bislang fast völlig vernachlässigt.

Die Erfahrungen in den englisch-antipsychiatrischen Wohngemeinschaften von "Kingsley-Hall" bis heute beweisen deutlich, daß psychiatrische Patienten auch bei psychotischen Zusammenbrüchen nicht hinter verschlossenen Türen eingesperrt werden müssen, daß sich dies erübrigt, wenn man sie nicht "fremder als die Vögel im Garten" erlebt. Meine eigenen Interaktionen (Ute Braun) mit Patienten in geschlossenen psychiatrischen Stationen bestätigen mir die Behauptung der englischen Antipsychiater, daß jede geschlossene Tür das Verhalten des Patienten negativ beeinflußt und die Entwicklung eines Vertrauensverhältnisses zum Personal erschwert, häufig sogar verunmöglicht. In der englischen Antipsychiatrie wird "Schlüsselgewalt" ausgeschlossen.

Die Kritik, die an der Praxis der englischen Antipsychiater anzumelden ist, wird auf der theoretischen Ebene schon deutlich. Die Übernahme von Sartres Theorie läßt sie im praktischen Konzept die Reintegration der psychisch Kranken in die Gesellschaft vernachlässigen. Die Entscheidung, am gesellschaftlichen Leben wieder teilzunehmen oder im "Asyl" zu bleiben, wird zur freien Wahl des Individuums.

Die Zweitrangigkeit der materiellen Lebensbedingungen (allerdings nur möglich bei großzügig verteilter Sozialhilfe) läßt Arbeit als notwendige und das Selbst des Menschen mitkonstituierende Lebenspraxis außer acht, ein Standpunkt, den kritische Sozialpsychiatrie nicht teilen kann, da sie sich auf eine Gesellschaft zu beziehen hat, in der sich im Prinzip jeder durch eigene Arbeit erhalten muß.

Die Idee des "Asyls", das für das Individuum eine Schutzfunktion gegenüber der Gesellschaft hat, läßt dieses als Insel erscheinen, ohne wesentlichen Bezug zur Gemeinde, in der es angesiedelt ist. Kritische Sozialpsychiatrie begreift Gemeinde aber als Ort gesellschaftlicher Praxis, die Anteil an der Bestimmung der Lebensbedingungen ihrer Mitglieder hat.

III. GEMEINDEPSYCHIATRIE ALS KRITISCHE SOZIALPSYCHIATRIE

Gemeindepsychiatrie oder gemeindenahe Psychiatrie sind Begriffe, die eine bestimmte Problemsicht und Vorgehensweise im Bereich psychosozialer Versorgung zum Ausdruck bringen. Die im Rahmen der Diskussion um die bestehende inhumane und zudem ineffektive psychiatrische Versorgungspraxis und des ihr zugrundeliegenden Krankheitsparadigmas (medizinisches Modell) gewonnenen Einsichten sollen hier Anwendung finden.

Sozialpsychiatrie läßt psychische Krankheit aus ihrer individuellen Schicksalhaftigkeit heraustreten, indem deutlich wird, daß sie, vermittelt über Sozialisationsinstanzen und konkrete Lebensbedingungen der Menschen mit den sozialen, ökonomischen und politischen Strukturen der Gesellschaft verbunden ist. Zum einen soll psychische Krankheit, die sich im einzelnen niederschlägt, nicht mehr nur individuell, sondern unter Einbezug des sozialen Kontexts des Betroffenen angegangen werden, eine Isolation in psychiatrischen Krankenhäusern weitab des gesellschaftlichen Lebens wird dadurch zweifelhaft. Zum anderen erweisen sich die psychiatrischen Großkrankenhäuser, die der Psychiatrie das Etikett der "Drehtürpsychiatrie" eingehandelt haben, als therapeutisch inadäquat und zudem in hohem Maß kostenaufwendig. Außerdem hat die sozialpsychiatrische Diskussion zu einer zunehmenden Orientierung am Präventivgedanken geführt, nicht zuletzt aufgrund der immer höher steigenden Zahl derer, die in psychosoziale Krisensituationen geraten, die sie nicht mehr allein bewältigen können.

Im Enquête-Bericht wird diesen Überlegungen Rechnung getragen durch die Forderung nach der Umstrukturierung der bestehenden, schwerpunktmäßig auf Großkrankenhäusern lastenden psychiatrischen Versorgung. Als neues Prinzip entwickelt sich die Vorstellung gemeindenaher Versorgung. "Alle Dienste müssen gemeindenah eingerichtet werden. Insbesondere können halbstationäre, komplementäre und rehabilitative Dienste nur erfolgreich arbeiten, wenn sie sich in unmittelbarer Nähe von Arbeitsstätten, Wohngebieten, Sozialeinrichtungen und Behörden befinden." (Enquête-Bericht, S. 17) Was man sich allerdings genau unter Gemeindenähe vorzustellen hat, wird im zitierten Bericht nicht expliziert. Der gesamte Kontext legt aber die Vermutung nahe, daß mit Gemeindenähe im wesentlichen Überschaubarkeit, leichte verkehrstechnische Erreichbarkeit und die Koordination der bestehenden psychosozialen Einrichtungen gemeint ist. Treffend ausgedrückt wird dies im Ruf nach einer "lückenlosen Versorgungskette".

Zugrunde liegt ein Verständnis von Sozialpsychiatrie, das von Rebell (1976) als soziodynamisch orientiert bezeichnet wird, ein Ansatz, der sich selbst seiner politischen Dimension beraubt. Deutlich zu werden scheint uns diese Auffassung bei Finzen, einem Sozialpsychiater, der sich intensiv um die Veränderung der bestehenden psychiatrischen Versorgung in der BRD bemüht. "Wer heute von Psychiatern verlangt, sie sollten primäre Prävention leisten, kann von ihnen nur unverbindliche Vorschläge erwarten.." (Finzen 1977, S. 29). Die durch die herrschende Gesellschaftsordnung auferlegten Beschränkungen veranlassen Finzen zu der Aussage, Sozialpsychiatrie sei nicht "primär politisch".

Die demokratische Psychiatrie in Italien zeigt, daß primäre Prävention tatsächlich von der Psychiatrie aus geleistet werden kann. Die politische Situation in der BRD läßt eine direkte Übertragbarkeit des italienischen Modells sicher nicht zu, was aber nicht dazu führen darf, die politische Dimension der Sozialpsychiatrie aus Resignation gänzlich zu streichen. Dies geschieht, wenn der Begriff der Gemeinde im wesentlichen reduziert wird auf die Benennung eines flächenmäßig abgegrenzten bewohnten Gebiets, das zur Herstellung einer "lückenlosen Versorgungskette" genutzt wird.

Eine kritische Gemeindepsychiatrie muß sich zwangsläufig auch als politische begreifen, da sie die subjektive Lebenspraxis in Zusammenhang zu bringen hat mit der gesellschaftlichen Praxis der Gemeinde. Ein so definierter Gemeindebegriff läßt zumindest teilweise zu, gesellschaftliche Bedingungen subjektiver Erlebnis- und Verhaltensweisen in die psychiatrische Arbeit mit einzubeziehen. Die zunehmende Zahl psychischer Störungen bei den Gesellschaftsmitgliedern kann dann verstanden werden als Ausdruck der Unmöglichkeit, mit einer spezifischen Vergesellschaftungsform zurecht zu kommen. Adorno/Horkheimer charakterisieren die bei uns vorherrschende Vergesellschaftungsform als totale:

> "Sie widerfährt einem vorgeblich bloß biologischen Einzelwesen "Mensch" nicht länger nur von außen, sondern ergreift die Individuen auch im Innern und schafft sie um zu Monaden der gesellschaftlichen Totalität; ein Prozeß, in dem fortschreitende Rationalisierung, als Standardisierung der Menschen, sich verbündet mit fortschreitender Regression. Sie

müssen sich selber nochmals antun, was ihnen, vielleicht, früher bloß angetan wurde. Daher gelingt aber auch die 'innere Vergesellschaftung' der Menschen nicht reibungslos, sondern brütet ebenfalls Konflikte aus, die sowohl das erreichte zivilisatorische Niveau bedrohen, wie positiv darüber hinausdeuten." (Horkheimer/Adorno 1972, S. 36)

Der sich aus dieser Vergesellschaftungsform für das Individuum ergebende Zustand wird von den englischen Antipsychiatern als "verrückte Normalität" bezeichnet. Wie wir gesehen haben mündet ihre Konsequenz in die Dichotomisierung von Individuum und Gesellschaft, sie begreifen individuelle Praxis nicht als gesellschaftlich vermittelte. Interessen und Bedürfnisse werden als sich im unvergesellschafteten Teil des Selbst konstituierend angesehen. Anerkennt man den Inhalt des oben zitierten, so bleibt aber der "subjektive Faktor" (Horn 1973) untrennbar mit gesellschaftlichen Verhältnissen verbunden.

Psychiatrie hat sich ihrem gesellschaftlichen Auftrag entsprechend um den "subjektiven Faktor" zu kümmern. Das medizinische Modell rechtfertigt Therapie als Reparatur am einzelnen. Soziodynamische Sozialpsychiatrie beschränkt sich auf Einbezug des sozialen Kontextes zur Reparatur am einzelnen und der Interaktionsstrukturen im "sozialen Netzwerk". Kritische Sozialpsychiatrie muß das dialektische Verhältnis von Individuum und Gesellschaft nutzbar machen zur Stabilisierung des einzelnen und gleichzeitig zur Einflußnahme auf die Bedingungen, die beim einzelnen psychische Störungen hervorrufen.

Die Gemeinde scheint uns ein sozialer Raum zu sein, in dem über die privaten Interaktionsbeziehungen der Individuen hinaus, ein Stück weit Einfluß genommen werden kann auf gesellschaftliche Praxis. An späterer Stelle sollen diese Vorstellungen anhand der Aktivitäten einer sozialpsychiatrischen Initiativgruppe, an der wir beteiligt sind, konkretisiert werden.

Um zu einem Konzept von Gemeindepsychiatrie zu gelangen, möchten wir bei den Schwierigkeiten institutionalisierter Tätigkeit im psychosozialen Bereich ansetzen. Wir erheben damit keinesfalls den Anspruch einer vollständigen Analyse, glauben aber, aus bestimmten Kritikpunkten Forderungen ableiten zu können, die für die Entwicklung einer sich selbst reflektierenden Gemeindepsychiatrie unumgänglich sind.

1. Mängel bestehender psychosozialer Einrichtungen

1.1. Die Bedarfsorientierung

Die Bitte um Hilfe

Obwohl die Zahl derer, die zwangsweise, d. h. über Anwendung des Verwahrungsgesetzes einer psychiatrischen Behandlung zugeführt werden, ständig abnimmt, darf dies nicht über die Tatsache hinwegtäuschen, daß die Zahl der Fälle gering ist, in denen psychisch Gestörte von sich aus mit der Bitte um Hilfe an die Psychiatrie herantreten (vgl. Köppelmann 1979, S. 164 f.). Sehr häufig wird der Betroffene von den Menschen seiner sozialen Umgebung aufgefordert, psychiatrische Hilfe in Anspruch zu nehmen. Goffman zeigt in "Asyle" (S. 134 f.), daß die "freiwillige" Bitte um psychiatrische Hilfe des Betroffenen im wesentlichen eine Reaktion auf fehlende Integrationsmöglichkeiten in der sozialen Umwelt darstellt und nicht primär ein Bedürfnis des potentiellen Patienten. Zwar übernimmt der zukünftige Patient teilweise die Definitionen der anderen in Bezug auf die Einschätzung seiner eigenen Situation (vgl. Dörner 1974 und Wulff 1972), es erscheint aber trotzdem ein entscheidender Unterschied. "Vom zukünftigen Patienten aus bedeutet die Bitte um Hilfe: 'beschäftigt euch mit mir!', wogegen sie aus der Umgebung formuliert die Bedeutung erhält: 'Nehmt ihn uns ab, beschäftigt ihr euch mit ihm, damit wir es nicht tun müssen'." (Köppelmann 1979, S. 165)

Therapieformen, die auf die Versammlung der Personen des "social network" aus sind, wie z. B. im englischen antipsychiatrischen Konzept der Arbours Association oder die verschiedenen Formen von Familientherapie, vermögen diese Differenz durchaus aufzugreifen und zu bearbeiten. Folgt man der Argumentation von Köppelmann, so zeigt sich, daß dies unter zwei Voraussetzungen geschieht. Zum einen bleiben die Interessenkonflikte auf privatistisch-individueller Ebene und zum anderen bleibt unbestritten, daß durch psychiatrische Behandlung die aufgetretenen Schwierigkeiten beseitigt werden können.

Nimmt man aber an, und innerhalb kritischer Sozialpsychiatrie muß so argumentiert werden, daß Interessen und Bedürfnisse Entwicklungsresultate von gesellschaftlichen Verhältnissen sind, so sind sie als Ausdruck der Konflikte und Widersprüche des konkreten Lebenszusammenhangs der Menschen zu begreifen und können dann durch Verbesserung der Interaktionsstrukturen allein nicht adäquat bearbeitet werden. Bei der Entwicklung eines psychiatrischen Versorgungsmodells, das kritisch-sozialpsychiatrischen Ansprüchen genügen will, muß dies Berücksichtigung finden.

Die Ungleichheit in der bestehenden psychosozialen Versorgung

Gleiss et al. (1973, S. 105ff.) weisen anhand der Aufarbeitung vorhandener empirischer Untersuchungen nach, daß in allen Bereichen psychiatrischer Versorgung "Patienten der unteren sozialen Schichten weniger intensiv behandelt werden. Selektion und Diskriminierung finden statt, obwohl Personen der unteren sozialen Schichten häufiger und schwerer von psychischen Erkrankungen betroffen sind." (Gleiss et al. 1973, S. 193). Das bedeutet also, daß in den Bevölkerungsschichten, in denen am häufigsten psychische Störungen auftreten (wobei die Autoren die Frage nach der Ursache des hohen Krankheitsrisikos mit dem "Armutsmilieu" und den speziellen Arbeits- und Lebensbedingungen begründen), die Wahrscheinlichkeit, wieder gesund zu werden, am geringsten ist.

Die Autoren suchen die Ursachen dafür einmal im Vorbehandlungsstadium und zum anderen in der psychiatrischen Versorgung selbst. Sie kommen zu dem Ergebnis, daß die häufig mit der Haltung der Betroffenen begründete Unerreichbarkeit der Unterschichtspatienten für psychiatrische Prophylaxe und Versorgung als "Reflex einer diskriminierenden Versorgung" (ebd., S. 192) anzusehen ist. Es ist hinreichend bewiesen, daß Angehörige der Unterschicht größere Schwellenängste zu überwinden haben, den Zugang zu psychosozialen Einrichtungen zu finden. In vielen Fällen verhindert die Schwellenangst die Kontaktaufnahme mit diesen Institutionen. Diese Ängste dürfen jedoch nicht nur als Problem der Betroffenen auf psychologischer Ebene begriffen und behandelt werden, sie werden zum großen Teil durch die in psychosozialen Einrichtungen ablaufenden Mechanismen und das Verhalten der in diesen Institutionen tätigen Experten erzeugt (dies wird an späterer Stelle erörtert).

Eine weitere Rolle spielen die längeren Wartezeiten, die häufigere Zurückweisung bei freiwilliger Bemühung und Behandlung und die Auffassung, daß gerade für die angesprochenen Bevölkerungsgruppen bestimmte Therapieverfahren (z. B. Psychoanalyse) weniger geeignet seien als für Angehörige der oberen Schichten.

So werden Patienten der unteren sozialen Schichten erst bei relativ fortgeschrittenem Grad psychischer Störung, häufig dann zwangsweise, einer verwahrenden psychiatrischen Behandlung zugeführt, die sich dann vornehmlich auf die Verabreichung von Psychopharmaka und die Anwendung anderer somatisch wirksamer Therapiemaßnahmen beschränkt.

Die hier angeführten Gründe haben innerhalb der kritisch-sozialpsychiatrischen Diskussion dazu geführt, daß die bestehende psychiatrische Versorgung als vorwiegend "mittelschichtsorientiert" bezeichnet wird. Auch diese Tatsache muß ein kritisch-sozialpsychiatrisches Modell berücksichtigen.

Die Bedarfsorientiertheit der psychosozialen Versorgung

Ziel einer Neuordnung der psychiatrischen Versorgung ist - das kann dem Enquête-Bericht entnommen werden - den Bedürfnissen der Bevölkerung nach Hilfe bei psychosozialen Störungen nachzukommen. Es läßt sich jedoch zeigen, daß die in der Enquête verwendeten Methoden der Bedarfsermittlung nicht von den realen Bedürfnissen der Betroffenen ausgehen, sondern vielmehr an Bedürfnissen der Institutionen ausgerichtet sind. Zudem läßt diese Art der Bedarfsermittlung eine eindeutige Orientierung am medizinischen Modell deutlich werden.

Um die Bedürfnisse der Betroffenen zu erfassen und daraufhin Bedarfszahlen zu entwickeln, werden zwei methodische Verfahren angewendet: eine statistische Bestandsaufnahme der Klienten, die psychosoziale Einrichtungen kontaktieren. Die Nachteile dieser Untersuchung bestehen darin, daß die Statistiken nur den Personenkreis erfassen, der seine Schwellenangst vor Institutionen überwinden konnte und sich durch das Aufsuchen von Experten eine Unterstützung bei der Lösung seiner Probleme erwartet. Die Statistiken lassen jene Population außer acht, die zwar Hilfe benötigt, jedoch bisher keine Verbindung mit psychosozialen Einrichtungen aufnahm. Erinnern wir uns außerdem daran, daß die geäußerte Bitte um Hilfe in den wenigsten Fällen als Bedürfnisäußerung des Betroffenen aufgefaßt werden kann, so wird der den Bedarfszahlen des Enquête-Berichts zugrundeliegende Bedürfnisbegriff zweifelhaft. Das dort als "selbstdefiniert" bezeichnete Bedürfnis stellt sich sehr schnell als Reaktion des Betroffenen auf die Bedürfnisse anderer heraus. Hinzu kommt die Meinung der Autoren, ein Experte (der Psychiater im Regelfall) habe darüber zu entscheiden, ob der Hilfesuchende tatsächlich behandlungsdürftig ist. Das bedeutet, daß das "selbstdefinierte" Bedürfnis in ein "expertendefiniertes" transformiert wird (zum Bedürfnisbegriff vgl. Lutz 1977). Hiernach richtet sich dann die Ermittlung der Bedarfszahlen. "Erst die Anzahl und die Art der expertendefinierten Bedürfnisse bestimmt den Bedarf an Einrichtungen der Gesundheitsfürsorge. Dabei sollen, soweit möglich, diejenigen Bedürfnisse mitberücksichtigt werden, die den vorhandenen Einrichtungen nicht bekannt geworden sind." (Enquête-Bericht S. 69)

Dies soll in den epidemiologischen Studien zur "wahren Prävalenz" geleistet werden. Hier wird versucht, auch die Anzahl jener Personen zu erfassen, die bisher noch keine professionelle Hilfe beanspruchten, obwohl sie unter vergleichbar großen Schwierigkeiten leiden. Bei einer repräsentativen Zielpopulation werden Befragungen über Symptome durchgeführt, die während eines bestimmten Zeitraums auftraten. Diese Symptome werden dann in der Auswertung nosologischen Kategorien zugeordnet. Sicher wird durch diese Studien offensichtlich, daß nicht die Gesamtzahl derer, die Hilfe bedürfen, durch institutionalisierte Tätigkeit erfaßt wird. Diese Untersuchungen tragen dazu bei, die Ungleichheit in der psychiatrischen Versorgung aufzudecken und ihr entgegenzuwirken. Sie gehen jedoch von der Annahme aus, daß psychische Störungen allein durch psychiatrische Behandlung zu beheben seien. Weiterhin werden alltagsweltliche Probleme, die sich zwischen dem Betroffenen und seiner Umwelt manifestieren, in Krankheitskategorien gezwängt, die aus dem medizinischen Modell abgeleitet sind. Leidenszustände werden durch die Verwendung nosologischer Einheiten auf einen medizinisch-psychiatrischen Kerngehalt reduziert, wodurch die Möglichkeit versperrt wird, sie in ihrer alltagsweltlichen Komplexität und aus der Sichtweise der Betroffenen zu sehen.

Der im Enquête-Bericht verwendete Bedarfsbegriff geht von einer unhinterfragten Kompetenzzuweisung an Fachleute aus, der Bezugnahme auf den Ist-Zustand bestehender psychiatrischer Versorgung als Grundlage für eine neue Bedarfsermittlung und der Transformation "selbstdefinierter" Bedürfnisse in "expertendefinierte". Solange der "Standpunkt des Betroffenen", wie sich die englischen Antipsychiater ausdrücken, nicht zum Ausgangspunkt von Bedarfsanalysen gemacht wird, sondern Expertenurteile, kann auch von bedürfnisgerechten Hilfsangeboten nicht die Rede sein.

1.2. Ausbildung der im psychosozialen Bereich tätigen Berufsgruppen

Die berufliche Sozialisation der Berufsgruppen, die in psychosozialen Einrichtungen arbeiten, stellt ganz sicher keine adäquate Vorbereitung auf die Tätigkeit im Bereich einer sich kritisch verstehenden Sozialpsychiatrie dar. Die Ausbildung an den Universitäten - sei es in Psychologie, Sozialarbeit und -pädagogik oder Medizin macht es den Studenten schwer, offen auf ihre künftigen Klienten zuzugehen, sich auf die alltagsweltliche Sichtweise ihrer Probleme einzulassen und mit Hilfsangeboten daran anzuknüpfen.

Die in psychosozialen Einrichtungen verwendeten Diagnose- und Interventionstechniken basieren auf Theorien, die Probleme in psychologischen bzw. in psychiatrischen Termini fassen. Ausschlaggebend sind Symptomkonstellationen und individualistische Begriffe wie Motivation, Einstellungen und Persönlichkeitsstruktur. J. Dollard (1935) kritisierte schon sehr früh an dieser psychologischen Sichtweise, daß sie sich ausschließlich auf das Individuum und nicht die Gemeinschaft konzentriere, auf die psychologische Struktur und nicht die Struktur der Gemeinde, auf die psychodynamische Komponente und nicht die in der Gemeinde ablaufende Dynamik. Die Gemeindedynamik wird geprägt durch die geschichtliche Entwicklung, Wohnsituation, Arbeitsplatzverhältnisse und die Beziehung zu anderen Gemeinden und ist durch psycho- und soziodynamische Erklärungsschemata allein nicht faßbar. Die rein psychologische Ausbildung läßt weiterhin keine Verbindung zwischen individuell erfahrenem Leiden und dem sozialgeschichtlichen Erfahrungsprozeß zu."

> "In diesem Erfahrungsprozeß handelt es sich um die Verarbeitung jener gesellschaftlichen Reaktionen, die kommen, wenn sich ein Individuum in einer Krise befindet. Es handelt sich in der Regel um eine Sequenz von alltagsweltlichen Reaktionen bis hin zu solchen, die institutionalisiert und professionell abgestützt erfolgen. In ihrer individuellen Verarbeitung werden diese Reaktionen Teil des Verhaltenssystems, aber bleiben unzugänglich, wenn nur noch statische Persönlichkeitsdimensionen zur Erfassung individueller Strukturen verfügbar sind." (H. Keupp 1978, S. 202f.)

Ein weiteres Charakteristikum der in der Ausbildung vermittelten Interventionstechniken ist, daß sie an Problemen ansetzen, die schon manifest sind. Den in der Ausbildung Befindlichen wird dadurch eine vorwiegend kurative Ausrichtung nahegelegt, eine Schwerpunktsetzung, die das Blickfeld auf eine präventive Tätigkeit versperrt oder zumindest erschwert.

Ein wesentliches Ziel von Gemeindepsychiatrie besteht darin, die Gemeinde zu unterstützen, die in ihr anfallenden Probleme weitgehend selbständig zu lösen (vgl. Dörner 1979, S. 16). Diese Entwicklung bedeutet zugleich, daß Professionelle ihre Allzuständigkeit für Problemlösungen hinterfragen, eine Einstellung, die an den Universitäten sicher nicht gefördert wird. Die Nutzung des in der Gemeinde vorhandenen Potentials geht einher mit der Förderung eines "sense of community" (Sarason 1974), einem Gefühl für soziale Zusammenhänge und dem Bewußtsein ihrer Bedingungen. Die durch Vereinzelung und Konkurrenz gekennzeichnete Situation während der Ausbildung läßt sich eher durch das Fehlen eines "sense of community" charakterisieren. Die in gemeindepsychiatrischen Einrichtungen tätigen Berufsgruppen stehen vor der schwierigen Aufgabe, in ihrer Arbeit die Herausbildung eines "sense of community" in der Gemeinde zu fördern, den sie selbst in ihrer beruflichen Sozialisation kaum jemals erfahren haben.

1.3. Die Rationalität der Institutionen

Die Funktionsweise bestehender psychosozialer Einrichtungen verstärkt die oben beschriebenen Probleme um eine weitere Stufe (vgl. H. Keupp 1978, S. 184). Die geographische Verteilung psychosozialer Einrichtungen ist nicht an den Bedürfnissen derer orientiert, die sie benötigen. Gerade in Gebieten, in denen Bevölkerungsgruppen übergroßen Belastungen ausgesetzt sind und von daher das Krisenrisiko besonders hoch ist, besteht häufig eine Unterversorgung mit Beratungs- und Therapieeinrichtungen. Die Hilfesuchenden sind gezwungen, große Entfernungen zurückzulegen, um solche Einrichtungen aufzusuchen, wodurch die Schwellenangst erhöht wird. In vielen Fällen unterbleibt die Kontaktaufnahme aufgrund des Informationsmangels über die Existenz dieser Einrichtungen. Sofern Beratungs- und Therapiestellen überhaupt kontaktiert werden, sind sie nicht in den "natürlichen" Lebenszusammenhang der Betroffenen eingebettet. Sie sind "in ihrer ökologischen Verteilung weitgehend durch die Regulative des Marktes und durch die spezifischen Interessen ihrer Träger bestimmt" (H. Keupp 1978, S. 184).

Die in den Institutionen vorherrschende Arbeitsteilung ist verbunden mit Konkurrenz, der Ausbildung hierarchischer Strukturen und dem Kampf um Kompetenzzuweisungen. Es soll hier nicht gegen Arbeitsteilung generell argumentiert werden, sondern gegen ihre derzeitigen Formen, die weitgehend determiniert werden durch die Durchsetzung berufsständischer Interessen. Die ohnehin vorhandene Entpersönlichung in der Beziehung zwischen Berater und Klient wird durch diese Situation nochmals potenziert. So ist der Psychologe z. B. für die Diagnose zuständig, der Psychiater für die medikamentöse Behandlung, der Sozialarbeiter für die Wohnungsbeschaffung. Für die in psychosozialen Einrichtungen tätigen Personen wird es dadurch unmöglich gemacht, die Probleme des Klienten in einem ganzheitlichen Zusammenhang zu sehen, sich auf ihn als Person und nicht nur als Objekt zu beziehen, eine Forderung, die die englischen Antipsychiater konsequent stellen. Der Hilfesuchende erfährt eine facettenhafte Aufgliederung seines Problems und seiner Lebenssituation. Das Merkmal vieler Krisen besteht jedoch gerade darin, daß sich der Betroffene aus seinem ursprünglichen Lebenszusammenhang herausgerissen fühlt, ihm es nicht gelingt, die verschiedenen Bereiche seines Lebens, sinnvoll und ganzheitlich zu strukturieren. Die von ihm subjektiv erlebte Zersplitterung wird durch die Arbeitsweise der Institution noch verstärkt. McKnight (1979, S. 47) zeichnet ein treffendes Bild. Ihn erinnern die psychosozialen "Service-Systeme" an "jene Sets in manchen Restaurants, auf denen eine Kuh so aufgeteilt ist, daß man sieht wo sich Steak, Roastbeef, Rippen und Zunge befinden".

Hinzu kommt die Erfolgsorientierung psychosozialer Einrichtungen, der Zwang, in einer bestimmten Zeit eine bestimmte Anzahl von Klienten durchschleusen zu müssen. Das Personal steht unter Zeitdruck, hat von daher schon gar nicht die Möglichkeit, sich auf eine ausführliche Darstellung der Lebenslage durch den Betroffenen einzulassen. Die Einteilung komplexen Verhaltens und Erlebens in Krankheitskategorien, eine Tendenz, die schon durch die Ausbildung bedingt ist, bedeutet unter diesen Umständen eine Zeitersparnis. Die verwendeten Diagnose- und Interventionstechniken haben einen entlastenden Effekt für die Arbeitsweise der Institution. Die Formen der Hilfsbedürftigkeit und die Mittel zu ihrer Bewältigung werden vielmehr durch die Erfordernisse der Institution und die darin tätigen Experten definiert als durch den Betroffenen. Er ist gezwungen, die Komplexität seiner Probleme auf diejenigen Kategorien und Dimensionen zu reduzieren, die ihm von der jeweiligen Einrichtung vorgegeben werden.

1.4. Verberuflichung des Helfens - Vernachlässigung des Selbsthilfepotentials

Nach dem Bericht der Enquetekommission soll der Ungleichheit in der psychosozialen Versorgung durch den quantitativen Ausbau vorhandener Dienste entgegengewirkt werden. In dieser Forderung drückt sich wiederum der Glaube an die Allzuständigkeit der Experten aus. "Für jede seelische Schwierigkeit eine Institution zu schaffen, die sich fachmännisch damit auseinandersetzt, wäre eine Psychologisierung und Psychiatrisierung menschlichen Lebens ins Uferlose und das Gegenteil von Gemeindepsychiatrie. Bis heute lassen wir es meist erst soweit kommen, bis nur durch professionelles Eingreifen psychisches Leid für den Betroffenen und seine Umwelt gemildert werden kann." (K. Dörner 1979, S. 19)

In diesem Zusammenhang muß auf die Konsequenzen der Verberuflichung des Helfens hingewiesen werden. "Helfen als Beruf" bedeutet, daß Helfen zur Basis der materiellen Reproduktion wird. Von Seiten der im psychosozialen Bereich tätigen Berufsgruppen besteht ein Eigeninteresse, sich diese Reproduktionsquelle zu erhalten. (26) Die Organisierung und Verteidigung dieser Interessen ist nicht immer gleichzusetzen mit der Befriedigung der Bedürfnisse der Hilfesuchenden. "Die Notwendigkeit professioneller Hilfeleistung wird aus der Perspektive ständischer Interessenwahrung und Expansivität heraus bestimmt, wobei meist die unterstellten und behaupteten Bedürfnisse der Bevölkerung als Legitimationsbasis herhalten müssen." (H. Keupp 1978, S. 187)

Die Verberuflichung des Helfens geht einher mit der Entwicklung "sekundärer Abhängigkeiten". Sie werden erzeugt durch die weitverbreitete Ansicht, daß nur vom Experten die Lösung von

Problemen zu erwarten sei. Diese Einstellung wird verfestigt durch die Signalisierung einer allumfassenden Problemzuständigkeit von Seiten der Experten. Hilfesuchende verlieren dadurch zunehmend das Vertrauen auch in jene alltagsweltlichen Lösungsmöglichkeiten, die sich bisher bewährt haben und in die Ressourcen, die in der ursprünglichen sozialen Umgebung vorhanden sind. "Unsere auf Fremdhilfe aufgebaute medizinische Wissenschaft steht dem Erlernen geeigneter Selbsthilfetherapieformen oft entgegen. Außerdem beschäftigt sich die Medizin in erster Linie mit dem 'kranken Menschen' und versperrt sich dadurch das Wahrnehmen und Handeln in Begriffen von Gesundheit, Prävention und Selbsthilfe." (K. Dörner, 1979, S. 115) Die Qualität gemeindepsychiatrischer Arbeit muß daran gemessen werden, inwieweit sie es versteht, das in der Gemeinde vorhandene Potential zu mobilisieren.

Kurative Ausrichtung

Kurative Interventionsformen und Hilfsangebote werden auf Menschen angewendet, die schon in Schwierigkeiten geraten sind. Man befaßt sich vorwiegend mit der "Spitze des Eisbergs". So wichtig es als Ansatz ist, auf diese Probleme zu reagieren, versperrt die kurative Schwerpunktsetzung doch die Möglichkeit an den Bedingungen anzusetzen, die diese Probleme hervorrufen. Dollard warnte schon vor vielen Jahren vor der überwiegend kurativen Perspektive in der gemeindepsychiatrischen Arbeit: der neue Ausblick wurde durch die irreführende Brille der Psychopathologie vorgenommen. Er bezog sich nur auf die Probleme, die phänomenologisch die unmittelbarsten und dringendsten zu sein schienen; er reagierte mit Aktionen, Techniken und Interventionen auf diese Probleme, wodurch die Garantie dafür geboten wird, Struktur und Dynamik der Gemeinde zu ignorieren, aus denen diese Probleme erwachsen (J. Dollard, zit. nach S. B. Sarason, 1974, S. 104). Eine präventive Orientierung hätte für die im psychosozialen Bereich arbeitenden Berufsgruppen zur Folge, an Institutionen, Organisationen und anderen sozialen Systemen anzusetzen, von denen man annehmen kann, daß sie ein besonderes Belastungsrisiko für ihre Mitglieder darstellen; eine Denkweise, die diesen Berufsgruppen fremd sein muß, da sie aufgrund ihrer Ausbildung vom System Individuum und nicht von sozialen Systemen ausgehen.

Obwohl die Notwendigkeit präventiver Arbeit zunehmend mehr Anerkennung findet, endet die Forderung nach Prävention häufig in Widersprüchlichkeit. Dies kommt u. a. bei Pörksen, einem der Autoren des Enquête-Berichts zum Ausdruck: präventive Psychiatrie habe "seelische Gesundheit fördernde oder behindernde Sozialisationsbedingungen kritisch zu erforschen" (Pörksen

1975, S. 16). Darüber hinaus müsse sie "sich aktiv ihrer gesellschaftlichen Verantwortung stellen, d. h. aktive Mitarbeit in der Veränderung gesellschaftlicher Bedingungen, die seelische Gesundheit entscheidend beeinträchtigen" (ebd., S. 16). Er kommt aber sehr schnell zu der Überzeugung, daß präventive Psychiatrie außerhalb der Institution Psychiatrie zu entstehen habe. Einerseits fordert Pörksen für psychiatrische Arbeit, sie habe z. B. ungleiche Bildungschancen oder die Lebensbedingungen von Risikogruppen (Obdachlose, Nichtseßhafte, Kriminelle) zu untersuchen, andererseits lagert er die daran geknüpften politischen Forderungen und Handlungen aus dem Kompetenzbereich der Psychiatrie aus, wodurch die Paradoxie entsteht, daß primär-präventive Psychiatrie plötzlich keine Aufgabe der Psychiatrie mehr ist.

Verstehbar wird diese Widersprüchlichkeit unter den Prämissen sozio-dynamisch orientierter Sozialpsychiatrie. Es erfolgt zwar keine Beschränkung auf das einzelne Individuum, wie innerhalb des medizinischen Modells, der Psychiatrie fällt aber nur die Stabilisierung des einzelnen in seinem sozialen Umfeld als Aufgabe zu. Hier wird letztlich eine in ihrem Gesellschaftsbezug eingeschränkte Auffassung von psychischer Krankheit zum Ausdruck gebracht.

2. Forderungen an eine sich kritisch verstehende Gemeindepsychiatrie

2.1. Entwicklung eines Gemeindebegriffs

Wie schon erwähnt, meint das im Enquêtebericht geforderte Prinzip der Gemeindenähe im wesentlichen Überschaubarkeit, leichte verkehrstechnische Erreichbarkeit und die Koordination der psychosozialen Einrichtungen. "Gemeinde" wird hier reduziert auf ein geographisches, in verwaltbare Einheiten gegliedertes Gebiet, entbehrt jegliche politischen und gesellschaftlichen Bestimmungen.

Nach Sarason (1974, S. 131f.) müssen folgende Aspekte bei der Konzeptualisierung von Gemeinde beachtet werden: eine Gemeinde umfaßt verschiedene Institutionen, die formell oder informell aufeinander bezogen sind; sie umfaßt Gruppen, die in Größe, Dauer und Zusammensetzung variieren - wie ist ihre Beziehung zueinander? Die Gruppen und Institutionen unterscheiden sich beträchtlich in Größe, Macht und den Zielen, die sie verfolgen - welche Konflikte treten dabei auf; auf welche formellen und informellen Weisen erkennt eine Gemeinde Probleme und wie reagiert sie darauf? Eine Gemeinde hat eine spezifische Geschichte, die - obgleich sie in einem psychologischen Sinn nicht mehr bedeutend sein mag - wesentlich ist, um gegenwärtige soziale, politische, religiöse und ökonomische Charakteristika zu verstehen; welchen Einfluß spielen geographische Faktoren, wie hat sich die Gemeinde im Lauf der Zeit verändert und in welchem Ausmaß ist dies eine Funktion allgemeiner gesellschaftlicher Veränderungen (wobei Sarason annimmt, daß die gemeindespezifischen Charakteristika eine wichtige Rolle bei der Reaktion auf externe Faktoren spielen)? Welche offiziellen und informellen Machtpositionen gibt es in der Gemeinde? Welchen Einfluß haben religiöse, ethnische und soziale Faktoren?

Sarason fordert eine zweifache Vorgehensweise: eine soziologische, die sich auf Strukturen zwischen Gruppen und Institutionen in der Gemeinde bezieht, und eine psychologische, die sich mit den Auswirkungen dieser Faktoren auf die Individuen befaßt, dem Einfluß, den Veränderungen in den verschiedenen Bereichen der Gemeinde auf ihre Mitglieder haben.

Sarasons Forderungen können als Ausgangspunkt für die Entwicklung eines für psychosoziale Arbeit brauchbaren Gemeindebegriffs dienen. "Gemeinde" darf hier nicht nur als Beziehungsnetz der Mitglieder oder als religiöse Gemeinde verstanden werden, darf nicht nur eine Verwaltungseinheit oder ein Einzugsgebiet bedeuten. Sommer et al. definieren: " 'Gemeinde' soll im weitesten Sinne die materielle, soziale und psychische Umwelt meinen, in der ein Mensch lebt." (1977, S. 1) Wir meinen, daß über diese ökologische Bestimmung hinausgehend, "Gemeinde" als konkret lebenspraktischer Raum der Mitglieder zu verstehen ist, in dem diese in gesellschaftlicher Praxis verbunden sind.

Zu berücksichtigen ist jedoch auch, daß die "Gemeinde" - zumindest in städtischen Räumen - nur noch selten den gesamten lebenspraktischen Raum ihrer Mitglieder darstellt. Durch die Trennung von Arbeit und Wohnen ist Gemeindepsychiatrie beständig in Gefahr, sich auf den Reproduktionsbereich der Individuen zu beschränken. Gemeindepsychiatrie als Realisierung kritisch sozialpsychiatrischer Vorstellungen muß sich der Begrenzungen ihrer Reichweite bewußt sein und sie durch präventive Forderungen in Zusammenarbeit und Auseinandersetzung mit Institutionen des Arbeitsbereichs (v. a. Gewerkschaften und Arbeitsmedizin) zu überbrücken suchen.

2.2. Die Notwendigkeit eines bedürfnisgerechten Ansatzes in Theorie und Praxis

Ausgangspunkt jeder gemeindepsychiatrischen Arbeit hat in Theorie und Praxis zu sein, an den Bedürfnissen, Deutungsmustern und Lösungsversuchen der Klienten anzusetzen. Dem Aufsuchen einer psychosozialen Einrichtung geht ein vielschichtiger Prozeß voran, in dem sich für den Betroffenen etwas als Problem herauskristallisiert oder sich in einem Gefühl ausdrückt, wie "mir geht es schlecht", "ich bin deprimiert", "ich fühle mich einsam". Meistens setzen daraufhin Versuche ein, mit diesen Schwierigkeiten umzugehen, sie, falls dies möglich ist, mit jemandem zu besprechen. Erst wenn die eigenen Lösungsversuche oder die der unmittelbaren Umgebung als gescheitert oder als unbefriedigend empfunden werden, wird Hilfe von einer offiziellen Einrichtung erhofft. Personen, die in diesen Einrichtungen arbeiten, müssen sich offen halten für die Art und Weise, wie jemand sein Problem empfindet und definiert, und für die Versuche, wie er bisher damit umgegangen ist. Durch die Subsumierung einer komplexen Lebenssituation unter ein Etikett wird die Möglichkeit versperrt, diese Situation in ihrer ganzen Vielfalt zu erkennen. Die Verwendung von Symptomkategorien bedeutet zugleich die Reduktion einer Person auf ihre "krankhaften" Anteile. Damit einher geht das Außerachtlassen oder die Negation des gesunden Potentials und der Stärke eines Klienten, die trotz aller Schwierigkeiten immer noch vorhanden sind.

Es ist wichtig, eine distanzschaffende Expertensprache zu vermeiden, da sie es unmöglich macht, an der Alltagserfahrung und Alltagssprache des Klienten anzusetzen und bei ihm zugleich das Gefühl zu schaffen, sein Problem werde ihm aus der Hand genommen, es sei durch ihn selbst gar nicht mehr verstehbar und schon gar nicht lösbar, nur ein Experte könne damit umgehen. Auf diese Weise werden "sekundäre Abhängigkeiten" aufgebaut und das Vertrauen in die eigenen Möglichkeiten zerstört. Die Definition des Problems und der Hilfsbedürftigkeit muß vom Betroffenen aus vorgenommen werden können ohne den Druck, seine Therapie- oder Beratungseignung erst einmal beweisen zu müssen. Sicher kommt durch die Tatsache, daß jemand eine psychosoziale Einrichtung aufsucht, zum Ausdruck, daß er Unterstützung bei der Bewältigung bestimmter Schwierigkeiten benötigt, es ist jedoch immer davon auszugehen, daß er seine Situation, Gefühle, Probleme und Stärken besser kennt als jeglicher Experte. Bedürfnisgerechte Unterstützung kann nur gegeben werden, wenn die Bereitschaft und Fähigkeit beim Experten vorhanden ist, an Sichtweisen, Definitionen und Gefühlen der Betroffenen anzuknüpfen.

Um sich auf die komplexe Lebenssituation und alltagsweltliche Erfahrung des Klienten einlassen zu können, ist zu vermeiden, daß er von einer Instanz zur nächsten weitergereicht wird und seine Situation in ein Problem für den Sozialarbeiter, eines für den Psychologen und ein anderes für den Psychiater aufzubereiten ist.

Ein bedürfnisgerechtes Zugehen auf den Hilfesuchenden bedeutet ebenfalls, die "psychologische Brille" abzunehmen, das heißt, ihn nicht nur als Einzelindividuum zu sehen, sondern als Person, die in sozialen Kontexten existiert, durch sie beeinflußt wird und mit denen sie interagiert. Dabei reicht es auch nicht aus, sich analog soziodynamischer Ansätze nur auf die unmittelbaren Interaktionspartner einer Person zu beschränken. Erfahrungen, Werthaltungen, Deutungsmuster und Verhalten eines Individuums sind nicht nur geprägt durch die in der Familie vorherrschenden Beziehungsformen, sondern durch Schichtzugehörigkeit, Arbeitsplatz- und Wohnsituation und andere soziale Kontexte.

Der bedürfnisgerechte Ansatz in der praktischen Arbeit muß einhergehen mit der Entwicklung einer wissenschaftlichen Methode, die nicht - wie die epidemiologischen Studien zur "wahren Prävalenz" - die Definition der Bedürftigkeit durch die Verwendung von Krankheitskategorien vorstrukturiert. Der Ausgangspunkt praktischen Handelns im Rahmen einer kritisch verstandenen gemeindepsychiatrischen Tätigkeit, an den Bedürfnissen und alltagsweltlichen Erfahrungen der Betroffenen anzusetzen und diese an ihre verschiedenen sozialen Kontexte rückzubinden, muß zugleich der Anspruch einer Forschungsmethode sein, die der gemeindepsychiatrischen Perspektive verpflichtet ist.

Wie wir gesehen haben, kann das Ziel des Enquête-Berichts, den Bedürfnissen der Bevölkerung nach Hilfe bei psychosozialen Problemen nachzukommen, durch die dort verwendeten Methoden der Bedarfsermittlung nicht erfüllt werden. Eine Methode, an die Bedürfnisse der Bevölkerung heranzukommen, muß zwei Schritte vollziehen (vgl. H. Keupp, 1978, S. 191ff): die Analyse der Lebenswelt der Betroffenen (vgl. hierzu Kaplonek/Schroeter in Keupp 1979) und die Analyse psychosozialer Einrichtungen.

Die Lebensweltanalyse setzt an den subjektiven Erfahrungen der Betroffenen an, interpretiert sie jedoch nicht auf einer individualistischen Ebene, sondern begreift sie als subjektive Aneignung gesellschaftlicher Realität und bezieht sie auf die objektiven materiellen Bedingungen der Lebenswelt. Erfahrung und Handeln eines Individuums werden durch gesellschaftliche Strukturen geprägt. Dies soll nicht heißen, daß sie in eindeutiger Weise dadurch determiniert werden, denn gesellschaftliche Strukturen bilden sich im Individuum nicht als einfaches Spiegelbild ab, sondern werden von ihm angeeignet und verarbeitet. Von diesem Wechselverhältnis zwischen Individuum und Gesellschaft muß auch ausgegangen werden, wenn man psychische Störungen als Reaktion auf typische soziale Belastungssituationen versteht. Es besteht kein mechanistisches Verhältnis zwischen sozialen Belastungssituationen und dem Auftreten einer psychischen Störung, denn nicht jeder reagiert unter den gleichen belastenden Umständen mit krisenhaften Äußerungsformen. Mit dieser Argumentation soll nicht auf die individualistische Ebene psychologischer Theorien ausgewichen werden, denn auch die verschiedenen Kompensations- und Verarbeitungsmöglichkeiten von Belastungen sind sozialtypisch geprägt.

Eine Lebensweltanalyse beginnt mit einer umfassenden Analyse sämtlicher Lebensbereiche einer Person bzw. Personengruppen. Dadurch lassen sich typische Situationen ausfindig machen, die besondere Belastungsanforderungen darstellen. Weiterhin ist zu untersuchen, unter welchen Bedingungen die bisherigen sozial geprägten Umgangsmöglichkeiten erfolgreich und unter welchen Bedingungen sie nicht mehr ausreichend waren, das heißt eine krisenhafte Reaktion erfolgte.

> "Um dies zu erfahren, muß man am Alltagsbewußtsein- und Handeln der Betroffenen ansetzen. Man muß danach fragen, welches ihre spezifischen Situationsdefinitionen sind. Wie sehen sie selbst ihre Probleme? Was sind ihre Alltagstheorien über die Ursachen dieser Probleme? Was sind ihre Vorstellungen, wie man am adäquatesten mit ihnen umgeht? Was sind ihre Überlegungen zu den Gründen dafür, daß sie selbst oder andere mit diesen Problemen fertig werden? Welche Art von professioneller Hilfe halten sie selbst für notwendig?" (H. Keupp, 1978, S. 192f)

Durch die Lebensweltanalyse bleiben Krisen nicht in einer individualistischen Schicksalshaftigkeit gefangen, sondern können verstanden werden als das Versagen bisheriger sozial typisierter Umgangsmöglichkeiten mit bestimmten sozialen Belastungssituationen. Individuelle Fallgeschichten werden dadurch zu "Sozialgeschichten", aus deren historischer Entwicklung sich Toleranzschwellen und Reaktionstypen auf gesellschaftliche Belastungssituationen rekonstruieren lassen (vgl. hierzu Kaplonek/ Schroeter in Keupp 1977).

Eine Analyse der Bedürfnisse der Bevölkerung muß ebenfalls die Analyse der Tätigkeit psychosozialer Einrichtungen umfassen. Es ist zu untersuchen, wie diese Institutionen auf die Probleme ihrer Klienten eingehen, wie sie die "Bitte um Hilfe" beantworten. Welche Auswirkungen haben die oben beschriebenen Mängel (Punkt 1) auf die Betroffenen? Eine Gemeinsamkeit sämtlicher dargestellter Schwierigkeiten mündet darin, daß nicht an der Problemdefinition der Klienten angesetzt wird, sondern ihr ganzheitliches Problem in verschiedene Teilaspekte zergliedert, bestimmten Kategorien untergeordnet und nur in dieser Gestalt von den Institutionen akzeptiert wird. Die ursprünglichen Probleme werden dadurch in eine neue Form gebracht, die sich verändernd auf die Identität des Betroffenen auswirken kann. Untersuchungen von Vertretern des Labeling-Ansatzes haben nachgewiesen, daß die in Institutionen vorgenommenen Zuschreibungsprozesse mit Stigmatisierungsfolgen verbunden sind, die sich so verändernd auf die Identität des Betroffenen und seine sozialen Beziehungen auswirken können, daß sie den Beginn einer "Krankheitskarriere" einleiten.

Es reicht nicht aus, daß Theorie und Praxis einer bedürfnisgerechten psychosozialen Versorgung von den gleichen Prämissen ausgehen, das heißt beide an der alltagsweltlichen Erfahrung der Betroffenen ansetzen und sie auf ihre gesellschaftlichen Bedingungen beziehen. Theorie und Praxis dürfen nicht isoliert nebeneinander herlaufen, sondern müssen eng miteinander verflochten sein. Das durch Forschung gewonnene Wissen muß den Praktikern zur Verfügung gestellt werden, sie müssen ebenso wie die Adressaten der psychosozialen Versorgung so weitgehend wie möglich in den Forschungsprozeß einbezogen werden und ihre Erfahrungen in diesen Prozeß einbringen können. Auf diese Weise wird eine Integration der Forschungsergebnisse in die Praxis erleichtert. Umgekehrt sind die gewonnenen Erkenntnisse laufend an der praktischen Tätigkeit zu überprüfen. Die bisherige Trennung von Praxis und Wissenschaft könnte dadurch - zumindest schrittweise - aufgehoben werden.

2.3. Präventive Orientierung

Eine kritisch verstandene Gemeindepsychiatrie sieht psychisches Leiden im Zusammenhang gesellschaftlicher Bedingungen. Gemeindepsychiatrie darf von daher nicht nur die Symptome kurieren, die durch krankmachende Strukturen produziert werden, sondern hat auf die krisenverursachenden gesellschaftlichen Strukturen einzuwirken. Der kurative Ansatz, der lediglich auf schon bestehende Probleme reagiert, muß durch eine präventive Orientierung ersetzt werden, um Gemeindepsychiatrie nicht nur zu einem neuen Instrument werden zu lassen, mit dessen Hilfe psychisch Kranke möglichst schnell und reibungslos funktionsfähig gemacht werden, bis sie das nächste Mal an den gleichen Belastungssituationen scheitern.

Mithilfe der Lebensweltanalyse lassen sich typische krisenproduzierende Situationen ausmachen und an eben diesen muß angesetzt werden. Gemeindepsychiatrische Tätigkeit muß sich auf die Verknüpfungspunkte zwischen individuellen und sozialen Systemen konzentrieren. Für Dörner bezieht sich Prävention

> "auf die Gesamtheit seelisch gesunder, gefährdeter und gestörter Menschen. Sie setzt hier sowohl an der sozialen Umwelt an als auch am Individuum selbst. Ihre Aufga-

be ist es einmal, die soziale Umwelt (Familie, Schule, Krankenhaus, Arbeitsplatz usw. so zu gestalten oder zu verändern, daß krankmachende Faktoren reduziert und der Gesundheit dienende Faktoren gefördert werden. Auf seiten des Individuums bedeutet Prävention die Vermittlung von Fertigkeiten (Kompetenzen), die ihm eine adäquate Auseinandersetzung mit konkreten Lebenssituationen ermöglichen." (Dörner, 1979, S. 21; Hvg. im Original)

Für die im psychosozialen Bereich tätigen Berufsgruppen ist die präventive Perspektive mit einer radikalen Umorientierung verbunden. Sie erfordert ein Denken in sozialen Kategorien, den Einbezug sozioökonomischer Faktoren und eine Wahrnehmung, die sich Personen nicht mehr unter dem Aspekt von Krankheitskategorien erschließt. Aufgabe ist nicht nur die Behebung psychischer Krankheit, sondern gleichermaßen die Erhaltung psychischer Gesundheit. Dadurch werden auch jene Personengruppen in die gemeindepsychiatrische Tätigkeit miteinbezogen, die bisher noch nicht in eine Krise gerieten, deren Lebensbedingungen aber so zu verändern oder zu erhalten sind, daß das Auftreten einer Krise verhindert werden kann. Die präventive Orientierung innerhalb eines gemeindepsychiatrischen Konzepts bedeutet zugleich die Reflexion des eigenen sozial-, gesundheits- und berufspolitischen Handelns und der Zielsetzungen, die im Rahmen einer politisch ausgerichteten Gemeindepsychiatrie angestrebt werden.

Es muß jedoch vor einem überstürzten Enthusiasmus gewarnt werden. Läßt man sich nicht auf die Abspaltung der politischen Forderungen ein, die sich aus der Untersuchung noch nicht offensichtlich psychisch Gestörter d. h. nicht Diagnostizierter ergeben (z. B. bezüglich Arbeitssituation oder Wohnverhältnisse), stößt man sehr schnell auf reale Grenzen der Durchsetzungschancen, da grundsätzliche Systembedingungen der Gesellschaft in Frage gestellt werden müssen. Kruckenberg weist aus diesem Grund darauf hin, daß eine Psychiatriereform auf der Basis eines kritisch-sozialpsychiatrischen Modells "exemplarischen Charakter ... für die Möglichkeit oder Unmöglichkeit, grundlegende Reformen in der spätkapitalistischen Gesellschaft durchzusetzen" (1977, S. 332) hat.

Das Problem wird allerdings nicht dadurch beseitigt, daß der Widerspruch zwischen Notwendigkeit und Möglichkeit der Durchsetzung durch bloße Anpassung an letztere aus der psychiatrischen Diskussion eliminiert wird. Neben der Entwicklung neuer sozial-epidemiologischer Forschungsmethoden, die die theoretischen Annahmen kritischer Sozialpsychiatrie empirisch abzusichern vermögen, muß ein Weg gefunden werden, aus der psychiatrischen Praxis heraus auf die gesellschaftliche Praxis Einfluß zu nehmen. Gemeindepsychiatrie scheint uns ein möglicher - wenn auch begrenzter - Zugang zu sein.

2.4. Förderung eines "sense of community"

Häufig geäußerte Schwierigkeiten, wie sich "allein", "isoliert", "unverstanden" oder "nirgends zugehörig" zu fühlen, sind die individuelle Reaktion auf bestimmte Lebensbedingungen. Erhöhte Selbstmordraten, zunehmende Kriminalität und Alkoholismus, die in besonders starkem Maß in "Trabantenstädten" auftreten, weisen darauf hin, daß die Gemeinden weitgehend ihrer Funktion als Ort der "Gemeinschaft" verlustig gegangen sind. Die "Atomisierung" der Individuen ist so weit fortgeschritten, daß ein auf den Lebensraum "Gemeinde" bezogenes Zugehörigkeitsgefühl beim einzelnen kaum mehr bestehen kann. Sarason sieht in der Form des Wachstums, wie es in den Gemeinden stattfindet, den Grund für das Fehlen eines "sense of community". In der Planung fehle dessen Erhaltung als Bewertungskriterium. Er schlägt daher vor (1974, S. 155), in der Förderung eines "sense of community" das wesentliche Kriterium zu sehen, an dem alle Versuche gemessen werden, auf eine Gemeinde verändernd Einfluß zu nehmen. Sei es durch die Errichtung neuer Betriebe, Schulen, städtebaulicher Maßnahmen oder psychosozialer Institutionen.

Sarason (ebd., S. 153ff) bezeichnet den "psychological sense of community" als eine der wesentlichsten Grundlagen für eine erfolgreiche Selbstdefinition und die Beurteilung externer Ereignisse. Er beschreibt einige Merkmale des "sense of community": das Gefühl, mit anderen Gemeinsamkeiten zu haben; eine anerkannte wechselseitige Abhängigkeit; die Bereitschaft, diese wechselseitige Abhängigkeit aufrechtzuerhalten, indem man den anderen das gibt, was man umgekehrt von ihnen erwartet; das Gefühl, Teil einer größeren verläßlichen und stabilen Struktur zu sein. Der "psychological sense of community" wird geprägt durch die Zugehörigkeit zu Gruppen, wie Familie, Kollegen, Freunde, Nachbarn, religiöse oder politische Vereinigungen. Diese Zugehörigkeit gibt unserem Alltagsleben Struktur und Bedeutung. Ihre Qualität und Intensität ist nach Sarason in gewisser Weise eine Funktion der politisch-administrativen Einheit, nämlich der Gemeinde.

Das Konzept "psychological sense of community" ist im psychosozialen Bereich bislang wenig berücksichtigt worden. Dies ist ein weiterer Indikator dafür, nur in Termini der Persönlichkeitsstruktur und nicht der Strukturen der Gemeinde zu denken. Das Fehlen eines "sense of community" drückt sich in Gefühlen des Alleinseins und der Isolation aus. Sie manifestieren sich auf individueller Ebene und genau so werden sie von den Professionellen auch behandelt: als Eigenschaft eines Individuums, als psychodynamischer Prozeß.

Ziel jeder präventiven Arbeit ist es, an den Bedingungen psychischen Leidens anzusetzen. Eine dieser Bedingungen ist ein fehlendes Zugehörigkeitsgefühl zur Gemeinde. Die Förderung eines "sense of community" muß daher einer der Ansatzpunkte präventiv orientierter Gemeindepsychiatrie sein. Dies schließt die Analyse der Ursachen mit ein, die zur Zerstörung des "sense of community" beitrugen und ein politisches Engagement, Veränderungen in der Gemeinde durchzusetzen, die die Entwicklung oder Erhaltung eines "sense of community" unterstützen.

2.5. Ausbildung

Die Gemeindemitglieder bei der Entwicklung eines "sense of community" zu unterstützen und diejenigen Strukturen verändernd zu beeinflussen, die sich positiv auf dieses Gefühl auswirken, setzt voraus, daß die in gemeindepsychiatrischer Arbeit tätigen Personen während ihrer beruflichen Sozialisation selbst einen "sense of community" erfahren haben. Es ist z. B. schwer vorstellbar, daß ein Psychologe den durch Sanierungsfolgen geschädigten Bürgern überzeugend vermitteln kann, in dieser Situation seien nur kollektive Lösungsstrategien, wie die Organisierung in einer Bürgerinitiative, erfolgsversprechend, wenn er selbst diese kollektiven Problemlösungsversuche nie unternommen hat. "Jemand, der das Selbsthilfeprinzip immer nur als individualistische und instrumentelle Selbstbehauptungsstrategie verfolgt hat, wird als professioneller Kompetenzvermittler - dies wird auch als gemeindepsychologische Aufgabe genannt ... -authentisch nur Strategien solchen Typs vermitteln können." (H. Keupp 1978, S. 211)

Professionelles Selbstverständnis und Handeln am späteren Arbeitsplatz wird wesentlich geprägt durch die in der beruflichen Sozialisation erworbenen Erfahrungen. Die derzeitige universitäre Situation trägt sicher nicht zur Förderung eines kollektiven Erfahrungszusammenhangs und des damit verbundenen "sense of community" bei. H. Keupp (1978, S. 212ff) beschreibt Möglichkeiten, wie diese Restriktionen in der Ausbildung und beim Übergang ins Berufsleben überwunden werden können: Die Atmosphäre an den Universitäten zeichnet sich durch Leistungsdruck, Isolation, Konkurrenz und Prüfungsangst aus. Diese Phänomene werden häufig als individuelles Unvermögen erlebt, den gestellten Erfordernissen gerecht zu werden. Eine Immunisierung gegen diese Zwänge kann dann erfolgen, wenn sie gemeinsam mit anderen als durch universitäre Strukturmuster, produziert durchschaubar werden. Die Organisierung in Arbeitsgruppen kann durch arbeitserleichternde Teamarbeit den Leistungsdruck vermindern, die Zusammenarbeit in der Gruppe wirkt der Situation der Vereinzelung entgegen und unterstützt die Herausbildung eines Gemeinschaftsgefühls. Sie ist zugleich eine Vorbereitung auf die in gemeindepsychiatrischer Tätigkeit erforderliche Teamarbeit und interdisziplinäre Zusammenarbeit.

Studentische Interessenspolitik kann die Erfahrung vermitteln, wie durch kollektives Handeln Einfluß zu gewinnen ist. Durch diese gemeinsamen Aktivitäten läßt sich ein Gegenmilieu herstellen, in dem die Entwicklung eines "sense of community" möglich ist und einer rein technizistischen Professionalisierung entgegengewirkt werden kann. Die Übertragung dieser Einstellungen und Verhaltensmöglichkeiten auf die Berufspraxis läßt sich nur dann sichern, "wenn der Schritt in die Berufspraxis und diese selbst eingebunden ist in einen Gruppenzusammenhang, in dem die in der studentischen Lebenswelt erworbenen Kompetenzen weiterentwickelt werden können. Eine Möglichkeit dazu sind Projektgruppen, die das Ziel verfolgen, alternative Versorgungsmodelle zu erproben... Eine andere ist die Organisation in gesundheitspolitischen Arbeitsgruppen der Gewerkschaften... und anderen strukturierten politischen Arbeitszusammenhängen" (H. Keupp 1978, S. 213). Diese Gruppenzusammenhänge bieten die Voraussetzung, bornierte Eigeninteressen einzelner Berufsgruppen zu erkennen und durch die Entwicklung übergeordneter gesundheitspolitischer Zielvorstellungen anzugehen.

Neben der Entwicklung eines Gegenmilieus ist eine Veränderung der Ausbildungsinhalte erforderlich oder, sofern dies nicht durchsetzbar ist, zumindest kritisches Hinterfragen. Wie schon erwähnt, muß eine Umorientierung bezüglich des Denkens in ausschließlich psychologischen und individualistischen Kategorien, bezüglich der überwiegend kurativen Schwerpunktsetzung hin zu einer präventiven Ausrichtung erfolgen, einhergehend mit einer Veränderung der professionellen Selbstüberschätzung, der Experte besitze eine Allzuständigkeit für die Lösung von Problemen.

2.6. Neubestimmung professionalisierter Tätigkeit und der Arbeitsweise psychosozialer Einrichtungen

Planung und Ausbau psychosozialer Einrichtungen im Rahmen eines gemeindepsychiatrischen Konzepts muß an den Bedürfnissen der Betroffenen orientiert sein. Die Gemeinde und ihre Mitglieder sind von daher so weit wie möglich in den Planungsprozeß miteinzubeziehen.

Sarason (1974, S. 187ff) zeigt Gründe auf, warum viele der in den USA mit Enthusiasmus begonnenen gemeindenahen Versorgungszentren die in sie gesetzten Erwartungen nicht erfüllten:

1) Der Ausbau dieser Zentren wurde der alleinigen Verantwortung von Experten übergeben. Die Einrichtungen stießen auf Ablehnung oder Protest von Seiten der Gemeindemitglieder, weil sie an der Planung nicht beteiligt und viele der Aktivitäten und Angebote an ihren Bedürfnissen vorbei orientiert waren. Die Einrichtungen basierten auf einer traditionellen Konzeption von professioneller Zuständigkeit.

2) Sie waren in einer administrativ-hierarchischen Weise organisiert, die sich kaum von traditionellen psychiatrischen Krankenhäusern unterschied.

3) Die Probleme psychischer Krankheit wurden so definiert und behandelt, daß sie ausschließlich den Dienst von Experten verlangten; eine Definition, die die Diskrepanz zwischen der Anzahl der Experten und derer, die ihrer Hilfe bedürfen, beträchtlich vergrößert.

Diese Fehlplanungen sind nur zu vermeiden durch den konsequenten Einbezug der Gemeindemitglieder in den Prozeß der Ermittlung ihrer Bedürfnisse, ihres Potentials, ihrer verfügbaren Ressourcen und der Planung zur Deckung ihrer Bedürfnisse. Dieser Prozeß kann zugleich eine positive Veränderung der Gemeinde bewirken, er setzt die Bewußtwerdung von Problemen und ihrer Bedingungen in Gang und fördert damit die Entwicklung eines "sense of community".

Eine auf die Bedürfnisse der Gemeinde ausgerichtete psychosoziale Versorgung muß einhergehen mit einer Veränderung des professionellen Selbstverständnisses. Es ist ein Bewußtsein zu entwickeln, das die allumfassende Kompetenz des Experten hinterfrägt, eine Handlungsorientierung, die alternative Lösungsstrategien für die Bewältigung von Problemen im sozialen Lebensfeld der Betroffenen unterstützt. Die geforderte Entprofessionalisierung und damit einhergehende Nutzung des Selbsthilfepotentials darf jedoch nicht darüber hinwegtäuschen, daß Hilfe von Seiten der Experten in vielen Fällen erforderlich ist, denn Hilfsbedürftigkeit ist ja häufig der Ausdruck eines fehlenden Selbsthilfepotentials (vgl. H. Keupp, 1978, S. 199). Der Ruf nach Entprofessionalisierung bedeutet nicht die Abschaffung psychosozialer Einrichtungen oder des Expertentums schlechthin, sondern die Veränderung dieser Institutionen und der Berufsstände in eine Richtung, die sie für die alltagsweltliche Problematik der Hilfesuchenden und ihrer Bedürfnisse offen werden läßt. Dies beinhaltet zugleich das Mißtrauen in bisher verwendete Krankheitskategorien, Diagnose- und Interventionstechniken, die ausschließlich am System Individuum ansetzen. Diese Veränderungen sind verbunden mit der Entwicklung eines politischen Bewußtseins, das die gesellschaftlichen Ursachen psychischen Leidens in das Verständnis psychischer Krankheit miteinbezieht und sie als wesentlichen Ansatzpunkt gemeindepsychiatrischer Tätigkeit begreift.

Es müssen Formen der Teamarbeit gefunden werden, in denen fachspezifisches Wissen ohne die Ausbildung neuer Hierarchien vermittelbar ist; eine interdisziplinäre Zusammenarbeit, die nicht durch berufsständische Interessen diktiert wird, sondern in der Wissen und Kompetenzen aus den verschiedenen Disziplinen eingesetzt werden zum Nutzen der Betroffenen. Diese Kooperation ist fortzusetzen auf kommunaler und regionaler Ebene durch die Koordination und Integration der verschiedenen psychosozialen Einrichtungen.

3. Das Doppelgesicht der Psychiatrie

Eine sich kritisch verstehende Gemeindepsychiatrie hat den gesellschaftlichen Auftrag der Psychiatrie zu reflektieren. Dieser muß unter zwei Gesichtspunkten gesehen werden: zum einen aus der Perspektive der Ausübung sozialer Kontrolle ("Herstellung von Normalität" bei den englischen Antipsychiatern), zum anderen unter dem Aspekt der Beseitigung von subjektivem Leiden, der aus der Idee des Wohlfahrtsstaats abzuleiten ist.

Köppelmann erläutert das Doppelgesicht der Psychiatrie:

> "Der Charakter auch der humansten, fortschrittlichsten psychiatrischen Institution ist aufgrund der Komplexität der Bestimmung des individuellen Leidens, aufgrund der starken Einschränkung von Möglichkeiten andersartiger Auseinandersetzung mit dem individuellen Leiden, aufgrund der gesellschaftlichen Interessen, die mit denen des Individuums nicht in Einklang stehen und die sich ihrerseits nicht einmal eindeutig formulieren lassen, von prinzipieller Zweideutigkeit." (Köppelmann, 1979, S. 174)

Wenn wir die Kontinuität von gesellschaftlicher Normalität und psychischer Krankheit annehmen und diese Normalität durch die Spezifik der vorherrschen Vergesellschaftungsform problematisiert werden muß, zeigt sich der Widerspruch zwischen dem gesellschaftlichen Auftrag der Psychiatrie und den Möglichkeiten seiner Erfüllung. Wird die herrschende Rationalität der gesellschaftlichen Normalität zur einzig sozial lebbaren und erweist sie sich gleichzeitig als Grundlage für die Entstehung von subjektivem Leiden, hat dies Konsequenzen für die psychiatrische Arbeit.

Die sich im Zuge der Neuordnung psychiatrischer Versorgung in der BRD etablierende Sozialpsychiatrie ist wesentlich gekennzeichnet durch ihr Bestreben, sich am subjektiven Leiden der Betroffenen zu orientieren, läuft aber durch Aufgabe eines konsequenten gesellschaftlichen Anspruchs Gefahr, die Betroffenen "in den Rundenpausen für den neuen Durchgang (durch die Anforderungen gesellschaftlicher Normalität; die Verfasser) schnell, gemeindenah, unbürokratisch und einfühlsam wieder fit zu machen" (Wolff 1977, S. 8).

Kritische Sozialpsychiatrie kann sich diesen Standpunkt nicht zu eigen machen, muß sich immer bewußt sein, daß die Beschränkung auf Hilfsangebote für subjektives Leiden ohne gesellschaftsverändernde Praxis nur zu kurzfristiger Reparatur am einzelnen oder an begrenzten Gruppen führen kann.

Im Folgenden soll gezeigt werden, wie eine Initiativgruppe versucht, die bislang im Rahmen dieser Arbeit, zugegebenermaßen in verkürzter Form, entwickelten Ansprüche ein Stück weit mit einem gemeindepsychiatrischen Konzept zu verbinden.

IV. GEMEINDEPSYCHIATRISCHE ARBEIT DER INITIATIV-GRUPPE "KRISENINTERVENTIONSDIENST" (KID) IM MÜNCHENER STADTTEIL HAIDHAUSEN

1. Historische Entwicklung des KID

"1975 konstituierte sich auf einer Arbeitstagung der Bayerischen Gesellschaft für Soziale Psychiatrie (BayGSP) die Gruppe Kriseninterventionsdienst (KID). Beteiligt waren Angehörige nahezu aller in der psychiatrischen Versorgung tätigen Berufsgruppen, Sozialwissenschaftler und Studenten aus den medizinischen, psychologischen und pädagogischen Fachbereichen. Da der praktische und theoretische Erfahrungshintergrund der einzelnen unterschiedlich war, ergab sich zunächst ein heterogenes Verständnis von Krisenintervention. In Diskussionen über die eigene psychiatrische Praxis und in der Auseinandersetzung mit der vorhandenen Fachliteratur erarbeitete sich die Gruppe ein Konzept von Krisenintervention auf dem Hintergrund gemeinsamer sozialpolitischer Vorstellungen.

Nachdem der KID zunächst ohne festen Standort gearbeitet hatte, schloß er sich mit zwei rehabilitativ arbeitenden Gruppen zusammen, um eine Beratungs- und Kontaktstelle in einem Stadtteil einzurichten.

Über die gemeindepsychiatrisch orientierte Konzeption hinaus sollte der Ungleichheit in der bestehenden psychiatrischen Versorgung entgegengewirkt werden. Mehrere Münchener Stadtteile boten sich durch ihre Sozialstruktur und die ungenügende psychosoziale Versorgungslage an." (Redaktionskollektiv des KID 1979)

Mitte November 1976 hat sich dann in der Metzstraße des Münchner Stadtteils Haidhausen unter dem Namen "Hilfe in Lebenskrisen - Kontakt und Beratung" eine nicht-professionelle Einrichtung etabliert.

Unter der Trägerschaft der BayGSP mit finanzieller Unterstützung der Stadt München und des Bezirks Oberbayern haben hier die Gruppen "Hilfe für psychisch Kranke", "Verein zur Rehabilitation ehemaliger psychiatrischer Patienten" und "KID" ihre Arbeit aufgenommen.

Die Mitglieder der beiden rehabilitativ tätigen Gruppen sind im wesentlichen an einer verbesserten psychosozialen Versorgung interessierte Laien. Sie haben sich zum Ziel gesetzt, psychiatrischen Patienten während ihres stationären Aufenthaltes (vor allem im Bezirkskrankenhaus Haar und in der Universitätsnervenklinik) einen ständigen verstärkten Kontakt zur sozialen "Außenwelt" zu ermöglichen und nach der Entlassung als offene Kommunikationspartner zur Verfügung zu stehen. Zu diesem Zweck wurde ein Raum in der Beratungsstelle als Teestube eingerichtet. Hier treffen sich Patienten und ehemalige Patienten untereinander und mit ihren Betreuern. In zwanglosen Einzelgesprächen und in der Gruppe können die besonderen Schwierigkeiten besprochen werden, denen psychiatrische Patienten und aus klinischer Behandlung Entlassene ausgesetzt sind.

Gerade durch die Stabilisierung in der nachklinischen Phase kann eine Wiedereinweisung in ein Nervenkrankenhaus weitgehend verhindert werden, da diese in vielen Fällen nicht wegen erneuter Symptomproduktion der Betroffenen stattfindet, sondern wegen der Nichtbewältigung der sozialen Schwierigkeiten und Anforderungen, denen dieser Personenkreis in besonderem Maße begegnet.

2. Das Konzept des KID

Die KID-Gruppe umfaßt etwa 35 freiwillige unbezahlte Mitarbeiter (psychiatrisches Pflegepersonal, Sozialarbeiter, Ärzte, Psychologen, Soziologen, Pädagogen, Juristen, Studenten und Praktikanten verschiedener Fachrichtungen). Zum langfristig arbeitenden Kern zählen etwa 15 Mitglieder, der größere Teil fluktuiert relativ stark. Eine wesentliche Begründung hierfür ist in der Motivation der einzelnen zur KID-Arbeit zu suchen.

> "Einige von uns, die in der stationären Psychiatrie arbeiten, versuchen durch die KID-Arbeit Kraft und Ideen für neue Formen psychiatrischer Praxis zu gewinnen. Manche kommen durch eigene Krisensituationen oder der von Freunden und Verwandten zu uns. Vor allem Studenten der Psychologie, Pädagogik und Soziologie, die den mangelnden Praxisbezug ihres Studiums ausgleichen wollen, sehen in der Arbeit mit Klienten eine Möglichkeit, praktische Erfahrungen zu sammeln. Eine Gruppe des KID möchte durch Stadtteilarbeit politisches Handeln in einem konkreten gesellschaftlichen Teilbereich verwirklichen." (Redaktionskollektiv des KID, 1979, S. 6

Ein häufiger Grund für das Ausscheiden aus der aktiven KID-Arbeit ist der Eintritt ins Berufsleben im psychosozialen Bereich nach dem Studium. Für manche wird dadurch die zeitliche Belastung zu groß, andere erhalten über ihre berufliche Tätigkeit die Chance, sozialpsychiatrische Ideen zu verwirklichen.

Die Beratungsstelle ist an 4 Werktagen in der Woche geöffnet (den Wochenenddienst hat die Gruppe im Sommer 1977 aufgegeben, da die zeitliche Belastung der Mitarbeiter im Verhältnis zur Nutzung dieser Beratungszeit durch die Bevölkerung zu groß war). Ein Tagestermin (10.00 - 14.00 Uhr) wird v. a. von Hausfrauen, älteren, krank geschriebenen und arbeitslosen Menschen wahrgenommen und ermöglicht den Beratern Kontakte zu den verschiedenen Institutionen. Die anderen 3 Tage ist von 18.00 - 22.00 Uhr geöffnet, gerade dann, wenn die anderen psychosozialen Einrichtungen überwiegend geschlossen sind und die Beratungsarbeit auch von Berufstätigen übernommen werden kann.

Das der KID-Arbeit zugrundeliegende theoretische Konzept hat Stephan Wolff, einer der Mitbegründer des KID, folgendermaßen zusammengefaßt:

"a) Krise wird als Ergebnis von Verarbeitungsprozessen objektiver Schwierigkeiten definiert, wobei diese Verarbeitungsprozesse sich durch die ihnen zugrundeliegenden Situationsdefinitionen, die dem Klienten zur Verfügung stehenden Problemlösungsmechanismen, sein 'Gefühl sozialer Geordnetheit' sowie die lokal-historisch gegebenen sachlichen, sozialen und zeitlichen Ressourcen kennzeichnen lassen.

b) Krisenintervention sollte auf allen diesen Ebenen von Verarbeitungsprozessen ansetzen und dabei aber nicht vergessen, auf dem Hintergrund welcher objektiven sozialen Strukturprobleme sich die Krise entwickelt hat. In jeder subjektiven Krise steckt demnach ein Element von Objektivität: der Klient hat folglich ein Recht auf seine Krise. Krisenintervention, die sich nur um die Veränderung der subjektiven Momente bei der Krisenentstehung bekümmert und die objektiven Gründe unbeachtet läßt, bliebe bloße Anpassungsstrategie.

c) Krisenintervention sollte den situativen Aspekt von Krisen zur Grundlage ihres Eingreifens machen. Das bedeutet konkret: gemeindenahes Vorgehen, enger Kontakt mit den Bezugspersonen und anderen Institutionen, die mit dem Klienten zu tun haben oder hatten; Versuch der privaten bzw. politischen Einflußnahme auf die jeweiligen objektiven Schwierigkeiten; Teilnahme an politischen Prozessen im konkreten Versorgungsgebiet.

d) Krisenintervention erweist sich somit in einem gewissen Rahmen auch als gesellschaftspolitisch orientiertes Unternehmen. Die Reichweite und der jeweilige Konkretisierungsgrad dieser politischen Ansprüche sollte einer permanenten Reflexion unterliegen. Dies setzt meiner Meinung nach für die verschiedenen Kriseninterventionsinitiativen und individuellen Bemühungen auf diesem Gebiet einen institutionellen Rahmen voraus - d. h. Krisenintervention, die ohne einen solchen politischen und institutionellen Zusammenhang durchgeführt wird, tendiert zur unreflektierten Anpassung.

e) Hinzu kommt der Versuch solcher Initiativgruppen für Krisenintervention mit anderen fortschrittlichen Gruppierungen auch außerhalb des unmittelbar gesundheitspolitischen Bereichs zu kooperieren, wie mit den Gewerkschaften, Parteien, bestimmten Verbänden u. ä..

f) Krisenintervention darf nicht nur begrenzt als akute Notfallhilfe konzipiert werden, sondern muß übergreifend als generelles Modell für Versorgung auf dem Gebiet psychosozialer Problemlage verstanden werden, da sich aus ihren Prinzipien Richtlinien für weitere Bereiche gesundheitspolitischen Vorgehens ableiten lassen (Prävention, Situationsnähe, Verhältnis von psycho-sozialen Techniken und ihren Klienten, Hilfe zu selbständiger Problemlösung etc.). (Wolff 1976, S. 65f.)

Bedingt durch den theoretischen Bezugsrahmen muß das Ziel der Arbeit des Kriseninterventionsdienstes in mehrfacher Ausrichtung gesehen werden:

a) Das Auffangen der akuten Krisensituation
"Der Versuch des Auffangens aktueller Krisen verlangt eine bestimmte Struktur unseres Vorgehens:

Wir glauben diesen Zweck nur dann erreichen zu können, wenn wir gemeindenah, d. h. stadtteilbezogen ... arbeiten; wenn wir zu angegebenen Zeiten präsent und in einem gewissen Maße auch mobil sind, das heißt konkret, daß wir .... in angegebenen Zeiträumen einen Bereitschaftsdienst einrichten, welcher teamartig zusammengesetzt ist, so daß bei eventuellen Krisenfällen auch vor Ort interveniert werden kann. Zur Struktur unserer Arbeit gehört auch, daß sie auf die Stabilisierung der Situation der Klienten ausgerichtet ist, daß wir also in keiner Weise irgendwelchen therapeutischen Ehrgeiz entfalten wollen, sondern die Situation für den Betroffenen zunächst einmal zumindest teilweise aushaltbar machen wollen. Ziel ist es, seine Handlungsfähigkeit wenigstens zu einem gewissen Teil wiederherzustellen, also soweit, daß er den weiteren Fortgang seines Behandlungs- bzw. Selbstheilungsprozesses aus eigener Initiative in die Hand nehmen kann." (Selbstdarstellung, S. 3ff.)

b) Die Beratung nach geglückter Krisenintervention

Dieser zweite Aspekt der Tätigkeit besteht darin, mit Klienten über weitergehende Möglichkeiten zu sprechen, ihnen Kontakte und Adressen für spezifische Problemlagen zu vermitteln. Hierzu ist genaue Kenntnis der bestehenden Einrichtungen und Initiativgruppen notwendig. Die Gruppe verschafft sich Informationen, indem sie mit allen für die Versorgung (im weitesten Sinne verstanden) relevanten Institutionen persönlichen Kontakt aufnimmt und pflegt und die Ergebnisse mit Erfahrungsberichten dokumentiert und so für die tägliche Beratungsarbeit verwendbar macht. Diese Kontaktaufnahme erfüllt weiterhin den Zweck der Sensibilisierung der Institutionen in dem Sinne, daß der Kriseninterventionsdienst sich als vorpsychiatrische Anlaufstelle anbietet, von der bzw. an die Klienten zur Beratung vermittelt werden können.

c) Aktivierung des Selbsthilfepotentials

Die Situation der Betroffenen nach gelungener Krisenintervention bietet einen Ansatzpunkt, die Einstellung gegenüber psychischen Störungen zu verändern. Die Kontinuität von psychischer Gesundheit und Krankheit kann an der eigenen Entwicklung deutlich gemacht werden. Aufgabe des Beraters ist dabei, zu verhindern, daß der Klient nach der Krise die in der Bevölkerung - analog dem medizinischen Modell - weitverbreitete Einstellung gegenüber psychischer Störung wieder übernimmt. In einer Beratung, in der die konkreten Lebensverhältnisse des Betroffenen mitthematisiert werden, kann der Klient die Motivation aufbauen, - statt die Zeit der Krise so schnell wie möglich zu verdrängen -, seine Aktivität zur Beteiligung an der Veränderung seiner Lebensverhältnisse einzusetzen. Problembezogene Gruppen (z. B. Frauen-, Arbeitslosen- oder Ausländergruppen) können hier ein hilfreicher Anfang sein. Durch den Kontakt in und mit der Beratungsstelle kann vorhandenes Selbsthilfepotential der Haidhauser Bürger wirksam werden im Sinne von Gemeinwesenarbeit. Gelingen kann dies nur in enger Zusammenarbeit mit anderen bestehenden Institutionen und Initiativgruppen, Vertretern des öffentlichen Lebens, Parteien, Gewerkschaften usw. .

d) Öffentlichkeitsarbeit und Beteiligung am Stadtteilleben

Der Gedanke der primären Prävention erfordert die aktive Beteiligung der gesunden Bevölkerung. Die Bewußtmachung einer veränderten Problemsicht bezüglich psychischer Gesundheit und Krankheit und deren Entstehung steht hier im Vordergrund. Notwendige politische Forderungen brauchen für ihre Durchsetzung die Beteiligung der Bevölkerung, wenn sie nicht nur von außen, d. h. von Spezialisten für die Bevölkerung gestellt werden sollen. Straßenstände, problembezogene Veranstaltungen usw. helfen, dieses Ziel zu verfolgen. Der Gedanke der primären Prävention macht es ebenfalls unerläßlich, sich über die gesellschaftliche Entwicklung im Stadtteil beständig zu informieren und sich daran zu beteiligen. Intensive Kontakte mit Bezirksausschuß, Parteien, Initiativgruppen, Kirchen usw. und die Beteiligung an Stadtteilaktivitäten wie Bürgerversammlungen und -feste sind notwendig zur Integration gemeindepsychiatrischer Arbeit im Stadtteil.

3. Haidhausen

Wie schon erwähnt, war die Standortentscheidung für den KID relativ zufällig. Dementsprechend war auch zu Beginn unserer Arbeit der Bezug zu Haidhausen, denn nur wenige Mitglieder der Gruppe wohnten hier.

Haidhausen (vgl. Wilhelm 1979; Schmid-Urban 1978), ein 1854 nach München eingemeindetes Dorf, wurde in der Gründerzeit "zum ersten typischen Münchener Stadterweiterungsgebiet" (Schmid-Urban, S. 1). Haidhausen ist noch heute geprägt von Relikten dörflicher Strukturen und von der Blockbebauung der Gründerzeit. "Da die Häuser v. a. für die ärmere Bevölkerung geplant waren, wurde so billig und platzsparend wie möglich gebaut. Es entstanden viergeschossige Wohnhäuser mit ebensolchen Rückgebäuden und engen, relativ dunklen Hinterhöfen." (Wilhelm, S. 17) Wie in vielen Innenstadtrandgebieten besteht noch heute (durch die Erneuerung des Stadtviertels zwar rückläufig) in Haidhausen eine Durchmischung von Arbeit und Wohnen. Die Gewerbestruktur ist gekennzeichnet durch Kleinbetriebe, v. a. Handwerksbetriebe und Einzelhandelsgeschäfte ("Tante Emma - Läden").

Die überalterte Bausubstanz und die mangelhafte Ausstattung der Wohnungen hat viele Haidhauser zwischen 1960 und 1975 zum Verlassen dieses ehemals typischen Arbeiterviertels bewogen. Die Bevölkerungszahl verringerte sich in diesen Jahren um 17, 6 % auf etwa 38 500, ein Stand, der sich seither kaum mehr geändert hat.

Schmid-Urban (S. 2) bezeichnet die Sozialstruktur:

" - überproportionaler Anteil der über 60-jährigen und überdurchschnittlich hohe Sterblichkeit
- unterdurchschnittliches Schulniveau der Wohnbevölkerung
- erhöhter Anteil wirtschaftlich schwächerer Personengruppen (überdurchschnittlicher Anteil Sozialhilfe- und Wohngeldempfänger sowie Rentnerhaushalte)
- hoher Anteil Alleinstehender (insbesondere älterer Frauen und männlicher Ausländer der jüngeren Altersgruppen)

- hohe Frauenerwerbstätigkeit
- überdurchschnittlicher Ausländeranteil, insbesondere bei den Kindern und jüngeren Altersgruppen der 20 bis 45-jährigen (Zuwanderung v. a. junger Bevölkerungsgruppen, höhere Geburtenrate)."

1976 verabschiedete der Münchener Stadtrat das Gesamtkonzept zur Stadtteilsanierung Haidhausen. Zum einen soll mit der Sanierung das Gebiet durch Verbesserung der Wohnqualität für einkommensstärkere, jüngere Bevölkerung attraktiv gemacht werden, zum anderen soll aber die ansässige Bevölkerung nicht durch die Sanierungsmaßnahmen vertrieben werden.

Auf der Grundlage des Städtebauförderungsgesetzes wurden in Haidhausen 21 Blöcke als Sanierungsgebiet "förmlich festgelegt". Hier kann gezielte Planung und der Einsatz von öffentlichen Mitteln erfolgen. Die Sanierungsrandgebiete werden dagegen nahezu ungehindert marktförmigen Prozessen überlassen. Kündigungen (häufig unrechtmäßig) wegen geplanter Modernisierungsvorhaben und von der ansässigen Bevölkerung nicht verkraftbare Mietsteigerungen nach der Sanierung sind zu nahezu alltäglichen Erscheinungen im Stadtviertel geworden.

Die vor der Sanierung in ihren Lebensbedingungen benachteiligten Bevölkerungsgruppen werden im Zuge der Sanierungsdurchführung für die Administration verstärkt zu "sozialen Problemgruppen", die "versorgt" werden müssen. Zudem ist Haidhausen - gemessen am gesamtstädtischen Durchschnitt - mit psychosozialen Einrichtungen unterversorgt. Barbara Riedmüller spricht in ihrer Analyse der Versorgungssituation im psychiatrischen Bereich in München von einer "Notlage" besonders in der ambulanten psychosozialen/psychiatrischen Versorgung des Stadtteils: Dem

> "sozialen Problemdruck in Haidhausen steht ein im Vergleich zu übrigen Stadtgebieten auffallend großes Defizit psychosozialer/sozialpsychiatrischer Dienste gegenüber: Im Bereich der Altenpflege gibt es in Haidhausen einige Dienste, bei denen jedoch pflegerische Hilfen im Vordergrund stehen:
> - Sozialstation der Caritas mit Kranken-, Alten- und Familienpflege, Mittagstisch und sozialer Beratung
> - Alten-Service-Zentrum
> - Essen auf Rädern, Altenclubs etc.
>
> Dem hohen Ausländeranteil steht ein Mangel an Kommunikations- und Treffpunkten für Ausländer und Diensten für die Kinder gegenüber.
> - Das griechische Zentrum ... bietet Seminare über pädagogische und gesundheitliche Fragen, Veranstaltungen für Kinder und Jugendliche, jedoch keine psychosozialen Beratungsangebote.

- Der Arbeitskreis für Türken ... betreut Kindergruppen
Einrichtungen für Kinder und Jugendliche:
- Für Jugendliche existiert ein Jugendhaus .. der evangelischen Kirche mit Freizeitangeboten ...
- Die Erziehungsberatungsstelle der Stadt München, die mit 2 Psychologen und 1 Sozialarbeiter für den gesamten Münchener Osten mit ca. 280 000 Einwohnern zuständig ist.
Psychosoziale/psychiatrische Dienste:
- Das Sozialpsychiatrische Zentrum .. in Untergiesing (einem Nachbarstadtviertel - Anm. der Verf.) ist eine halbstationäre Einrichtung, die bislang nur begrenzt einen allgemeinen Stadtteilbezug hat ...; derzeit wird eine Teestube eröffnet, die als Treffpunkt für psychisch Kranke dienen soll.
- Die Werkstatt ... in der Au (ebenfalls ein benachbarter Bezirk, Anm. der Verf.) ist auf das gesamte Stadtgebiet bezogen ...
Im Viertel ist die Praxis eines niedergelassenen Nervenarztes." (Riedmüller 1978, S. 168f.)

Die im Zuge der Sanierung zu erwartenden sozialstrukturellen Veränderungen, die für die Administration absehbar neue "soziale Problemfälle" produziert und die schon bestehende psychosoziale Unterversorgung der Haidhauser Bevölkerung waren sicher Hauptbeweggründe für die Stadtverwaltung München, einer Initiative wie KID finanzielle Unterstützung zu gewähren.

4. "Sense of community" - oder auf der Suche nach der Gemeinde

Nur wenige der KID-Mitglieder kannten zu Beginn der Arbeit das Stadtviertel näher. Wir wußten nur abstrakt von der Bevölkerung und ihren Problemen, kannten nicht die gewachsenen Strukturen, die Ressourcen gegenseitiger Unterstützung und ihre drohende Zerstörung, besaßen keinen "sense of community", wie sich Sarason ausdrückt.

Unter diesen Vorzeichen ist die Arbeit des KID in Haidhausen zu sehen. Das Thema des Gemeinde- oder Öffentlichkeitsbezugs des KID ist ein immer wiederkehrendes Thema der Gruppendiskussionen. Heute sehen wir unsere Entwicklung so:

"In der Anfangsphase unserer Arbeit im KID gab es zwei unterschiedliche Vorstellungen über den Stadtteil Haidhausen: die einen stellten sich ihn als eine relative Einheit vor, als ein Netzwerk von Bewohnern, das nach bestimmten - noch zu erforschenden - (Beziehungs-)Strukturen geordnet ist, die anderen stellten sich die Strukturen des Stadtteils eher als ein Abbild der "objektiven" Lebensverhältnisse vor.

Beide Theorien trafen sich aber im Begriff der 'Gemeinde' ... In der Lebenswelt einzelner Gruppen (Alte, Ausländer, Arbeiter) gibt es dann typische Konfliktstellen, die beim Anwachsen der belastenden Lebensbedingungen und einem Versagen der bisherigen Lösungsstrategien zu plötzlichen Krisen führen können.

Wir stellten uns vor, daß es Strukturen wie z. B. einzelne Krisenknotenpunkte (einzelne Häuser, Blocks, Straßenzüge, Cola-Fabrik), in denen gehäuft Krisen vorkommen, gibt, nach denen quasi eine psychosoziale Landkarte des Stadtteils zu entwerfen wäre. Aus den einzelnen Krisen ließe sich so auf zugrundeliegende strukturelle Probleme der Lebens- und Arbeitsbedingungen schließen. 'Leidende' wären dann Bewohner, die aus dem Netzwerk ihrer sozialen Beziehungen herausgefallen sind oder wegen ihrer unverständlichen Symptome ausgeschlossen wurden, die aber noch über potentielle Ressourcen (Selbsthilfepotential) verfügen, die eine Integration über einen politisierenden Erfahrungsgewinn ermöglichen. Über diesen Erfahrungsgewinn sollten auch die relevanten Beziehungspartner, die nicht zu manifest Leidenden geworden waren, profitieren und mit unserer Hilfe ein Bewußtsein über den unterdrückenden und krankmachenden Charakter der Lebensbedingungen entwickeln.
Für unsere anfängliche Beratungsarbeit war deshalb neben unserem Mißtrauen gegen Therapie auch der Begriff der 'Entprofessionalisierung' besonders kennzeichnend. Wir verstanden uns nicht als Experten, die den Betroffenen nur ihr Problem wegnehmen und in ihren psychiatrischen Kategorien neu definieren würden, sondern eher als eine Initiativgruppe von 'Laien', die den Betroffenen ihre Kompetenzen zur Verfügung stellt, im übrigen aber nur hilft, die jeweiligen Netzwerke der Betroffenen zu aktivieren und damit eine echte Laienhilfe zu erreichen; im Endeffekt wollten wir uns also selbst überflüssig machen.

Die Wirklichkeit war dann anders und widerspenstig: ein großer Teil unserer Klienten hatte oft schon eine psychiatrische Karriere (mehrere Einweisungen, Behandlungsversuche, Verlust der Arbeit) hinter sich, war bei anderen Institutionen nicht mehr angekommen, und verfügte gar nicht mehr über Netzwerke, die noch reorganisierbar gewesen wären, sondern waren vollständig isoliert. Die Bewohner, mit denen wir aber eigentlich gerechnet hatten, die sich selbst noch nicht als "psychisch krank" definieren, sondern in kurzfristigen Lebenskrisen uns in Anspruch nehmen, und damit noch eher in einen präventiven als einen psychiatrisch-kurativen Bereich fallen, kamen eher selten in unseren Laden. Der 'alternativ' und etwas verschlampt wirkende Laden kann die Angstschwelle für Leute, die offizielle Stellen scheuen, vielleicht mindern, für viele 'normale' Bewohner aber ist er nicht respektabel und vertrauenserweckend genug - auch durch die vielen verschiedenen Leute, die abwechselnd zur Verfügung stehen und die zudem meist junge Leute sind...

Es gelang uns auch nicht, eine Verbindung zwischen den manifest psychisch Leidenden und den scheinbar 'Gesunden' zu erreichen. Dazu trug sicher bei, daß wir kein 'Kommunikationszentrum' mit der Möglichkeit zu zwanglosem Kontakt anbieten können: somit ist jeder, der unseren Laden betritt schnell als 'Hilfesuchender' oder als psychiatrischer Patient einer Laiengruppe etikettiert. ... Wir mußten feststellen, daß für viele Bewohner die Inanspruchnahme unserer Hilfsangebote gleichbedeutend mit einer Selbstdefinition als 'Versager' oder gar 'Verrückter', ist. Solange ein Funktionieren trotz Problemen noch möglich erscheint, wird dieses Eingeständnis vermieden. Andererseits waren auch wir auf die Hilfsangebote von Bewohnern, die von uns vermittelt, anderen helfen wollten, nicht recht vorbereitet ... So ist es uns bis heute noch nicht genügend gelungen, uns wirklich auch von den Mitarbeitern her, im Stadtteil zu verankern.

In dem Maße, in dem sich unsere Vorstellungen von 'Laienarbeit' als unrealistisch erwies, wandelte sich auch unser Selbstverständnis und wir begreifen uns heute eher als 'Halbprofessionelle', was auch zu einer Neubewertung der Therapieproblematik geführt hat.

Unsere Öffentlichkeitsarbeit bezog sich zunächst allgemein auf die Stadtteilbewohner: in Flugblättern machten wir uns und unsere Arbeit bekannt, auf Stadtteilfesten errichteten wir Informationsstände. Eine Arbeitsgruppe wandte sich besonders an die Ausländer. Nach solchen Aktionen wuchs die Zahl der Beratungen jeweils sprunghaft und sank dann allmählich wieder ab.

Von Anfang an versuchten wir auch, Kontakte zu den relevanten Institutionen im psychosozialen Bereich aufzubauen. Im letzten Jahr polarisierte sich dann unsere Tätigkeit zwischen den scheinbaren Alternativen 'Gemeinwesenarbeit' oder 'Beratungsarbeit': die Beratungsarbeit schien vielen zu wenig strukturell verändernd zu sein, die fortschreitende Sanierung verwies zudem überdeutlich auf die Ursache vieler Probleme. Die Konsequenz war dann die Mithilfe beim Aufbau der Stadtteilmieterinitiative. Trotzdem fanden sich bei uns nur wenige Mitarbeiter, die bereit waren, Zeit und Engagement in diese Arbeit zu stecken: wie so oft stießen wir an die begrenzten Möglichkeiten einer sozialpolitischen Arbeit, die in der Freizeit der Mitglieder geschieht und an Motivationsgrenzen: für viele Psychos ist nach wie vor der direkte Beratungskontakt mit Klienten befriedigender als z. B. die Beschäftigung mit Mieterproblemen." (Redaktionskoll. 1979, S. 65ff.)

Die geschilderte Entwicklung führt dazu, daß wir uns jetzt wieder verstärkt der "Mediatorenarbeit" zuwenden, mit speziellen Gruppen wie praktische Ärzte oder Lehrer in Kontakt treten, da wir diese als Anlaufstellen für soziale Probleme ansehen. Im Entstehen begriffen ist auch ein Selbsthilfegruppenforum, in dem einige KID-Mitglieder die Koordination und Beratung der Gruppen unterstützen. Die Initiierung einer psychosozialen Arbeitsgemeinschaft ist ebenfalls gelungen. Seit Mai letzten Jahres treffen sich Mitarbeiter verschiedenster Einrichtungen regelmäßig einmal im Monat. Im Rahmen dieses Forums wollen wir versuchen, die Verbindung der psychosozialen Institutionen mit der Haidhauser Öffentlichkeit in Bezug auf aktuelle Probleme und unter präventiven Gesichtspunkten zu verbessern. Von Anfang an gingen unsere Bestrebungen dahin, die politische Öffentlichkeit und die Stadtteilpresse miteinzubeziehen, ebenso engagierte Bürger und Laienhelfergruppen.

5. Fallbeispiele

Die folgenden Fallbeispiele sollen die konkrete Arbeitsweise des KID mit Klienten verdeutlichen. Ausgewählt sind sie unter dem Gesichtspunkt der Aufhebung der Mängel, die wir in der Vorgehensweise bestehender psychosozialer Einrichtungen sehen. Mit der Befriedigung von Bedürfnissen der Hilfesuchenden wird gleichzeitig die Begrenztheit und Widersprüchlichkeit unserer gemeindepsychiatrischen Arbeit deutlich. Unsere "Erfolge" sind wohl gerade ausreichend, um uns die Motivation zum Weitermachen zu erhalten.

1. Fallbeispiel: Reaktion auf die Bitte um Hilfe

Eine 28-jährige Frau kam in die Beratungsstelle, um zu erfahren, wie sie ihren Mann in eine Klinik bringen könne (eventuell auch gegen seinen Willen), da er zum Alkoholiker geworden sei. Nachbarn hätten ihr erzählt, wir könnten ihr bei "sowas" helfen. Sie hätte jetzt endgültig genug, wolle auch nicht mehr darüber reden, wolle ihren Mann nur noch los werden, hauptsächlich wegen der Kinder.

Die Berater meinten, es sei möglich, einen Klinikplatz zu finden, sie hielten diese Lösung in der von ihr gewünschten

Form und als ausschließliche aber nicht für richtig. Sie forderten die Frau auf, über sich und ihre Familie zu erzählen.

Das Ehepaar war seit 7 Jahren verheiratet und hatte 2 Kinder im Alter von 5 und 7. Um finanziell zu Rande zu kommen und das Kind versorgen zu können, begannen die beiden nach der Geburt des 1. Kindes im Schichtdienst zu arbeiten. Die Gelegenheit, gemeinsam Zeit zu verbringen, ergab sich nur selten. Die Familie wohnt in einem Zimmer mit Wohnküche. Bis zur Geburt der Schwester schlief das ältere Kind im Schlafzimmer der Eltern, dann in der Küche, da das Zimmer für vier Schlafplätze zu klein war.

Vor etwa 3 Jahren hatte der Mann seinen Arbeitsplatz verloren und seither "nichts Rechtes" mehr gefunden, häufig die Stellen gewechselt und war teilweise arbeitslos.

Als das ältere Kind in die Schule kam und das jüngere im Kindergarten untergebracht war, gab auch die Frau den Schichtdienst auf.

Seit dem Verlust seines Arbeitsplatzes hatte der Mann gelegentlich getrunken, "schlimm" sei es erst geworden, nachdem beide nicht mehr im Schichtdienst gearbeitet hätten. In weiteren Beratungsgesprächen, die teilweise in der Beratungsstelle, teilweise in der Wohnung der Familie (um die Anwesenheit des Ehemannes zu erreichen) stattfanden, zeigte sich immer deutlicher, daß die unzureichende Wohnsituation, die Unsicherheit des Mannes bezüglich seiner Arbeit und die Umstellung von der jahrelangen Schichtarbeit auf mehr gemeinsame Zeit die Familie aus ihrem bis dahin organisierten Gleichgewicht gebracht hatte.

Der gemeinsam angestrebte Lösungsweg bestand dann darin, der Familie bei der Beantragung einer Sozialwohnung zu helfen, unsere Verbindungen zur beschleunigten Zuteilung einer Wohnung einzusetzen. Gleichzeitig wurde versucht, mit den Ehepartnern ihre Probleme, Vorstellungen und Wünsche zu bearbeiten, sie erst mal wieder miteinander ins Gespräch zu bringen. Bei der Frau stand das Bedürfnis nach einem "ordentlichen" Familienleben im Vordergrund, beim Mann der Wunsch nach einem sicheren Arbeitsplatz und einer Tätigkeit "wie früher".

Nach etwa 2 Monaten fand sich für die Familie eine größere Wohnung am Stadtrand. Der Mann bestand nicht mehr absolut auf derselben Tätigkeit, die er früher ausgeübt hatte, war bereit, eventuell auch eine Umschulung in Kauf zu nehmen. Die Berater verschafften ihm Zugang zu den notwendigen Informationen.

Der Mann trank gelegentlich immer noch viel, lehnte aber eine Entziehungskur nach wie vor ab. Seine Frau war von der Notwendigkeit inzwischen auch nicht mehr überzeugt.

Nachdem die Berater der Familie bei der Umschulung des älteren Kindes geholfen hatten und ein Kindergartenplatz für das jüngere in Aussicht war, sah die Familie die Gespräche mit uns als überflüssig an, zumal der Weg zwischen ihrer neuen Wohnung und der Beratungsstelle sehr weit ist, zu Fuß nicht bewältigt werden kann.

Uns scheint, dieses Beispiel zeigt deutlich, wie problematisch die Bitte um Hilfe unter dem Gesichtspunkt der Bedürfnisbefriedigung in der Beratungsarbeit zu sehen ist. Gelungen ist uns in diesem Fall das Eingehen auf verschiedene Bedürfnisse der Betroffenen. Deutlich wird aber auch, wie schnell ein Gemeindekonzept an seine Grenzen stößt und wie weit man gezwungen ist, Individuen an gesellschaftliche Erfordernisse anzupassen. Das Bedürfnis des Mannes nach einer bestimmten Arbeitstätigkeit konnte nicht befriedigt werden, da keine Stelle zu finden war. Vielmehr mußte er zur Anpassung an den bestehenden Arbeitsmarkt gebracht werden, um befriedigbare, quasi Ersatzbedürfnisse entwickeln zu können. Auch der durch den Wohnungsmarkt gesetzte Zwang zum Verlassen des Stadtteils, zum Umzug in eine Trabantenstadt, zeigt die Hindernisse bei der Realisierung eines Gemeindekonzepts.

2. Fallbeispiel: Aufhebung einer Zwangsunterbringung und Verkürzung eines Klinikaufenthalts

Christel Riemer, ebenfalls KID-Mitglied, schildert in ihrer Diplomarbeit folgenden Fall:

> "Frau F., etwa 45 Jahre, kam mit ihrem einjährigen Enkelkind in die Beratungsstelle. Ihre ledige Tochter G., 27 Jahre, hatte einen Selbstmordversuch begangen, hatte aber selbst das Krankenhaus verständigt, um gerettet zu werden. Am nächsten Morgen waren die Eltern von der Polizei in Kenntnis gesetzt worden, daß die Tochter aufgrund aggressiven Verhaltens und bestehender Selbstgefährdung ins Bezirkskrankenhaus Haar zwangseingewiesen worden war.
>
> Frau F. hatte mit ihrer Tochter selbst gesprochen und war der Ansicht, daß ihre Tochter keinen Selbstmordversuch mehr machen würde. Nach einem Gespräch mit der behandelnden Ärztin in Haar fürchteten die Eltern, daß der Tochter dort nicht geholfen werde, sondern sich deren Situation nur verschlimmern würde, zumal für ihren Aufenthalt nur Tests und Beobachtung, nicht aber eine therapeutische Betreuung geplant waren. Desweiteren fürchtete Frau F., daß sich das Kind stark von seiner Mutter entfremden würde.
>
> Frau F. schilderte die Probleme ihrer Tochter, die ihrer Meinung nach zu dem Selbstmordversuch geführt hatten: Die Tochter war mit ihrem Kleinkind von zuhause ausgezogen und in ein Heim für Mutter und Kind übersiedelt. Zu Hause hatte sie die Position des 'schwarzen Schafs', weil sie als einzige

der vier Kinder keine höhere Ausbildung genossen hatte, sondern 'nur' Krankenschwester geworden war und sich zudem noch von einem Mann ein Kind hatte 'anhängen lassen', der sie dann verließ.

In ihrem Beruf als Krankenschwester arbeitete sie seit der Geburt des Kindes aushilfsweise im Nachtdienst und brachte dann jeweils das Baby zu ihrer Mutter zum Schlafen. Gleichzeitig versuchte sie, in Abendkursen das Abitur nachzumachen. Der auslösende Faktor für den Selbstmordversuch schien ein Streit mit ihrem neuen Freund, einem Medizinstudenten, gewesen zu sein, der geäußert hatte, daß er sich durch die vielfältigen Probleme der Freundin zu stark belastet fühle und deshalb die Verbindung lösen wolle." (Riemer 1979, S. 94)

Die Eltern hatten zur Information schon eine Anwaltskanzlei aufgesucht. Ein Berater setzte sich mit der Anwältin in Verbindung. Ebenfalls wurde Kontakt zur "Arche" (einer Einrichtung für Lebensmüde) aufgenommen, mit der Bitte um ein Therapieangebot für die Tochter. Die Mitarbeiterin der "Arche" erklärte sich bereit dazu, sah aber keine Möglichkeit, von ihrer Seite aus etwas für die Entlassung der "Patientin" aus der Klinik zu tun.

Ein Berater nahm Kontakt zu der Tochter in Haar auf, besprach mit ihr die notwendigen Verhaltensweisen für eine Entlassung, wobei sie ihr Einverständnis zu einer Therapie bei der "Arche" gab.

Nach einer vergeblichen Diskussion eines Beraters mit der behandelnden Ärztin, legten die Eltern beim zuständigen Richter für die Tochter Einspruch gegen eine weitere stationäre Verwahrung ein. Nach einem außerordentlichen Lokaltermin wurde die zwangsweise Unterbringung aufgehoben und die "Patientin" entlassen.

Die weitere Betreuung übernahmen Mitarbeiter der "Arche". In diesem Fall hatten die Berater des KID vorwiegend die Aufgabe "know how" zu vermitteln, das Selbsthilfepotential der Betroffenen so zu ergänzen, daß die Entlassung aus der Klinik möglich wurde. Wir sahen unsere Aufgabe nicht in der Therapie der Tochter, vielmehr in der Intervention an der Stelle, wo keine Institution dafür zur Verfügung steht, das Selbsthilfepotential der Betroffenen ungestützt nicht ausreicht.

3. Fallbeispiel: Verhinderung einer Einweisung ins Nervenkrankenhaus durch Stabilisierung der direkten Bezugsperson

Ein unverheiratetes Paar kommt in die Beratungsstelle. Die Frau hatte von Bekannten unsere Adresse bekommen. Es stellt sich heraus, daß der Mann bereits mehrere Aufenthalte in verschiedenen psychiatrischen Kliniken hinter sich hatte. Vor kurzer Zeit war er von Hausbewohnern aufgrund "auffälligen Verhaltens" dem Gesundheitsamt zur Kenntnis gebracht worden. Dort wurde ihm nach ärztlicher Begutachtung die Alternative gestellt, sich entweder freiwillig wieder in stationäre Behandlung zu begeben oder zwangseingewiesen zu werden. Das Paar war sich einig in der Ansicht, daß ein erneuter Klinikaufenthalt keine Lösung bieten könnte. Der Berater nahm telefonischen Kontakt mit dem begutachtenden Arzt des Gesundheitsamts auf. Sie vereinbarten einen gemeinsamen Termin, bei dem sich das Paar, der Arzt und der Berater auf folgendes Vorgehen einigten: der Klient begibt sich zu einem niedergelassenen Nervenarzt in ambulante Behandlung und wird zusammen mit seiner Freundin weiterhin vom KID beraten.

In diesem Fall sah der Berater seine Aufgabe darin, eine Alternative zum Klinikaufenthalt zu schaffen. Das bedeutete einmal, einen niedergelassenen Nervenarzt zu finden (was in unserem Stadtviertel nicht gelang), der die ambulante Behandlung übernahm und mit einer gleichzeitigen Betreuung von unserer Seite einverstanden war; zum anderen mußte mit dem Amtsarzt Kontakt aufgenommen und dieser von der Alternative überzeugt werden, um seine Einwilligung zu erreichen. Möglich wurde die alternative Lösung nur durch die Mobilisierung und längerfristige Stabilisierung des Selbsthilfepotentials des Klienten und seiner wichtigsten Bezugsperson.

4. Fallbeispiel: Entstehen einer Frauengruppe aus einer Einzelberatung

Eine junge Ehefrau und Mutter suchte die Beratungsstelle wegen Isolationsproblemen, die sie als nicht berufstätige Hausfrau und Mutter von Kleinkindern hatte, wegen Partner- und Erziehungsproblemen auf. Aus dem Besprechen ihrer aktuellen Problemlage heraus entstand bei ihr der Wunsch, ihre Probleme mit anderen Frauen in ähnlicher Situation zu besprechen. In weiteren Kontakten faßte die Klientin den Entschluß, unter Mithilfe einer KID-Mitarbeiterin eine Frauengruppe im Stadtteil aufzubauen. Sie formulierte ein Flugblatt, das sie in Haidhauser Läden, Wäschereien usw. aushängte. Interessierte Frauen wurden darin aufgefordert, sich bei ihr zu melden. Neben der individuellen Beratung der Klientin, half die Beraterin in der Folgezeit, die Gruppe aufzubauen. Die Frauengruppe hat sich konstituiert, anfänglich wechselten ihre Mitglieder relativ stark, sie besteht heute (nach etwa zwei Jahren) aus einem stabilen Kreis von neun Frauen, die sich regelmäßig treffen.

> "Die einzelnen Frauen hatten sich zusammengefunden, weil sie sich isoliert fühlten und es ihnen schwer fiel, in ihrer Nachbarschaft selbständig Kontakte zu knüpfen. Die Gruppen-

mitglieder stellten bald fest, daß sie teilweise direkte Nachbarn waren und alle räumlich recht nahe zusammenwohnten. Die Frauen begegneten sich auf der Straße und einzelne von ihnen trafen sich nun auch außerhalb der Gruppentermine, teilweise gemeinsam mit ihren Männern. Je mehr sich bei den Frauen das Gefühl entwickelte: 'wir sind eine gute Gruppe', um so mehr Kontakte zu anderen Bewohnern im Viertel konnten sie selbständig knüpfen. Inzwischen fühlen sich die Frauen in ihrem Viertel sehr viel heimischer als früher und kennen dort eine Reihe von Leuten." (Riemer 1979, S. 92)

Wir meinen, diese Gruppe gibt ein Beispiel dafür, wie sich über die Auseinandersetzung mit individuellen Problemen gemeinsame Themen ergeben, die in die Entwicklung eines "sense of community" münden können.

6. Kurze Dokumentation der Beratungsarbeit

Die beschriebenen Beispiele zeigen einen kleinen Ausschnitt aus den Problembereichen, die von den KID-Klienten genannt werden. Bis September 1978 (nach fast zweijährigem Bestehen der Beratungsstelle) wurden von den 544 beratenen Personen beim Erstkontakt folgende Problembereiche genannt (mit Mehrfachnennungen):
Schwierigkeiten mit dem Partner oder der Familie: 132
Schwierigkeiten mit Beruf, Arbeit oder Arbeitslosigkeit: 118
Wohnprobleme: 78
Kontaktsuche, Einsamkeit, Angst: 74
Depressionen, Verwirrtheit, Wahnvorstellungen, Zwänge: 64
Information, Weitervermittlung zu Therapie: 56
Probleme mit Tabletten, Drogen und Alkohol: 56
Rechtsfragen: 55
Hilfesuche für eine andere Person: 54
Folgeprobleme bei körperlichen Erkrankungen: 21
Selbstmordgedanken: 20
Beratungssuche wegen eines drohenden Klinikaufenthalts: 14
Altersprobleme: 5

Die Beratungsstelle wird fast gleichermaßen von Frauen und Männern aufgesucht (die Frauen überwiegen leicht).

Etwa 40 % der Klienten sind ledig, etwa 20 % verheiratet, 5 % sind verwitwet, etwa 8 % geschieden, gut 3 % leben von ihrem Partner getrennt. (27)

Von 400 der 544 Klienten liegen uns Angaben zum beruflichen Status vor:

arbeitslos: 22, 5 %
Rentner: 10 %
arbeitsunfähig: 2 %
freiberuflich: 2, 75 %
Akademiker: 3, 75 %
Arbeiter: 13 %
Angestellte: 22, 5 %
Hausfrauen: 11 %
Studenten/Schüler: 9 %
Lehrlinge: 0, 5 % und ohne Beruf: 3, 25 %

Über 50 % unserer Klienten sind zwischen 20 und 45 Jahre alt, etwa 20 % zwischen 46 und 65, etwa 7 % sind älter als 65 Jahre, die Jugendlichen sind mit ca. 4, 5 % am schwächsten vertreten.

Christel Riemer (1979, S. 127) weist darauf hin, daß einkommensschwächere Gruppen mit etwa 44 % im Vergleich z. B. zur Klientenstruktur einer durchschnittlichen Erziehungsberatungsstelle stark vertreten sind. (28) Dies spricht dafür, daß der KID "seiner Intention in der Tendenz gerecht (wird), vor allem unterversorgte, einkommensschwache Bevölkerungsgruppen besonders anzusprechen" (Riemer 1979, S. 127).

7. Möglichkeiten, die sich aus der Freiwilligkeit der KID-Arbeit und aus der Organisationsstruktur ergeben

Keines der KID-Mitglieder ist gezwungen, seine Reproduktion über diese Tätigkeit zu sichern. Im besten Fall kann die KID-Arbeit als Praxiserfahrung die Chancen auf dem Arbeitsmarkt erhöhen. Die Motivationen entspringen einer Interessenlage, die sich von der beruflicher Helfer unterscheidet. Das Redaktionskollektiv des KID beschreibt die Vor- und Nachteile, die sich daraus ergeben:

> "Unsere Tätigkeit ist weder als Arbeitsverhältnis (mit Hierarchie und Zwängen), noch als private Beziehung eindeutig zu charakterisieren, sondern nimmt - wie in vielen Initiativen - eine Zwischenstellung ein. Hierin liegen sowohl Schwierigkeiten als auch Möglichkeiten: zu der Zersplitterung des täglichen Lebens in einen Arbeits- und einen Privatbereich kommt dieser Zwischenbereich hinzu; das bedeutet eine höhere Belastung für jeden einzelnen. Zum anderen haben wir dabei die Chance, diese gesellschaftliche Trennung ansatzweise aufzuheben.
>
> Wir haben zwar keine hierarchische Gliederung, sind aber trotzdem nicht frei von Konkurrenz- und Leistungsdruck. Der

einzelne ist zwar nicht dazu gezwungen Kompetenz und Leistung vorzutäuschen, leidet aber darunter, wenn er die an ihn gestellten Erwartungen nicht voll erfüllen kann. Da die KID-Arbeit keinem als Reproduktionsbasis dient, sind wir auch nicht dem Zwang zu ihrer Erhaltung ausgesetzt. Andererseits ergibt sich daraus die Notwendigkeit, nebenher Geld zu verdienen und sich um einen späteren Arbeitsplatz zu bemühen, was dem KID-Engagement Grenzen setzt.

Die Verantwortung für die Arbeit, die dem Anspruch nach auf alle gleich verteilt ist, wird nicht von jedem entsprechend übernommen. Unverbindlichkeiten in manchen Dingen ('sollen doch die anderen machen') und 'Obermacker'-Strukturen sind die Folge. Es gelingt uns jedoch nur manchmal, diese Erscheinungen offener und bewußter anzugehen, obwohl wir nicht den Zwängen offizieller Institutionen unterliegen. Das Problem mit der Unverbindlichkeit und dem geringen Engagement erledigt sich leider oft von selbst: wer wenig Zeit für die Arbeit aufbringen kann oder will, verliert sehr schnell den Bezug zu ihr und zu den Leuten - damit auch die Befriedigung - und bleibt schließlich weg. Schwieriger ist es mit den 'Obermackern', die einerseits bestimmte Funktionen an sich ziehen und nicht wieder abgeben, andererseits durch die Verantwortungsdelegation der anderen in diese Rollen gedrängt werden. Wir reagieren auf diese hierarchischen Strukturen sehr unterschiedlich: zeitweise werden sie allgemein tabuisiert, dann wird viel darüber geredet, gestritten und die Leute werden attakiert. Einige sind deswegen ausgeschieden. Um mit diesem Problem besser umzugehen, werden Aufgaben und Funktionen, wie z. B. die Erledigung der Finanzgeschäfte, nicht mehr von einem einzelnen, sondern von Untergruppen ausgeführt und in einem bestimmten Turnus weitergegeben. In den Beratungsgruppen haben sich dagegen kaum hierarchische Strukturen herausgebildet; hier sind die privaten Beziehungen auch intensiver.

Schwierigkeiten ergeben sich außerdem bei der Integration von 'Neuen' in die Gesamtgruppe. Gerade weil keine feststehenden Rollen und Aufgabengebiete bestehen, erfordert es längere Zeit, Engagement und Frustrationstoleranz, sich zu integrieren.

Zusammenfassend läßt sich sagen, daß wir durch unsere interne Organisation und unsere Beziehungen die Möglichkeit haben, Alternativen zu den üblichen Arbeitsverhältnissen kennenzulernen und auf andere Tätigkeitsbereiche zu übertragen. Dieses Lernen ist verständlicherweise von einer Menge Schwierigkeiten begleitet; Beispiele hierfür sind: endlose Plenumsdebatten, Beschlüsse, die dann doch keiner ausführt,

Arbeit, die liegenbleibt, weil sich unsere Ansprüche eher an der Theorie als an den konkreten Arbeitskapazitäten orientieren." (Redaktionskoll. 1979, S. 62)

Solange der KID freiwillig betrieben wird, besteht die Gefahr der bürokratischen, verwaltungsmäßigen Organisierung der Einrichtung nicht, vielmehr hängt ihr Weiterbestehen von der Motivation der einzelnen ab.

Daß die Realisierung eines Gemeindekonzepts nicht allein darauf basieren kann, ist der Gruppe klar, auch daß psychiatrische Versorgung heute nicht in Freizeitarbeit allein geleistet werden kann. Wir sehen den KID als Teil eines umfassenden Netzes gemeindepsychiatrischer Einrichtungen.

8. Sozialpsychiatrischer Dienst (SPDi) und therapeutische Wohngemeinschaft

Kernpunkt der psychiatrischen Versorgung soll nach Ansicht der BayGSP und entsprechend den Planungsvorhaben der Stadt München der sozialpsychiatrische Dienst sein, der einige Stadtteile übergreifend in jedem Standardversorgungsgebiet eingerichtet werden soll. Der Kriseninterventionsdienst leistet im Stadtteil wichtige, einen sozialpsychiatrischen Dienst vorbereitende Arbeit v. a. durch Informationssammlung als Grundlage neuer Bedarfsermittlung. Nach der Errichtung eines sozialpsychiatrischen Dienstes in München-Ost soll der Kriseninterventionsdienst im Stadtteil bestehen bleiben (und möglichst in allen zum Standardversorgungsgebiet gehörigen Stadtteilen eingerichtet werden), um eine ins Stadtleben integrierte Kontaktstelle zu bewahren. Die Vorteile liegen in der verminderten Schwellenangst der Bürger, diese Institution aufzusuchen und im Versuch des Kriseninterventionsdienstes, Probleme auf alltagsweltlicher Ebene lösen zu helfen, d. h. einer Psychiatrisierung weiterer Problembereiche aktiv entgegenzuwirken.

Der SPDi ist im Sommer diesen Jahres (1979) genehmigt worden und nimmt unter der Trägerschaft der BayGSP im Oktober seine Arbeit im Nachbarstadtviertel Giesing auf. Zwei der vier Mitarbeiter sind oder waren KID-Mitglieder.

Als weiterer wichtiger Punkt im Sinne gemeindepsychiatrischer Arbeit kristallisiert sich die Notwendigkeit heraus, Wohngruppen zu konstituieren: zum einen als rehabilitative Maßnahme, um Wiedereinweisungen zu verhindern, zum anderen als präventives Angebot für Personen, deren Probleme nicht mehr in ihrer gewohnten Umgebung lösbar erscheinen, die bei unveränderter Situation nahezu zwangsläufig in ein Nervenkrankenhaus eingeliefert werden würden. Aus diesen Gründen wird von der BayGSP die Einrichtung von Wohngruppen angestrebt, die je nach den Bedürfnissen und Problemen der Bewohner mit unterschiedlicher Intensität betreut werden sollen. Die Einrichtung einer Wohngemeinschaft wurde ebenfalls unter der Trägerschaft der BayGSP vom Bezirk Oberbayern genehmigt. Die Wohnungssuche in Haidhausen verschaffte uns ganz direkt einen Einblick in die stadtteilspezifische Wohnungsmarktlage. Trotz Unterstützung von verschiedenen Seiten ist es uns bislang nicht gelungen, eine entsprechende Wohnung in Haidhausen zu finden, obwohl es gerade hier relativ viele große Wohnungen gibt.

Als einzige Möglichkeit blieb uns vorerst die Anmietung von zwei zusammenhängenden Sozialwohnungen in der Trabantenstadt Neuperlach, ein Gebiet, in das viele sanierungsbetroffene Haidhauser ebenfalls abwandern müssen. Um einmal mehr zeigte sich das Auseinanderklaffen unseres gemeindepsychiatrischen Anspruchs und den Möglichkeiten seiner Durchsetzung.

V. ENGLISCHE ANTIPSYCHIATRIE UND GEMEINDEPSYCHIATRIE IM RAHMEN KRITISCHER SOZIALPSYCHIATRIE

Zwei zur traditionellen Psychiatrie alternative Modelle wurden in dieser Arbeit vorgestellt. Es sollte deutlich geworden sein, daß die englische Antipsychiatrie in ihrer bestehenden Form nicht den Ansprüchen kritischer Sozialpsychiatrie genügen kann, sie kein realisierbares Modell für die Neuorganisation psychiatrischer Versorgung zu bieten hat.

Als Schlußthese möchten wir trotzdem formulieren, daß die neuere sozialpsychiatrische Diskussion ohne den Beitrag der englischen Antipsychiatrie nicht zu denken wäre, d. h. bei der Entwicklung eines kritisch-sozialpsychiatrischen Konzepts kann auf die Erkenntnisse und Erfahrungen der englischen Antipsychiatrie nicht verzichtet werden.

In der BRD wird die Veränderung der bestehenden psychiatrischen Versorgung im Sinne der Enquete-Kommission angestrebt, Gemeindenähe wird dadurch zum Grundprinzip der Neuordnung. Daß diese angestrebte "neue" Psychiatrie nicht zwangsläufig an den Bedürfnissen der Betroffenen orientierte Hilfsangebote zur Verfügung stellen wird, versuchten wir zu zeigen. Anhand der theoretischen Vorstellungen und der Praxis einer sozialpsychiatrischen Initiativgruppe sollten bedürfnisorientierte Bemühungen deutlich werden.

Als übergreifendes Ziel der vorliegenden Arbeit wurde angegeben, einen praxisrelevanten Beitrag zur Entwicklung eines kritisch-sozialpsychiatrischen Modells zu liefern. Gemäß der oben formulierten These, möchten wir nun die Untrennbarkeit von englisch-antipsychiatrischen Elementen und Gemeindepsychiatrie im Rahmen kritischer Sozialpsychiatrie benennen.

1. Rekapitulation der Grundgedanken kritischer Sozialpsychiatrie

Um englische Antipsychiatrie und Gemeindepsychiatrie in den Rahmen kritischer Sozialpsychiatrie einordnen zu können, scheint uns eine Rekapitulation der Grundgedanken notwendig zu sein:

a) Die Identifizierung dessen, was als psychische Krankheit gilt, muß als sozial-evaluativer Prozeß aufgefaßt werden, der sich nach den jeweils geltenden Normen und Werten richtet, ist somit immer eine Form sozialer Kontrolle.
b) Das als krankhaft diagnostizierte Verhalten wird nicht als Symptom eines intrapsychisch ablaufenden Prozesses verstanden, sondern als subjektiver Problemlösungsversuch im Verlauf eines pathogenen sozialen Prozesses, der determiniert wird durch Familie, Schichtzugehörigkeit und gesellschaftliche Zuschreibungsverfahren.
c) Kritisch-sozialpsychiatrische Ursachenforschung kann weder rein individuenzentriert (wie innerhalb des medizinischen Modells), noch auf gruppenspezifische Interaktionsformen (wie innerhalb des sozio-dynamischen Sozialpsychiatriemodells) beschränkt bleiben, da die Struktur aller relevanten Lebensbereiche des Individuums als abhängig von den Produktionsverhältnissen angesehen wird; sie hat vielmehr die Aufgabe, eine Methode zu entwickeln, "den Mechanismus zu erklären, der die klassenspezifisch allgemeinen, sozio-ökonomischen und sozial-kulturellen Bedingungen in individuell pathologische Prozesse, in Verhaltens- und Erlebnisformen von einzelnen übersetzt" (Wulff 1970, S. 18).

Als Konsequenz aus diesen Grundgedanken ergibt sich für psychiatrische Praxis:

a) Sie darf nicht nur kurativ, muß wesentlich präventiv ausgerichtet sein.
b) Bei der Beratung und Behandlung muß der objektiv gegebene sozio-ökonomische Kontext des Individuums genauso Berücksichtigung finden wie die subjektiven Erlebens- und Verhaltensweisen.
c) Der Zugang zu Beratung und Behandlung und deren Inhalte müssen an die Bedürfnisse und Möglichkeiten der Betroffenen angepaßt werden und nicht umgekehrt.

2. Die Verbindung von englischer Antipsychiatrie und Gemeindepsychiatrie

Laing ist einer der Hauptbeteiligten an der Diskussion um das medizinisch-psychiatrische Krankheitsparadigma. Seine Auseinandersetzung mit der klassischen Psychopathologie und Psychoanalyse liefert Argumente, die kritisch-sozialpsychiatrische Forderungen erst möglich machten. Er wandte sich mit Vehemenz gegen die scheinbare Wertfreiheit des medizinischen Modells und zeigte dessen ideologische Funktion auf: bei der Frage nach den

Ursachen psychischer Krankheit verweist es auf mechanistische, naturhafte Kräfte, die im einzelnen Individuum wirken und versperrt dadurch den Blick auf soziale Ursachen bzw. verschleiert die gesellschaftliche Bedingtheit psychischer Störungen; es geht implizit von Wertvorstellungen aus, die aus gesellschaftlichen Erfordernissen abgeleitet sind und zu einer unhinterfragten Gleichsetzung von "gesellschaftlich akzeptierter Normalität" und "psychischer Gesundheit" führen.

Der Angriff der englischen Antipsychiater richtet sich konsequenterweise gegen die Macht psychiatrischer Institutionen, dem Patienten in einem fortgesetzten "Degradierungszeremoniell" den Status als Person abzusprechen; er richtet sich gegen die Macht der Psychiater - als Repräsentanten gesellschaftlicher Normalität - mithilfe psychiatrischer Klassifikationsschemata eine vorher "geistig gesunde" in eine "geistig kranke" Person umdefinieren zu können. Gegenstand der psychiatrischen Diagnose ist ein Individuum und nicht die soziale Situation. Dies wird zusätzlich durch die Arbeitsteilung in den Institutionen verhindert, die - wie Laing in seinen Fallbeschreibungen darstellt - zu einer institutionell bedingten Isolierung der einzelnen Aspekte des gesamten sozialen Kontextes führen. Die Tendenz des medizinischen Modells, Probleme im Individuum zu lokalisieren, wird dadurch perpetuiert.

Laing beschränkt seine Kritik nicht auf traditionelle psychiatrische Anstalten, er bezieht sie auch auf den Bereich der Sozialarbeit (Laing, 1974b, S. 40): institutionell vorgenommene Etikettierungen, selbst wenn sie von sich als fortschrittlich verstehenden Einrichtungen vorgenommen werden, können den Beginn einer Patientenkarriere einleiten. Wie wir im letzten Kapitel diskutierten, wird duch psychiatrisch-psychologische Klassifikationsschemata alltagsweltlichen Problemen eine neue Gestalt verliehen, sie werden auf einen medizinischen Kerngehalt reduziert. Die empirischen und theoretischen Erkenntnisse der englischen Antipsychiatrie liefern einen wesentlichen Beitrag, professionalisierte Tätigkeit in psychosozialen Einrichtungen und deren Auswirkung auf die Identität der Hilfesuchenden zu reflektieren.

Es ist unter anderem das Verdienst der englischen Antipsychiater, psychische Krankheit wieder in ihren sozialen Kontext zurückzustellen, aus dem sie durch das medizinische Modell verbannt wurde. Sie weisen psychische Störungen als subjektive Verarbeitungsformen eines pathogenen sozialen Prozesses auf, der entsprechend der Theorie der englischen Antipsychiater durch Familie und gesellschaftliche Etikettierungsverfahren bedingt ist. Ansatzpunkt jeder Intervention hat für sie von daher das soziale Netzwerk zu sein, in dem sich das betroffene Individuum befindet. Laing warnt davor, die sogenannte "Bitte um Hilfe" (vgl. letztes Kapitel) von Seiten des potentiellen Patienten als sein eigenes Bedürfnis anzusehen, sie vielmehr als Reaktion auf fehlende Interaktionsmöglichkeiten in seiner sozialen Umgebung zu verstehen. Die Kontaktaufnahme mit einer psychiatrischen Institution erfolgt häufig auf Anraten seiner Bezugspersonen. Für Laing (1974b, S. 40) geht dem Aufsuchen eines Psychiaters oder Sozialarbeiters eine bestimmte Situationsdefinition voraus: die Situation wird als eine definiert, in der mit einer Person "etwas nicht stimmt". Es wird angedeutet, wenn diese eine Person wieder in Ordnung wäre, wäre auch die Situation wieder in Ordnung. Dies impliziert zugleich eine bestimmte Handlungsanweisung: es ist eine unmißverständliche Aufforderung, die Person durch Behandlung den sozialen Erwartungen wieder anzupassen.

Laings Ansatz kann zu den wenigen Versuchen gezählt werden, die Kontinuität der in der Familie vorgenommenen Zuschreibungsverfahren und gesellschaftlicher Etikettierungsprozesse auf theoretischer und praktischer Ebene darstellen. Er verbindet die sozio-dynamische Betrachtungsweise, die sich mit dem Nachweis pathogener Interaktionsstrukturen in der Familie befaßt mit dem Labeling-Ansatz, der die in Institutionen und anderen makro-sozialen Systemen stattfindenden Etikettierungsprozesse belegt. In seinen Untersuchungen geht Laing (1975) einmal aus vom Endprodukt des Etikettierungsprozesses, dem offiziell als schizophren diagnostizierten Verhalten. Die Kette der Zuschreibungen wird bis in die Familie zurückverfolgt. Laing beschreibt die Strategien der Bezugspersonen des "Patienten", die bei ihm ein Verhalten provozieren, das dann die in den psychiatrischen Klassifikationsschemata erfaßten Symptome tatsächlich aufweist, z. B. Einwirkungswahn als Folge einer realen Beeinflußung und Einwirkung durch die übrige Familie. Verhalten und Etikett stehen hier in einem inneren Zusammenhang. (29) Vom anderen Ende des Kontinuums sozialer Kontrolle aus betrachtet beschreibt Laing (1974b) den Etikettierungsprozeß folgendermaßen: Zuschreibungsverfahren beginnen in der Familie bzw. der unmittelbaren Umgebung des Betroffenen, Zuschreibungen, die von ähnlichen Kriterien geleitet werden wie die offizielle Etikettierung. Eine Krise wird als "medizinische Notlage" definiert, aus diesem Grund wird auch eine psychiatrische Institution hinzugezogen. Die in diesen Einrichtungen Tätigen knüpfen an den Alltagsdefinitionen der direkten Interaktionspartner des "Patienten" an und verleihen ihnen durch das diagnostische Vokabular einen offiziellen Status.

In der englischen Antipsychiatrie kommt der Auswirkung der sozialen Kontrollprozesse auf die Identität des betroffenen Individuums eine zentrale Bedeutung zu: die Beschreibung des zunehmenden Identitätsverlusts durch die Zuschreibungen und Anweisungen in der Familie, die den "Patienten" in eine unhaltbare Position bringen; das schwindende Vertrauen in die eigenen Emotionen und Wahrnehmungen und die Potenzierung dieses Identitätszerfalls durch die Einweisung in eine psychiatrische Institution.

Ein zentraler Ansatzpunkt englischer Antipsychiatrie, psychische Krankheit als sozial-evaluativen Prozeß zu begreifen, der durch in der Familie und in Institutionen vorgenommene Zuschreibungsverfahren bedingt wird und sich im subjektiven Erleben und Verhalten niederschlägt, wurde in der kritischen Sozialpsychiatrie als eine der Grundannahmen aufgegriffen. Die englische Antipsychiatrie bleibt jedoch in einer reduktionistischen Sichtweise gefangen; begreift sie doch Familie und psychiatrische Institutionen als mehr oder weniger selbstgenügsame Sozialsysteme und analysiert deren Funktion vor dem Hintergrund des ahistorischen existentialistischen Terrormodells. Laings (1969, S. 99) Aussage, die verschiedenen Subsysteme immer in der Hierarchie ihrer "Kontexte und Meta-Kontexte" zu sehen, bleibt eine leere verbale Versicherung. Die Abhängigkeit der verschiedenen Lebensbereiche des Individuums von den spezifischen Produktionsverhältnissen wird nicht erkannt. Aufgabe einer kritischen Sozialpsychiatrie ist es, die oben genannten Grundannahmen der englischen Antipsychiatrie weiterzuführen und sie in ein übergreifendes Gesellschaftskonzept einzuordnen. Der kritische Gehalt von Sozialpsychiatrie ist am Grad der Gesellschaftsbezogenheit des Modells zu messen. Die englischen Antipsychiater haben einen kritischen Ausgangspunkt, der aber aus in dieser Arbeit genannten Gründen theoretisch nicht durchgehalten wird und in der Praxis kaum mehr zu erkennen ist.

Eine wesentliche Forderung an eine kritisch verstandene Gemeindepsychiatrie, die Bedürfnisse der Betroffenen nicht durch Experten und die Erfordernisse der Institution vorzudefinieren, sondern sich auf den Standpunkt des Hilfesuchenden einzulassen, wurde bei den englischen Antipsychiatern von Anfang an konsequent verwirklicht. Die Herstellung einer alternativen Berater-Betroffenen-Beziehung in der Praxis ging auf methodologischer Ebene einher mit der Anwendung des phänomenologischen Vorgehens, das an der Sichtweise und den Interpretationen der Betroffenen anknüpft. Die Schwäche dieses Ansatzes in Theorie und Praxis liegt in der einseitigen Beschränkung auf das subjektiv geäußerte Bedürfnis, das entsprechend der englischen Antipsychiatrie dem individuellen Lebensplan der Person entspringt. An diesem Punkt werden die Vorteile der Gemeindepsychiatrie deutlich. Das subjektiv geäußerte Bedürfnis kann innerhalb dieses

Modells durch Rückbindung an die konkrete Lebenswelt der Betroffenen als gesellschaftlich vermitteltes begriffen werden.

Die Stärke der englisch-antipsychiatrischen Praxis liegt vorwiegend in der Verhinderung von Klinikeinweisungen und den Folgen psychiatrischer Etikettierung, der Bekämpfung hierarchischer Strukturen in den Wohngemeinschaften und dem Angebot einer alternativen Betreuer-Betreuter-Beziehung für einzelne. Die Entwicklung dieser alternativen Beziehung ist in der englischen Antipsychiatrie (zumindest in der Philadelphia Association) jedoch verbunden mit der Verschleierung der Therapeuten-bzw. Beraterrolle. Allerdings darf dies nicht als eine von den Therapeuten bewußt vorgenommene Mystifizierung unterstellt werden, sondern erwächst aus der Ablehnung der Instrumentalisierung und Funktionalisierung der Therapeut-Patient-Beziehung. Die berechtigte Kritik der englischen Antipsychiater an der in psychiatrischen Institutionen bzw. psychosozialen Einrichtungen stattfindenden Entpersönlichung der Betreuer-Betreuter-Beziehung schlägt um in die völlige Verneinung der funktionalen Rolle des Therapeuten bzw. Beraters, die trotz aller Versuche, diese Beziehung humaner zu gestalten, bestehen bleibt. Der Anspruch und die Fähigkeit, sich auf den Standpunkt des Hilfesuchenden einzulassen und ihn nicht zum Objekt zu degradieren, bedeuten jedoch nicht, daß sich die Beziehung auf einer reinen Gleichheitsebene bewegt; eine Tatsache, derer sich auch die in gemeindepsychiatrischen Einrichtungen tätigen Berufsgruppen bewußt bleiben müssen.

Englische Antipsychiater erliegen weiterhin der Illusion, das Leben in den "Asylen" mit dem Kampf gegen die herrschenden Rationalitätsformen gleichzusetzen. Dies kann bestenfalls als subkulturelle Entwicklung, als "Emanzipation neben der Gesellschaft" angesehen werden, nicht schon als gesellschaftsverändernde Praxis. An den gesellschaftlichen Bedingungen psychischer Krankheit kann auf diese Weise nichts verändert werden.

Dies verweist auf einen wesentlichen Mangel der englischen Antipsychiatrie. Sie läßt den notwendigen präventiven Aspekt kritischer Sozialpsychiatrie außer acht, diesen vermag Gemeindepsychiatrie durch Einflußnahme auf gesellschaftliche Praxis, - in Grenzen allerdings -, zu realisieren. Um tatsächlich dem Präventivgedanken gerecht zu werden, darf Gemeindepsychiatrie nicht nur Hilfsangebote bei manifesten psychischen Störungen, um die sich die englischen Antipsychiater kümmern, anbieten, muß vielmehr bei der Hilfe zur alltäglichen Problembewältigung ansetzen. Gemeindepsychiatrie muß die soziale Ungleichheit bestehender psychiatrischer Versorgung durch veränderte Zugangsmöglichkeiten und Inhalte des Beratungsangebots vermindern, muß für jeden Bürger des Versorgungsgebiets zugänglich sein,

ein Aspekt, der in der englischen Antipsychiatrie unberücksichtigt bleibt.

Im Rahmen kritischer Sozialpsychiatrie kann sich eine Entscheidungsfrage zwischen den Konzepten der englischen Antipsychiatrie und einer Gemeindepsychiatrie nicht stellen. Zu fragen ist vielmehr, inwieweit die positiven Elemente der englischen Antipsychiatrie in der konkreten gemeindepsychiatrischen Arbeit verwirklicht sind.

Dies ist nicht der Fall, solange z. B. Haidhauser Bürgern in psychosozialen Krisensituationen, die in der gewohnten Umwelt trotz Unterstützung durch psychosoziale Einrichtungen nicht mehr zu bewältigen sind, letztlich nur der Weg ins Bezirkskrankenhaus Haar bleibt.

ANMERKUNGEN

1 Die Konstruktion des Consultant-Prinzips machte die Arbeit im NHS für Ärzte attraktiv, die sich bislang in "freier Praxis" etablierten, denn "der consultant, Facharzt in seiner Disziplin mit mindestens 6-8 Jahren Hospitalerfahrung, trat an die Stelle des Chefarztes alter Prägung". (Bauer 1973, S. 15). Der Consultant Psychiatrist ist im stationären und ambulanten Klinikbereich tätig (als "hospital consultant") und in den verschiedenen Einrichtungen in der Gemeinde (als "community physician" vorwiegend in koordinierender und beratender Funktion).

2 Die englische Erfahrung der nahezu zwangsläufigen Verfestigung des medizinischen Modells als Folge der berechtigten Forderung nach rechtlicher Gleichstellung von körperlich und psychisch Kranken muß in der deutschen Reformdiskussion bedacht werden, wenn es darum geht, psychiatrische Abteilungen an Allgemeinkrankenhäusern einzurichten oder faschistisches Erbe wie den "Halbierungserlaß" aufzuheben.

3 Bei Laing ersetzt der Begriff der Erfahrung weitgehend den Begriff der Existenz. Er gewinnt damit die Möglichkeit, Bereiche der Wahrnehmung und Interaktion und das 'Sein-an-sich' einzuschließen.

4 Laing versteht unter Personifizierung eine Art Identifikation, bei der ein Teil des Individuums die Identität einer anderen Persönlichkeit annimmt.

5 Laing verwendet den Begriff des Verstehens nicht eindeutig. Es lassen sich zumindest zwei Wurzeln feststellen: die eine geht auf Dilthey zurück, wobei mit Verstehen das Nacherleben des Fremden durch eine Rückbeziehung der Erlebnisse auf die eigene Person gemeint ist, die andere verweist auf Sartre, der Verstehen definiert als das "totalisierende Begreifen jeder Praxis, insofern sie durch ihren oder ihre Urheber intentional hervorgebracht wird" (Sartre 1967, S. 77).

6 Laing unterscheidet Wahrnehmung und Vorstellung als verschiedene Modalitäten von Erfahrung. Er lehnt eine Unterscheidung zwischen Verhalten als äußerlichem Geschehen und Erfahrung als innerlichem ab, da sie nur einen Bruch in der Erfahrung reflektiere, der eine Psyche voraussetze, in der Erfahrung sein kann. Psyche und Erfahrung sind für ihn dasselbe.

7 Laing verwendet den Begriff des Systems undefiniert.

8 Lidz gelingt allerdings keine Unterscheidung der Konflikte, die zu Psychosen führen von denen, die zu Neurosen führen.

9 Wobei Identität "aus jenen expliziten und impliziten Selbstrepräsentanzen besteht, (Anm. d. Verf.) die dem Erleben trotz eines ständigen Stromes von inneren und äußeren Reizen Kontinuität und Zusammenhalt verleihen" (Wynne et. al. in: Bateson et al. 1974, S. 46).

10 Bateson et. al beziehen sich auf Russels Theorie der logischen Typen.

11 Aus dem Konzept des double-bind geht nicht eindeutig hervor, ob die Fähigkeit zur Metakommunikation beim Schizophrenen nicht entwickelt wird oder ob er diese nicht anwenden kann oder darf.

12 Gemeint sind Alltagsmystifikationen, die sich in Aussagen wie "das bildest du dir bloß ein" oder "das mußt du geträumt haben", zeigen.

13 Eine extrem mystifizierende, immer wiederkehrende Situation scheint uns die klassisch-psychiatrische Arzt-Patient-Interaktion zu sein, da hier konsequent auf die Selbstwahrnehmung und Situationsdefinition des Patienten verzichtet wird.

14 Laing hält diese Operationen trotzdem für Elemente der Erfahrung, da es möglich sei, andere bei der Durchführung solcher Operationen zu beobachten.

15 Auf die englisch-antipsychiatrische Gesellschaftstheorie wird im nächsten Kapitel der Arbeit näher eingegangen.

16 Auf den konkreten Inhalt der "inneren Reise" wird im nächsten Kapitel eingegangen, da dies zentrale Bedeutung für die Therapievorstellungen der englischen Antipsychiater hat.

17 Dies ist ein Gedankengang, den Laing für das Verständnis von aktuellem psychotischem Verhalten ganz explizit ausformuliert.

18 Sartre nennt dies "Blutung".

19 "Präsenz ist die Summe dessen, was andere dazu bringt, jemanden zu respektieren ... Wenn man sie nicht besitzt, muß man sich in Gewalt flüchten ... Diese beruht allerdings weniger auf Respekt, als vielmehr auf Angst" (Berke 1973, S. 228).

20 In der Ablehnung der radikal-politischen Ansichten und Forderungen Coopers sind sich allerdings beide Gruppen einig.

21 Die Philadelphia Association ist ausführlicher dargestellt als die Arbours Association, da ich (E. H.) längere Zeit in einer therapeutischen Gemeinschaft der Philadelphia Association lebte und ich aus diesem Grund besser über die Philadelphia Association informiert bin.

22 Die Wartezeiten variieren beträchtlich. In seltenen Fällen ist es möglich, daß jemand innerhalb weniger Tage einziehen kann, sofern ein Zimmer frei ist. Manchmal beträgt die Wartezeit bis zu einem Jahr.

23 Obwohl in der PA das Ziel der Rehabilitation eine untergeordnete Rolle spielt, d.h. die (Wieder-) Aufnahme einer Berufstätigkeit ein möglicher "Lebensentwurf" unter anderen ist, stellte ich häufig fest, daß viele Bewohner nach ein oder zwei Jahren Aufenthalt in den Wohngemeinschaften von sich heraus das Bedürfnis entwickeln, die WG zu verlassen und ins Berufsleben einzutreten oder ihr Studium zu beenden.

24 Praxis kann auf die vom einzelnen verantwortbare Handlung zurückgeführt werden, während Prozeß eine Serie von Vorgängen ist, die keine "wirkende Kraft" zum Urheber haben.

25 Zu fragen ist dann allerdings, für wen die englischen Antipsychiater "Asyle" bereitstellen.

26 Ein Paradebeispiel stellt die Diskussion um das Gesetz zum Nichtärztlichen Therapeuten dar.

27 Da die Klienten von uns nicht forciert werden, ihre gesamten Lebensdaten bekannt zu geben, wir auf Wunsch völlige Anonymität wahren, ist unser Datenmaterial unvollständig.

28 Mit der Klientenstruktur befaßt sich u. a. Claire-Lise Spoerri, ebenfalls KID-Mitarbeiterin, in ihrer Magisterarbeit (München 1978).

29 In späteren Büchern Laings löst sich das Etikett zunehmend von dem damit bezeichneten Verhalten ab und gewinnt somit Willkürlichkeitscharakter.

LITERATURVERZEICHNIS

Adorno, Th. W.: Thesen über Bedürfnis, in: Gesammelte Schriften 8, Frankfurt/M. 1972

Arbours Association: Selbstdarstellung, London

Arbours Crisis Centre: Selbstdarstellung, London

Barnes, M. und Berke, J.: Meine Reise durch den Wahnsinn, München 1973

Bateson, G. et al.: Auf dem Weg zu einer Schizophrenie - Theorie, in: dies., Schizophrenie und Familie, Frankfurt/M. 1974

Bauer, M.: Streifzüge durch die englische Psychiatrie, in: Sozialpsychiatrische Informationen. Nr. 14/15; Juni 1973

Bender, M. P.: Community Psychology. London 1976

Bennett, D.: Community Psychiatry. in: Brit. Journal of Psychiatry 1978, 132,

Bericht über die Lage der Psychiatrie in der BRD, Bundestagsdrucksache 4200, Bonn 1975

Berke, J.: Crisis Intervention, in: Arbours Network 9-10, London 1976

Clare, A.: Psychiatry in Dissent. London 1976

Cooper, D. (Hrsg.): Dialektik der Befreiung, Reinbek 1969

ders.: Psychiatrie und Antipsychiatrie, Frankfurt/M. 1971

ders.: Der Tod der Familie, Reinbek 1972

ders.: The Grammar of Living, Von der Notwendigkeit der Freiheit, Frankfurt/M. 1976

ders. und Laing, R. D.: Vernunft und Gewalt. Drei Kommentare zu Sartres Philosophie 1950-1960, Frankfurt/M. 1973

Dörner, K.: Wie werde ich Patient oder Sozialisation zum Patienten, in: Sozialpsychiatrische Informationen, 4, 23, 1974

Dörner, K. et al.: Gemeindepsychiatrie, Stuttgart, Berlin 1979

Esterson, A.: The Leaves of Spring. Schizophrenia, Family and Sacrifice, Harmondsworth 1972

Finzen, A.: Die Tagesklinik. Psychiatrie als Lebensschule, München 1977

Gleiss, I. et al.: Soziale Psychiatrie, Frankfurt/M. 1973

Goffman, E.: Asyle, Frankfurt/M. 1972

Hergrüter, E.: Das Schizophreniekonzept von R. D. Laing, unveröff. Diplomarbeit München 1976

Jacoby, R.: Der konservative Gehalt der Antipsychiatrie, in: Das Argument, 89, Berlin 1975

Jones, K.: A History of Mental Health Services, London 1972

Jones, M.: Beyond the Therapeutic Community. Social Learning and Social Psychiatry, London 1968

Kaplonek, H. und Schroeter, R.: Psychische Probleme als Problem der Lebensbewältigung in: Keupp, H.: Normalität und Abweichung, München, Wien, Baltimore 1979

Keupp, H.: Der Krankheitsmythos in der Psychopathologie, München/Berlin/Wien 1972

Keupp, H. und Zaumseil, M. (Hrsg.): Die gesellschaftliche Organisierung psychischen Leidens, Frankfurt/M. 1978

Kisker, K. P.: Antipsychiatrie, in: Psychiatrie der Gegenwart, Band I, Teil 1, Berlin/New York 1979

Köppelmann-Baillieu, M.: Gemeindepsychiatrie - Erfahrungen mit einem Reformmodell in Frankreich, Frankfurt/M., New York 1979

Kraiker, G.: Theorie der bürgerlichen Gesellschaft bei Karl Marx und Friedrich Engels, in: Neumann, F. (Hrsg.): Handbuch der politischen Theorien und Ideologien, Reinbek 1977

Kruckenberg, P.: Mängelrüge: Die psychiatrische Versorgung in der BRD, in: v. Nussbaum, H.: Die verordnete Krankheit, Frankfurt/M. 1977

Kriseninterventionsdienst der Bayerischen Gesellschaft für Soziale Psychiatrie: Selbstdarstellung, München 1976

Laing, R. D.: Series and Nexus in the Familiy, in: New Left Review, 15, 5/6, 1962

ders.: Phänomenologie der Erfahrung, Frankfurt/M. 1969a

ders.: Undurchschaubarkeit und Evidenz in modernen Sozialsystemen, in: Cooper, D. (Hrsg.), Dialektik der Befreiung, Reinbek 1969b

ders.: Das geteilte Selbst, Erice 1974a

ders. et al.: Interpersonelle Wahrnehmung, Frankfurt/M. 1971

ders.: Das Selbst und die Anderen, Erice 1969c

ders.: Die Politik der Familie, Erice 1974b

ders.: Mystifizierung, Konfusion und Konflikt, in: Bateson, G. (Hrsg.): Schizophrenie und Familie, Frankfurt/M. 1974

ders. und Esterson, A.: Wahnsinn und Familie, Köln 1975

ders.: The Facts of Life, New York 1976

Lidz, Th.: Spaltung und Strukturverschiebung in der Ehe, in: Bateson G. (Hrsg.): Schizophrenie und Familie, Frankfurt/M. 1974

Luz, D.: Entwicklung eines Ansatzes zur Bedürfnisermittlung bei Klienten von Erziehungsberatungsstellen, unveröff. Diplomarbeit, München 1977

Marx, K. und Engels, F.: Werke, 3, Berlin 1969

ders.: Grundrisse, Reinbek 1967

McKnight, J.: Professionelle Dienstleistung und entmündigende Hilfe, in: Illich, I. (Hrsg.): Entmündigung durch Experten, Reinbek 1979

Menninger, K.: Das Leben als Balance, München 1968

Neumann, F.: Anarchismus, in: ders. (Hrsg.): Handbuch politischer Theorien und Ideologien, Reinbek 1977

Philadelphia Association: Selbstdarstellung, London

Picard, W.: Familie und psychische Störung, München 1977

Pörksen, N.: Kommunale Psychiatrie, Hamburg 1974

Portugall, E.: Personale und funktionale Beziehungen in therapeutischen Gemeinschaften, München 1976

Rebell, Ch.: Sozialpsychiatrie in der Industriegesellschaft, Frankfurt/M. 1976

Redaktionskollektiv des Kriseninterventionsdienstes München-Haidhausen: Initiativgruppe im Stadtteil - auf der Suche nach der Gemeinde, in: Psychologie und Gesellschaftskritik 11, 3. Jahrg. Heft 3, 1979

Riedmüller, B.: Psychiatrische Versorgung in München, im Auftrag der LHM, München 1977

Riemer, Ch.: Alternative Stadtteilarbeit als Praxis der Bedürfnisbefriedigung im psychosozialen Bereich, unveröff. Diplomarbeit, München 1979

Rosenthal, V. und Rosenthal, P.: unveröff. Interview mit Redler, L., London 1973

Sarason, S. B.: The Psychological Sense of Community, San Francisco, Washington, London 1974

Sartre, J.-P.: Das Sein und das Nichts, Hamburg 1962

ders.: Kritik der dialektischen Vernunft, Reinbek 1967

ders.: Das Imaginäre, Reinbek 1971

ders.: Entwurf einer Theorie der Emotionen, Hamburg 1964

Schaff, A.: Marx oder Sartre? Versuch einer Philosophie des Menschen, Frankfurt/M. 1966

Schmid-Urban, P.: Die Sanierung in München-Haidhausen, ihre Möglichkeiten, Grenzen und sozialpolitischen Problemstellungen, unveröff. München 1978

Scott, R. D., Seecombe, P.: "Community Psychiatry-setting up a service on a shoestring" in: Mindout, London 1976

Searles, H. F.: Das Bestreben, den anderen verrückt zu machen, in: Bateson, G. (Hrsg.): Schizophrenie und Familie, Frankfurt/M. 1974

Shephard et al: Psychiatric Illness in General Practice. London 1966

Sommer, G. und Ernst, H.: Gemeindepsychologie, München/Wien/Baltimore 1977

Spörri, C.-L.: Organisationsprobleme der psychosozialen Versorgung: Möglichkeiten einer Neuorientierung in einer präventiven psychosozialen Praxis im Stadtteil, unveröff. Magisterarbeit, München 1978

Spoerri, Th.: Kompendium der Psychiatrie, Frankfurt/M. 1969

Stirner, M.: Der Einzige und sein Eigentum, München 1968, (Hrsg. Helms, H. g.)

Tooth, G. C., Brooke, E.: "Trends in the Mental Hospital Population and their Effect on Future Planning", in: Lancet, April 1961

Wilhelm, H.: Haidhauser Geschichte(n), München 1979

Wilson, Th. P.: Theorien der Interaktion und Modelle soziologischer Erklärung, in: Arbeitsgruppe Bielefelder Soziologen (Hrsg.): Alltagswissen, Interaktion und gesellschaftliche Wirklichkeit, 1, Reinbek 1973

Wing, J.: Reasoning about Madness, Oxford 1978

Wolff, S.: Sozialpsychologische Anmerkungen zur psychiatrischen Krisenintervention, in: Helle, H. J. (Hrsg.): Soziologenkorrespondenz, 3. München 1976

ders.: unveröff. Diskussionsmanuskript, München 1977

ders.: Psychiatrie und Klassenkampf, Frankfurt/M. 1972

Wynne, L. C. et al.: Pseudogemeinschaft in den Familienbeziehungen von Schizophrenen, in: Bateson, G. (Hrsg.): Schizophrenie und Familie, Frankfurt/M. 1974

ders.: Die Verteidigung stereotyper Rollen in den Familien von Schizophrenen, in: Bateson, G. (Hrsg.): Schizophrenie und Familie, Frankfurt/M. 1974

Aus unserem Programm:

Monika Becker, Hans-Joachim Gebhardt, Bernd Wutka
Kritik der Verhaltenstherapie
Vorwort von Thomas Leithäuser
1979. 3o8 Seiten. ISBN 3-593-32379-6

Klaus Dörner
Diagnosen der Psychiatrie
Über die Vermeidungen der Psychiatrie und Medizin
1975. 178 Seiten. ISBN 3-593-32513-6

Norman Elrod, Rudolf Heinz, Helmut Dahmer
Der Wolf im Schafspelz
Erikson, die Ich-Psychologie und das Anpassungsproblem
1978. 167 Seiten. ISBN 3-593-32328-1

Ewald H. Englert (Hg.)
Die Verarmung der Psyche
Igor A. Caruso zum 65 Geburtstag
1979. 232 Seiten. ISBN 3-593-32375-3

Manfred Kappeler, Klaus Holzkamp, Ute Holzkamp-Osterkamp
Psychologische Therapie und politisches Handeln
1977. 356 Seiten. ISBN 3-593-32539-X

Marianne Köppelmann-Baillieu
Gemeindepsychiatrie
Erfahrungen mit einem Reformmodell in Frankreich
1979. 2o9 Seiten. ISBN 3-593-32615-9

Thomas Leithäuser
Formen des Alltagsbewußtseins
2. überarbeitete Auflage 1979. 2o8 Seiten. ISBN 3-593-32149-1

Frido Mann
Psychiatrie ohne Mauern
Zu einer neuen psychosozialen Praxis
1979. 16o Seiten. ISBN 3-593-32614-o

Christa Rebell
Sozialpsychiatrie in der Industriegesellschaft
Arbeitsbedingungen, psychische Erkrankungen und psychiatrische Versorgung
1976. 152 Seiten. ISBN 3-593-32523-3